U0938302

筆醒山河：
中國近代啟蒙人嚴復

（修訂版）

黃克武　著

商務印書館

責任編輯：韓心雨
裝幀設計：涂　慧
排　　版：肖　霞
責任校对：趙會明
印　　務：龍寶祺

筆醒山河：中國近代啟蒙人嚴復（修訂版）

作　　者：黃克武
出　　版：商務印書館（香港）有限公司
香港筲箕灣耀興道 3 號東匯廣場 8 樓
http://www.commercialpress.com.hk
發　　行：香港聯合書刊物流有限公司
香港新界荃灣德士古道 220–248 號荃灣工業中心 16 樓
印　　刷：美雅印刷製本有限公司
香港九龍觀塘榮業街 6 號海濱工業大廈 4 樓 A 室
版　　次：2025 年 5 月第 1 版第 1 次印刷

ISBN 978 962 07 4720 5
ISBN 978 962 07 4750 2（毛邊本）
Printed in Hong Kong

目錄

修訂版序

《筆醒山河：中國近代啟蒙人嚴復》的簡體字版於 2022 年出版之後，轉眼已經三年多了，此書受到不少讀者的歡迎，也曾再版。在多篇評論之中我印象比較深刻的一篇是在《燕京書評》上的〈嚴復之痛：啟蒙者遭遇了一個喚不醒的時代〉，作者認為本書「精描了嚴復的困頓與掙扎」、「一代思想者承受了清醒的痛苦，也承受了無路可走、被時代拋棄的痛苦」。的確，我試圖從寬廣的視野，描述嚴復「走向世界」所面對的挑戰、挫折，以及所取得的成就。從書中可見，嚴復的一生雖然聲名顯赫，卻並非平安順遂，而是充滿困頓：家庭變故、官場挫折、深陷煙霞癖而不能自拔、坐而言卻無法起而行。處於近代中國「轉型時代」的嚴復不僅是世變的先覺者，更是中國傳統文化的自覺者。嚴復一生的境遇是一部中國近代史的縮影，他在二十世紀末葉開始得到人們遲來的讚賞，也象徵了時代變化的契機。

此次的「修訂版」增添了一些新的研究成果，尤其是有關嚴復任教於北洋水師學堂的經歷與翻譯《天演論》一書的描寫。1894–1895 年中日甲午戰爭，中國被日本打敗，此一恥辱促使嚴復以翻譯西方的著作來倡導社會和政治改革。通過這些作品，他試圖證明西方的財富和權力主要不在於西方的技術進步，而在於這些技術背後的思想和制度。他將赫胥黎、亞當・斯密、彌爾（按：嚴復譯作穆勒）、斯賓塞等人的西方名著翻譯成中文，這些書在中國被稱為「嚴譯八大名著」。嚴復的譯本對斯賓塞和彌爾等人的思想進行了微妙的修改，通過精心選擇對等的語言，使其適應中國的思想環境。例如，他將赫胥黎的《進化論與倫理學》譯為《天演論》：中文譯名省略了原名中的「倫理學」，因為在中國傳統哲學中，「天」既意味着宇宙，也意味着一切道德的源泉。他將彌爾的《論自由》譯為《羣己權界論》，強調個人與羣體之間平衡關係的重要性。在「增譯」與「減譯」之中表達了「達恉」的目標。嚴復將歐洲主要的政治和社會科學著作翻譯成精美的古典中文，並在這些地理和文化上相距遙遠的思想傳統之間進行斡旋與對話，從而改變了清末民初動盪時代的思想視野。他的譯作對當時和後來的中國知識分子產生了巨大影響，也對我們建立中國式現代化有重要的啟示。這也是本書的一個核心觀點，筆者認為嚴復不但是一位翻譯家，也是一位深刻的啟蒙思想家。此外，「修訂版」修正了一些字句的錯誤，我特別感謝嚴孝潛先生，以及幾位「豆瓣讀書」上的朋友，細心地挑出書中的一些錯誤。

最後，我要感謝香港商務印書館，以及編輯韓心雨的協助，使本書以一個嶄新的面貌與大家見面。

黃克武

2025 年 2 月 10 日於台北

序
開眼看世界

嚴復是中國近代史上的一個重要人物。他的重要性主要不在政治軍事方面，而在於他對中國近代思想與文化的衝擊。他從一八九〇年代中期開始所翻譯的書刊以及他的文章，促成中國從傳統到現代的轉型，使他成為中國近代啟蒙的一位先驅。

他以信達雅的文字所翻譯的《天演論》，引介了「物競天擇、適者生存」的法則，帶來一個嶄新的科學宇宙觀，並鼓舞國人在競爭的世界中自立自強，「開眼看世界」。他以愛國精神所提出的啟蒙目標，所謂西方「於學術則黜偽存真，於刑政則屈私以為公」，首度標舉出五四時代科學與民主的大旗。「嚴復所傳播的思想像野火一樣，燃燒了許多少年的心和血」（胡適語）。誠如曹聚仁的觀察，「近二十年中，我讀過的回憶錄，總在五百種以上，他們很少不受赫胥黎《天演論》的影響」，「如胡適那樣皖南山谷中的孩子，他為甚麼以『適』為名，即從《天演論》的『適者生存』而來。孫中山手下大將陳炯明，名『陳競存』，即從《天演論》的『物競天擇，適者生存』一語而來」。

魯迅的閱讀經驗應該很有代表性。他進入江南水師學堂之後，「看新書的風氣便流行起來，我也知道了中國有一部書叫《天演論》。……翻開一看，是寫得很好的字，開首便道：『赫胥黎獨處一室之中，在英倫之南，背山而面野，檻外諸境，歷歷如在几下。乃懸想二千年前，當羅馬大將愷徹未到時，此間有何景物？計惟有天造草昧……』。哦！原來世界上竟還有一個赫胥黎坐在書房那麼想，而且想得那麼新鮮？一口氣讀下去，『物競』『天擇』也出來了，蘇格拉第，柏拉圖也出來了，斯多噶也出來了……」。魯迅認為：「嚴又陵究竟是『做』過赫胥黎《天演論》的，的確與眾不同；是一個十九世紀末年中國感覺銳敏的人。」魯迅所說的「『做』過赫胥黎《天演論》」一語是饒有深意的，此書的一字一句都經過細心斟酌，所謂「一名之立，旬月踟躕」的結果。除了《天演論》之外，他又翻譯了其他有關政治、經濟、法律、邏輯方面的七種著作，統稱「嚴譯名著叢刊」，一直到今日，嚴復譯著還受到許多讀者的歡迎。毛澤東在回顧中國民主革命艱難曲折的歷程時說：「自從一八四〇年鴉片戰爭失敗那時起，先進的中國人，經過千辛萬苦，向西方尋找真理，洪秀全、康有為、嚴復和孫中山，代表了在中國共產黨出世以前向西方尋找真理的一派人物。」這無疑是對嚴復的充分肯定。習近平也十分肯定嚴復，他在《93 年嚴復國際學術研討會論文集》的序中說：「我們要繼承和發揚嚴復的愛國主義精神，改革創新的思想，提倡科學教育實踐和創造知識淵博的精神財富」、「他的不少論述不僅成了當時維新變法的最有力的理論依據和最銳利的思想武器，而且對於辛亥革命也具有不可忽視的影響，也為五四新文化運動開闢了道路，甚至至今還可以借鑒」。2001 年習近平在任職福建省省長時，主編了《科學與愛國——嚴復思想新探》一書（清華大學出版社），並為之作序以宣揚嚴復的科學與愛國思想，同時肯定他的歷史地位與卓越貢獻。2021 年 3 月底，他到福建考察調研，特地到福州三坊七巷的嚴復故居參觀。

以往中外學界對嚴復啟蒙之角色的詮釋多受到美國哈佛大學史華慈的《尋求富強：嚴復與西方》（*In Search of Wealth and Power: Yen Fu and the West,* 1964）一書的影響，強調嚴復對西方富強觀念之引介是近代中國追求現代化的動力。嚴復特別注意到西方環繞着「浮士德 - 普羅米修斯」的動力精神，為停滯、落後的中國注入了一股新的活力。拙著一方面同意近代中國發憤圖強的精神動力受到西方之衝擊、啟發，然另一方面從中國儒釋道的精神力量，如天人關係之體認、經世濟民之情懷，以及理想與現實之差距所產生的「困境感」（這是我的老師墨子刻先生在《擺脫困境——新儒學與中國政治文化的演進》一書中的觀點）等也不容忽略。從嚴復的思想之中可以看到，傳統因素對他產生的深刻影響，這些受傳統視野影響的思想傾向，使他一方面積極地接納西學，另一方面也產生了批判性的觀點，企圖會通中西而建立獨具特色的啟蒙藍圖。

本書以「筆醒山河」為名，正是要凸顯他在啟蒙方面的原創力與重要性。筆者強調將嚴復啟蒙思想與他對西學的譯介結合在一起。他的翻譯策略是一方面引西入中，另一方面援中解西，因此嚴復所從事的啟蒙工作可以定位為在文化自覺的意識下從事中西思想的交融互釋，而在此過程中，嚴復充分反映出翻譯西學、接引西方現代性的主體性思維。「筆醒山河」一語源自 2017 年福州所拍攝一部嚴復紀錄片《筆醒山河——千年大變局中的嚴復》，主標題為林怡教授所提出，該片描述了「學貫中西、放眼世界同時又歷經磨難、飽受爭議的啟蒙思想家的一生」。我覺得主標題這四個字最能彰顯嚴復的歷史角色。

本書秉持相同的意旨，希望能以簡潔的文字為一般的讀者介紹嚴復的一生。因此在行文上力求精簡，儘量少用引文，也不像正式的學術著作那樣加上註釋。不過有時為了讓讀者感受到嚴復的文字魅力，在適當的地方仍引述他自己的話，以增加臨場感，同時我可以保證書中內容是字字皆有來歷。全書不分章節，而用三個部分、二十多個主題來描繪嚴復的一生。此一工作挑戰性很大，因為嚴復的文字典雅而深奧、思想深邃，帶有玄思冥想的哲學趣味，其內容不是一般讀者所容易充分掌握的。他的作品在當時雖轟動一時，然白話文運動之後，一般讀者熟悉的文字是胡適、陳獨秀所提倡的「白話文」，而不是嚴復所用的「桐城派古文」，這使得當代讀者與嚴復的著作有一道鴻溝。這一本書就是嘗試做一個溝通的工作，將嚴復的生平與思想，帶給當代的讀者。

這二十多個主題環繞着兩條彼此交織的軸線。第一條軸線是嚴復的歷史處境、人際關係與社會影響。我從他生長環境、個性特質、婚姻家庭、師友關係、政治、宗教與文化抉擇等來看他的生命歷程，並反映他所身處的清末民初這一時代之動盪。第二條軸線則是關注嚴復的思想內涵。文中尤其透過嚴譯作品的分析，展現他的政治、經濟、社會思想特點，及其對時代的衝擊。我認為嚴復雖以翻譯而聞名於世，然而他不只是一位介紹西方思想的翻譯家（中國傳統所謂「舌人」），還是一位高瞻遠矚的思想家。誠如梁啟超所說的：「嚴復在中學、西學皆為我國第一流人物」。他以典雅的文字，透過翻譯、評點與著作建構了一套體系完整的啟蒙方案，希望能為後代開啟太平之世。

他很有自信地表示：「有王者興，必來取法，雖聖人起，不易吾言」，可見其氣魄。這也是為甚麼一直到今天嚴復的思想仍然受到人們持續的關注，並帶給人們許多啟示。

嚴復的一生雖名聲顯赫，不過卻非平安順遂，而是充滿了困頓，即上文所謂「歷經磨難、飽受爭議」，或許他所經歷的痛苦使他更了解生命的挑戰，使他在「兩害相權」之中體悟「勵業益知」的意義（嚴復遺囑）。筆者在描述他生命的不同階段時也特別注意他所遭遇到的各種挫折，包括了婚姻、家庭、仕宦之途、知識追求、身體健康與心靈深處的各種挑戰，以及外界的不同批評。其中我覺得最讓人感到惋惜的是嚴復在清末民初時被眾人奉為啟蒙先驅，五四新文化運動之後卻被認為在思想上逐漸轉向保守；他因支持袁世凱、張勳、康有為，反對胡適與陳獨秀等，以及支持學衡派的立場，而備受批評。至二十世紀二十年代之後，中國因思想的「激進化」，進入「主義時代」，主導時代的思潮分別是國民黨的三民主義與共產黨的馬克思主義。此時堅持英美式自由民主體制與中西結合的嚴復反而左支右絀，落寞以終。經過一百多年革命的狂潮，在改革開放之後，他才再度得到遲來喝彩，人們認識到「從閩江走向海洋，走向世界，他的思想理論是具有世界意義的，特別是他的科學教育救國的理論和實踐，對中國現代化的社會變革和歷史進程，有着十分巨大的影響」（1998 年，北大百年校慶，福建省嚴復研究會會長鄭重在北大嚴復銅像揭幕時的致詞）。嚴復所經歷的這一段起伏曲折的歷史值得我們深思。

在中國近代思想史的領域中，我從清代經世思想研究入手，接着再延伸到梁啟超、嚴復、胡適、顧孟餘等人的思想。從一九九〇年代中期開始，我比較系統地閱讀嚴復的著作，而且藉着開會、訪學之餘，走訪了嚴復一生所去過的幾個重要的地方，如英國倫敦、格林威治的皇家海軍學院、法國巴黎的凡爾賽宮、天文台等，中國的福州（陽岐、郎官巷）、天津（大獅子胡同、北洋水師學堂舊址）、北京、上海等地。在過去二十多年間，我曾先後以嚴復為主題出版了兩本中文書（《自由的所以然：嚴復對約翰彌爾自由思想的認識與批判》、《惟適之安：嚴復與近代中國的文化轉型》）、一本英文書（*The Meaning of Freedom: Yan Fu and the Origins of Chinese Liberalism*《自由的意義：嚴復與中國自由主義的起源》），並發表了多篇論文，也編輯過他的作品《中國近代思想家文庫：嚴復卷》、《羣己權界論》、《英文漢詁》等書。在撰寫本書過程中，我特別受益於孫應祥教授的《嚴復年譜》與嚴復後人嚴孝潛先生的《嚴復的一生》，敬表謝意。成稿之後好友劉秋蘭教授為我逐字細校，盛情感人。這一本小書是我多年嚴復研究成果的結晶，簡明扼要地描述嚴復「走向世界」的挑戰、成就與挫折，我希望讀者會喜歡它。

黃克武

2021 年 4 月 6 日於台北

第一部分

成長經歷
與人際網絡

早年生活

嚴復（1854－1921）是福建侯官陽岐村人，他最常用的署名即是「侯官嚴復」，也有一方印為「侯官嚴氏」，今日在陽岐村內還保留了嚴氏宗祠與嚴家祖居「大夫第」。他的始祖嚴懷英，原籍河南光州府固始縣，唐昭宗時隨閩王王審知（862－925）入閩，定居於侯官陽岐，此後家族繁衍，延綿至今。曾祖父嚴煥然是嘉慶年間的舉人，曾任福建松溪縣學的訓導（清代基層地方文官，負責教育方面的事務）。祖父嚴秉符與伯父嚴恭詒、父親嚴騰蛟（號振先，1821－1866）熟悉儒道經典與醫書，但並無科舉功名，祖與父兩代自家鄉遷移至南台區蒼霞洲（現在福州市內）行醫，開了一間「醫生館」，以「精詣仁心」而聞名鄉里。父親因醫術精湛，有「嚴半仙」之美名，且為人厚道、疏財仗義，對前來治病的窮人都不收診費。嚴復曾描寫家中的醫學傳承：「秉符公業醫，（恭詒）公與吾父能述其業，有名於時。福州自通商以來戶口孳息，城市逼仄，湫積蘊孽，於衞生之道闕如。每歲夏秋，時疫輒起，諸父日相將奔走，治療人所，全活甚眾。」

母親陳氏（1833－1889）也來自平民家庭，長於針黹。嚴氏家族在福州地區屬於中下層地方精英階層。嚴復於 1854 年 1 月 8 日出生於蒼霞洲，譜名為「傳初」（這是根據陽岐嚴氏家族「傳家以孝，為國維忠」的排行論輩順序），1866 年投考馬尾船政學堂時改名宗光，字又陵。1889 年間，始由宗光改名復，又字幾道，為 27 世。蒼霞洲位於福州城牆的南邊、閩江北部，是一個熱鬧的沿海港口，有繁榮的國際貿易與多樣的文化活動（如宗教祀典）。嚴復幼年時代，與許多在農村成長者不同，除了曾短暫地搬回陽岐居住，幼年時光主要在此一口岸城市中度過。今日在蒼霞洲公園（又名天演公園）內有一尊嚴復立像，名為「嚴復宣講西學」，就是為了紀念他在此地誕生。

嚴復從幼年時代開始，一方面目睹國際性的海港環境，一方面沉浸於祖父與父親重視實際的醫學傳承，這對他一生的發展有所啟迪。他將傳統實用知識與全球意識結合在一起，形成了生命的基調。嚴復五歲開始跟隨家人與幾位私塾老師讀書，背誦《大學》、《中庸》等儒家經典。他也曾跟隨叔父嚴厚甫（舉人）學做詩文。厚甫循規蹈矩、不苟言笑，嚴復在其薰陶下學習八股文，並對於做舊體詩很感興趣（他後來曾評點《杜工部集》與《全唐詩》，並出版詩集）。1863 年，當他九歲時，他的父親聘請了一位當地有名的學者黃宗彝（肖岩），擔任啟蒙教師。在《福建通志》的「文苑」中，留有黃宗彝的一篇小傳：「黃宗彝初名熥，字聖謨，又字肖岩，自號左鼓右旗山人……幼聰穎……然屢試不售。……治古文有義法，尤精小學，遺詩一卷、婆娑詞二卷、方言古音考八卷、雜文若干篇」。由此可見黃宗彝在學術上受到經學考據、古文義法之影響，此外他極重倫理道德（如重義輕利），然並無科舉功名。黃宗彝有抽鴉片的習慣「夫子有腰酸背痛的毛病，課餘利用鴉片以為鎮壓，常常一管煙槍在手，歪斜在牀榻上，一面吞雲吐霧，一面講故事給學生聽」。1865 年黃宗彝過世之後，嚴復又跟隨其子黃孟修（增）讀書，孟修秉承父親的學問，乃「同治癸酉科拔貢，通經學、小學、史學，院試輒冠其曹，與張侍郎亨嘉齊名，顧懶不著……身後不存一字矣」。嚴復在他們兩人的教導之下研習傳統典籍，也開始喜好書法與詩詞，後來寫字、吟詩、作詞等成為他一生的嗜好，因而留下不少墨跡。嚴復對書法深有體會，他說：習字需根據不同的字體選用不同的筆，「小楷用紫毫，或用狼毫水筆亦可，墨最好用新磨者。……至於大字，則必用羊毫，開透用之」。再者，不同的字體有不同的執筆方式，「大要不出指實掌虛四字。……再進則講用筆，用筆無他謬巧，只要不與筆毫為難，寫字時鋒在畫中，毫鋪紙上」。福州三坊七巷中的「嚴復翰墨館」收藏了許多嚴復的書法作品，亦可參看盧美松主編的《嚴復墨跡》一書。

1866 年，嚴復在 12 歲時與一位王姓女子結婚，她和嚴復一樣，並非出於士紳家庭。幾個月之後，嚴復的父親因為從病人身上感染霍亂，不幸逝世。此後只好舉家遷回陽岐祖宅，靠母親與妹妹以繡花縫補來維持生活。父親早逝對嚴復一生產生了重大的影響。他後來回憶這一段艱辛的生活：「我生十四齡（按：按陰曆，以虛歲計算），阿父即見背。家貧有質券，賻錢不充債。陟岡則無兄，同谷歌有妹。慈母於此時，十指作耕耒。上掩先人骸，下養兒女大。富貴生死間，飽閱親知態。門戶支已難，往往遭無賴。五更寡婦哭，聞者隳心肺」。父親過世後，家庭出現經濟危機，他的母親無力負擔家庭教師的開支，這使得嚴復不得不放棄科舉正途，投考福州船政局剛開始興辦的船政學堂，這是近代中國最早的一所海軍學校。

這一所新式學校是由沈葆楨（1820－1879）在法國人日意格（Prosper Marie Giquel, 1835－1886）的協助下所創辦的軍事學堂，訓練學生造船與駕駛，屬於洋務運動中模仿西法的一部分。學生的待遇不錯，除了供應衣、食、住之外，每個月還發四兩白銀的津貼。該校第一次的入學考試於 1866 年冬天舉行。嚴復在母親的同意下參加了這場包括口試、筆試與體能測驗的入學考試。

其中的筆試考作文，題目是出自《孟子・萬章》的「大孝終身慕父母論」，當時嚴復的父親剛去世，使他對此一題目深有感觸，因而能發抒內心情感，結果嚴復以第一名被錄取，由其岳父作保，出具甘結而入學。後來嚴復和五四時期的許多反傳統學者如陳獨秀、胡適、魯迅等人不同，他一生都肯定儒家價值，堅持以「孝」為核心的家庭倫理。次年初，他和一百多位同學，在城中于山腳下的定光寺（亦稱白塔寺）上課，在誦經聲中開始學習英文 ABC。六月，學校遷到閩江口的馬尾（離馬祖很近），今日一部分學堂的遺址仍然存在，可供遊客參觀。

從 1867 至 1871 年，嚴復在該校後學堂的駕駛學堂讀書，因主管此事的李鴻章認為「水師操練，英為最精」，此一科目以英文為專業語言，課程以英文教授，負責人是英國人嘉樂爾（James Carroll，1867 年到校、1880 年病故）。此外還有新加坡籍教師曾恆忠、曾錦文講授英語，本國教師開設中文課程。嚴復在此開始修習算術、幾何、物理、化學、機械等航海必修的課程。學堂學生均在校內集體食宿，統一作息。當時報紙有兩則與該校有關的外文報道。第一則如下：

> 我訪問該校時，學校中大約有五十名學生。第一班在上代數與簡單的數學等式；第二班則在一位該校培育的中國籍老師指導下，困惑地學習歐幾里德幾何學。這兩個課程都以英文授課。老師首先將數學命題寫在黑板上，然後再叫學生依序上台一步一步地解答問題。當問題解答完了之後，這個例子會被抄寫在一本精美的簿子上，提供日後參考。我檢查了其中幾則，對他們謄寫的整潔與乾淨，留下深刻的印象。

在 1870 年初期，另一位訪問者在《北華捷報》（*The North-China Herald*）也記載了該校的情況：

> Mr. Carroll 第一班班上的學生有三十人，老師在課堂上舉行臨時抽考，測驗數學、幾何、圓錐曲線、動力法則、牛頓力學、流體靜力學等。學生都能完美地回答這些問題，其遊刃有餘讓我們感到吃驚。我們也被告知這些年輕的中國學生對精密科學有濃厚的興趣，因此總教習必須禁止他們在晚上十點、十一點之後繼續學習。這些年輕的中國學生都能說正確、良好的英文，我們聽不到粗俗下流的洋涇濱英語。

由此可見學生們在語言與專業上，都得到很好的訓練。該校雖以西學為主，但同時也強調中學。嚴復與其他的學生必須以部分的時間來學習古文，並研讀《孝經》與《聖諭廣訓》等教材。很顯然地，對這些學生來說，他們並未感覺到中、西學之間的矛盾，嚴復後來會通中西的理念應植根於此。不過從此時開始一直到他自英國返國之間，嚴復學習的重心始終是西學。1871 年 5 月，17 歲的嚴復從該校畢業。嘉樂爾在寫給日意格的報告上說，他對學生們學習的成果感到滿意：「我很高興地向您稟告：剩下的 23 位學生都修完了課程……就他們在岸上所能接受的一般教育來說，他們都充分地具有成為海軍見習生的資格。」在出海實習之前，嚴復和班上二十多名同學一起用英文寫了一篇給嘉樂爾的謝詞，筆者將他們所寫的英文附在所翻譯的中文之後，大家可以欣賞他們的英文造詣。文中採借了當時流行的「西學源於中國說」，認為中國長於「道」，西方長於「器」：

西方國家的指導原則源於希臘，而希臘則引介自中國。在中國古代，國人強調理性與禮節的原則，卻很少像西方國家那樣，高度地注意到實際的原則。（The principles of instruction which obtain among Western nations originated with the Greeks, who had imported them from China. In ancient times China used in due order the principles of Reason and Propriety, but scarcely gave attention to the practical principles so highly estimated among Western nations.）

接着又表達了儒家價值的信念以及中國在「器」方面應迎頭趕上西方的決心。同時同學們也對老師的教導表達謝意：

我們的老師嘉樂爾從很遙遠的地方來到中國，他不但掌握了西方的原則，而且廣泛地散播這些知識。他具有充分的資格來教導學生學習天文、地理、算術等學科。他在教學上一定盡其所能，且總是朝氣蓬勃。因此受他教導的學生都吸收了他的精神，並樂於與他親近，每一個人都儘可能地從他身上努力學習。……您誠摯的學生都希望能為國家貢獻心力。如果我們能實現這一個願望，您也將為我們感到高興。雖然我們很難過地要離開您，但我們報效國家的心願是那麼強烈，因此我們必須將個人的意願置於次要的地位。（Our teacher, Mr. Carroll, having mastered these principles to begin with, came from a great distance to China, and has widely disseminated his instructions. He is thoroughly qualified to instruct students in astronomy, geography, arithmetic, &c., never keeping anything back, and being always energetic. Thus those under his instruction imbibed his spirit and approach him with pleasure, and no one departs without learning as much as his capacity may be able to receive from his teacher....It is the desire of your devoted pupils to exert themselves for their country. You too, Sir, will be delighted should our aspirations hereafter be fulfilled. Though we are sorry to part from you, we desire so much to serve our government, that we must make our personal wishes of secondary importance.）

這一篇謝辭顯示嚴復等學生對英文與專業已有一定的掌握，也熱切地希望未來能以所學來報效國家。

在其後的五年之間，嚴復在德勒塞（Captain Tracey，來自英國皇家海軍）的教導下，分別在「建威」與「揚武」兩艘軍艦上實習，其間曾赴新加坡、日本與中國台灣各地，從事地圖測繪等訓練。「揚武」是中國自行建造的第一艘西式巡洋艦，1875 年由沈葆楨奏請改為練習船。沈岩所著《船政學堂》一書曾描寫他們實習的經歷：

> 同治十年五月（1871 年 6 月）駕駛第一屆學生堂課結束大考後，集中兩年多時間進行船上實習和遠航訓練……在英國海軍教官率領下，分別乘練習船北上浙江、上海、煙台、天津、遼寧牛莊附近海面和南下廈門、香港、新加坡檳榔嶼附近洋面而折回。讓學生經受風浪、鍛煉膽識，熟悉駕駛技術。在遠航訓練中，每日做航行日記交教官閱校，練習測量天體、定船位、做海圖作業。在南下訓練回程途中，教官讓學生輪流駕駛航行。

1876年嚴復還乘「揚武號」由煙台前往日本訪問。《萬國公報》報道：揚武號「至日本洋，日人頗生豔羨。駶入內港，氣勢昂藏，足令日人駭異」。嚴復在實習船的表現不錯，但不是最優秀的，沈葆楨在1873年9月15日所寫的奏摺中提到表現優異的學生有張成、呂翰(「駕駛心細膽大」)；劉步蟾、林泰曾、蔣超英(長於算法、量尺)等人，嚴復不在其中。在日意格所寫的報告上(1873年11月18日)則說嚴復和其他六位同學已經獲得有關駕駛船隻的理論知識與實務經驗，有資格成為海軍的一員了。日意格同時建議派遣學生出洋留學，中國政府接受了他的建議。這一羣由福州船政學堂訓練出來的第一批學生即將走向世界，接受西方文化的洗禮，並期待未來能貢獻於祖國。

留英歲月

1877 年春天，23 歲的嚴復和其他 11 名同學被選派赴英國讀書。這一羣留學生在李鳳苞（1834—1887）與日意格的帶領之下出航，隨行人員還有馬建忠、陳季同、羅豐祿等。他們於 3 月 31 日搭乘「濟安號」抵達香港，4 月 5 日由香港出發赴英國。5 月 7 日抵達法國馬賽，部分留法成員先行下船，5 月 11 日抵達英國的普茲茅斯（Portsmouth）港。兩天之後，他們去倫敦波特蘭街 45 號的中國公使館，會見駐英公使郭嵩燾（1818—1891，公使任期自 1877 年 1 月至 1879 年 1 月）。6 月 25 日，外交部門准許留學生訪問普茲茅斯的海軍工廠。其後嚴復等學生在普茲茅斯海軍基地實習了三個月，9 月參加考試，嚴復被位於倫敦近郊格林威治的皇家海軍學院所錄取。在英國外交部，有一份清國留學生當時留下來的履歷，嚴復的部分如下（中文部分為筆者的翻譯）：

Name: Yen Tsung-Kwang 嚴宗光

Age（年齡）: 23

Time in the Naval School at the Imperial Arsenal Foochow（在福州船政學堂就讀時間）: 5 years（五年）

Time on Board the Training Vessel（在實習船的時間）: 6 years（六年）

Time of Active Service in the Chinese Imperial Navy（在中國海軍任職狀況）: Remained a Navigating Officer of the

Training Vessel（曾任實習船的航海官員）

Time Spent in England（在英國期間）: From May 1877（1877 年 5 月開始）

Rank in the Chinese Hierarchy（級別）: An officer of the 5th rank（第五級的海軍官員）

Remarks Made on the Merits of the Officers by the Captains in Command of the Training Ship of the Arsenal at Foochow（實習船指導者之評語）: From Captain Tracey R. N., "Very clever officer and navigator"（非常聰明的官員與航海者）

在接下來的兩年多的時間裏，嚴復在格林威治皇家海軍學院求學，至 1879 年的夏天畢業返國。英國皇家海軍學院設立於 1873 年，其目的是提供各種層次的海軍軍事訓練；嚴復在此讀書時負責校務的是校長海軍上將沙德威爾爵士（Sir Charles Shadwell, 1814－1886）與學務長（the Director of Studies）赫斯（Dr. Thomas Archer Hirst, 1830－1892）等人。

有關嚴復留英的經歷，在郭嵩燾的日記中有不少的記載。學校的東區是彈道學、工程學、科學、數學與德國與義大利研究的專區。西區則是餐廳、教堂、博物館等。英國學制中學期在 10 月開始，至次年 6 月結束。嚴復主修海軍駕駛，上課的內容包括數學、化學、物理、機械、航海與國際關係等。就在這一段時間，嚴復與郭嵩燾成為忘年之交。郭之所以欣賞嚴復是因為他覺得這一個年輕人能見微知著、識見不凡，是一個深具潛力的人才。兩人第一次比較深入地交談可能是在 1878 年 2 月 2 日，在郭的倫敦寓所舉行的慶祝中國舊曆年的聚會之上，郭與嚴復談話後對他留下深刻的印象，郭在日記記載「格林里治肄業生六人來見，嚴又陵（宗光）談最暢」、「其（嚴）言多可聽者」。

1878 年 3 月 12 日，嚴復與郭嵩燾討論到張自牧（力臣，1833–1886）的〈瀛海論〉。張自牧是郭嵩燾的好友，在日記中曾多次記載兩人討論時事、洋務，甚至一些重要的人事任命案，郭嵩燾稱讚他「於洋務所知者多，由其精力過人，見聞廣博，予每歎以為不可及」（1879 年 5 月 9 日日記），由此可見兩人關係匪淺，且在積極認識西學上具有共識。在郭嵩燾出使之前，曾保舉當時為「布政使銜貴州候補道」的張自牧作為二等參贊官，後張因故未能成行。嚴復知道張為郭之老友，卻在郭嵩燾面前很直率地批評了張自牧的「西學中源論」。例如張自牧認為基督教其實是源於墨子的想法，加上印度、阿拉伯的觀點。他在〈瀛海論（中篇）〉中說，「耶穌天主之教……蓋墨氏之本旨，而緣飾以桑門天方之說，煦煦為仁、孑孑為義，兼天下而愛之，撽遂萬物以利之，無君臣、父子、夫婦、兄弟之倫，而一以朋友之道處之，博施尚同，而昧於本末親疏之道」。張自牧並表示「天主」二字源於中國。郭嵩燾記載了嚴復對他的質疑「特妙」：

> 其辟力臣論十字架及天主之名乃特妙，以為力臣之言：「天主二字，流傳實始東土」，不識所流傳者其字乎？其音乎？其字 Roman Catholic，其音則羅孟克蘇力也，何處覓「天主」二字之諧聲、會意乎？

嚴復了解張自牧的「西學中源論」說法具有積極開拓西學的意義，張自牧藉此指出不應排斥西學，且儒者應以不知西學為恥；不過嚴復也看到張自牧思想中與舊有觀念妥協的部分，他批評張自牧對鐵路、機器的保守態度，以及對海防工作的忽略。

這一談話之中嚴復明確地批判那些不在乎西洋文明，以及認為西方文化中國古已有之的人，這一議論深獲郭之讚賞，而感到兩人在精神上十分契合。

1878 年 5 月 30 日，郭和幾位官員訪問了皇家海軍學院，他們到嚴復的宿舍參觀，了解學習狀況，並觀看嚴復為他們示範的科學實驗。嚴復還告訴郭他深深地為西方學術所吸引，但擔心可能無法在短時間內充分掌握其精髓。1878 年的 6 、7 月，嚴復隨郭赴法國訪問，參觀了許多地方，如天文台、下水道、盧浮宮、聖西爾陸軍士官學校、凡爾賽宮、萬國博覽會等，還留下了一幅珍貴的照片，照片中的他穿着清朝的官服，並留着長長的辮子。

郭嵩燾公開地表示他很欣賞嚴復的才能，認為嚴復的英文比他自己的翻譯人員還要好，將來若留在海軍有點可惜，應讓嚴復辦理外交，或成為一位國人景仰的學者。他唯一一次對嚴復的批評是在 1878 年 7 月 16 日，他說嚴復雖有才氣，然個性太過於狂妄。繼任英國公使的曾紀澤（1839－1890，1879 年 2 月後接任）也對嚴復有類似的批評，只是他又說嚴復中文欠佳，而且認為郭對嚴復的讚揚助長了他的驕虛之氣。他在 1879 年 4 月 4 日的日記中提到：

> 核改答肄業學生嚴宗光一函甚長。宗光才質甚美，穎悟好學，論事有識，然以郭筠仙文褒獎太過，頗長其狂傲矜張之氣，近呈其所作文三篇曰紐頓傳、曰論法、曰與人書，於中華文字未甚通順，而自負頗甚，余故抉其疵弊而戒厲之，愛其稟賦之美，欲玉之於成也。

曾紀澤的日記內容後來被翻譯為英文，並刊登於國外報紙，同時也傳到國內。郭嵩燾在 1879 年 8 月 9 日讀到友人出示的曾紀澤日記：「劉伯固送康侯（按：為劉蓉之子）回自上海，見示曾劼剛日記一本，譏刺鄙人凡數端：……一論褒獎嚴宗光太過，長其狂傲矜張之氣。雖屬有意相詆，而猶近事理。」由此可見郭嵩燾也認為此一批評「猶近事理」。這樣看來，嚴復似乎並非個性圓融之人，而是鋒芒畢露，具有狂妄、驕傲之氣，這很可能是後來他難以適應中國官場風氣的根本原因。嚴復對曾紀澤也沒有好感，他在寫給郭嵩燾的信中說：「劼剛門第意氣太重，天分亦不高，然喜為輕藐鄙夷之論。日記中所載中西時事，去事理甚遠。所帶人從，皆贅疣也，於使事毫無補濟。」（1879 年 8 月 28 日）郭嵩燾閱後的反應是：「又陵言自有理，亦正嫌其鋒芒過露，劼剛謂其狂態由鄙人做成，則亦不知又陵之狂，由來固已久也」。嚴復後來對自己年輕時個性有所反省，他說「僕當少年，極喜議論時事，酒酣耳熱，一座盡傾，快意當前，不能自制，尤好譏評當路有氣力人，以標風槩。聞者吐舌，名亦隨之。顧今年老回思，則真無益，豈徒無益，且多乖違」。

嚴復也在留學英國時開始接觸西方社會、政治思想，如達爾文（Charles Darwin）的演化論與斯賓塞（Herbert Spencer）、培根（Francis Bacon）、赫胥黎（Thomas H. Huxley）、邊沁（Jeremy Bentham）、孟德斯鳩（Montesquieu）、亞當斯密（Adam Smith）、彌爾（John Stuart Mill）等人的學說。同時嚴復也開始觀察英國社會，注意中西文化之間的差異。他一方面看到英國人從小鍛煉身體，因而較為強壯，這引發了他後來在民德、民智之外，對於民力的提倡。再者嚴復在觀察英國法庭判案之後，對英國法律的執法公正性，留下深刻的印象，郭嵩燾也很同意他的看法。

嚴復說「猶憶不佞初游歐時，嘗入法廷，觀其聽獄，歸邸數日，如有所失。嘗語湘陰郭先生，謂英國與諸歐之所以富強，公理日伸，其端在此一事。先生深以為然，見謂卓識」。這些經驗讓他了解到中國制度的缺陷，並思索未來應該努力的方向。

1879 的夏天（8 月間），奉船政大臣吳贊城之命，25 歲的嚴復返國。8 月 14 日他曾前往駐英使館拜謁曾紀澤，向其辭行，隨即回國，結束了留學生涯。9 月開始任教於母校福州船政學堂，擔任教習，月薪百元。次年底因陳寶琛推薦 —— 認為他「器識閎通，天資高朗，可勝大任」，嚴復被李鴻章調到天津北洋水師學堂，擔任「洋文正教習」。他在北洋水師學堂服務了近 20 年，並在 1893 年升為該校總辦。

異性情緣（一）
原配王夫人

在介紹嚴復自英返國，開始從事教育與學術工作之前，我們將焦點轉移到他的婚姻與家庭生活。嚴復一生有二妻一妾，共生了五男四女。嚴復的第一位妻子是在 1866 年初，12 歲時所娶的王氏。對於王氏我們所知有限，甚至連名諱也不可考，僅知道她是同邑布衣王道亮的次女。王氏不識字，年齡與嚴復相仿。兩人顯然是依父母之命、媒妁之言而結婚。婚後不久，嚴復的父親因從病人身上感染霍亂，不幸過世，享年 46 歲，留下嚴復的母親陳氏、嚴復與妻子王氏，以及兩個年僅十一、二歲的女兒。此後家道中衰。如上所述，這樣的家庭背景迫使嚴復放棄科舉正途，投考馬尾船政學堂。

至 1892 年王氏在天津因病去世之前，嚴復和她結為夫妻的時間共有 26 年，在這 26 年之間，兩人曾多次分居異地。從 1867 至 1871 年，嚴復在馬尾的福州船政學堂讀書，其後出海實習六年（1872－1877），偶爾有時間回家，長子嚴璩（字伯玉，乳名阿璋，1874－1942）即於此時出生。此一階段奉母、教子，經理生計的擔子，都由王夫人來承擔。1877 至 1879 年嚴復在英國留學，到 1879 年的夏天才回福州。次年，他又應李鴻章之邀，離開了福州，轉赴天津北洋水師學堂任教。因為舉家北遷，所費不貲，嚴復並未立即攜眷北上。在這期間他曾寫信回家，希望他的母親與太太能寄來或託人帶來福州土產，以慰鄉愁。他在

1883－1884 年之時方攜眷北上天津。

在 26 年之間，嚴復與王夫人或聚或離，除了嚴璩之外，王氏沒有為嚴復生下其他的孩子。或許是因為她不識字的關係，嚴復和他之間也沒有直接的書信往返。對嚴復來說，此一婚姻主要是依循中國數千年之舊法，「承繼祀，事二親，而延嗣續」，然而這三者，仍使嚴復對她有一份很深的情感與懷念。

1892 年 10 月 23 日（陰曆九月初三）王氏在天津因「慢性消化系統疾病」過世，年僅 39 歲。嚴復在王氏過世之後，曾寫信給四弟觀瀾，表達內心的傷痛：

> 二十餘日以來，兄無善足述，只有傷心。不但嫂氏生前賢慧，在在可思，而回看自己形骸，十風九雨。……嫂在時，與兄係同功一體之人，設有過差，敢於諫戒。自今以往，孤立於上，凡事皆須自己留神，後輩何能勸沮；不料四十之年，一家舊人都盡，此後縱極榮華，而同苦者不能與我同樂，此所以略一思量，不禁放聲長號，哽咽無已也。璋兒失恃之後，日夜悲啼伏棺慟號，令人不忍卒聞。

信中充分反映嚴復與妻子之間的深厚情感及喪偶之痛。王氏過世後，先停棺於「紫竹林杏花村閩粵會館之義園」，後來才送柩回里。墓地在老家陽岐，是由長子嚴璩親自選擇、督建的父母合葬之地，始建於 1910 年，至 1912 年方完工。嚴復並親自書寫了「清侯官嚴幾道先生之壽域」之墓碑，以及「惟適之安」四字（出自韓愈的〈送李願歸盤谷序〉，「起居無時，惟適之安」）於墓室前的圍屏之上，作為自己百年之後的棲身之所。這四個字也是嚴復對後世的贈語。

嚴復對妻子的思念一直持續。1912 年王氏過世 20 週年時，嚴復曾賦詩表示：「玉台舊事何堪憶，夢斷香銷二十年。」在 1917 年 10 月 18 日（陰曆九月初三）的日記，嚴復寫到「內子忌辰」；1918 年 6 月 30 日又記下「先妻生日」；1919 年的清明節，嚴復上山祭祖墳，並到王夫人墓致祭，足以顯示兩人之間的情分。

王氏是一個虔誠的佛教徒，嚴復在某種程度受到王氏宗教精神的感染。每年她的忌日，長子嚴璩都以禮佛的方式來紀念亡母，有一次嚴璩要求同父異母的弟弟「代勞拜佛」，弟弟因為「反對迷信」（或許也因為與王夫人不親近）而不從，受到父親的責罵。嚴復一生提倡科學，然卻不排斥宗教經驗，對他而言科學與宗教不相衝突。

對嚴復來說，佛教是他信仰生活中的重要部分。1921 年夏天，在他過世前的兩、三個月，他親手為王夫人抄寫《金剛經》一部。他在一封寫給兒子們的信中說道：「老病之夫，固無地可期舒適耳。然尚勉強寫得《金剛經》一部，以資汝亡過嫡母冥福。」嚴復的抄寫工作並非單純的體力活動，而是有着強烈的精神感受。當他讀到《金剛經》中下面的幾段文字時深有所感，「每至佛言『應無所住而生其心』，又如言『法尚應捨，何況非法』，輒歎佛氏象數，超絕恆識」。此外，其次子乳名「文殊」、三子乳名「普賢」、長女字「香嚴」、次女字「華嚴」（他的孫女嚴停雲的筆名也因此是「華嚴」），都是佛教名詞。嚴復在以音譯翻譯西方名詞時，也刻意引用佛典，如他將 Royal Bank（皇家銀行）翻譯為「賴耶版克」，自註「賴耶，本梵語，譯言王家」。賴耶源自「阿賴耶」，為梵語 alayavijnana（藏識）。其他的音譯語如「賴摩」（Lima，秘魯首都）、「毗勒」（bill）、「須彌」（Himalayas）等都有佛教語彙的意味。同時，有些意譯語也有佛教的痕跡如 free trade（自由貿易）譯為「無遮通商」、fixed capital（固定資本）譯為「常住母財」。這都顯示佛教思想對嚴復的影響。

除了佛教之外，從 12 歲開始的婚姻生活對嚴復的思想還有其他的影響，例如他提倡的「禁早婚」的觀點。嚴復強調過早結婚無論對個人、國家，甚至更長遠的種族發展來說，都是一件負面的事。1894 年他寫給長子嚴璩的一封信談到：

> 近讀……《教訓幼稚》一書，言人欲為有用之人，必須表裏身心並治，不宜有偏。又欲為學，自十四至二十之間決不可間斷，若其間斷，則腦脈漸痼，後來思路定必不靈，且妻子仕宦財利之事一誘其外，則於學問終身門外漢矣。

在《法意》的按語中，嚴復說「中國沿早婚之弊俗，當其為合，不特男不識所以為夫與父，女不知所以為婦與母也。甚且捨祖父餘蔭，食稅衣租而外，毫無能事足以自存」;「東方婚嫁太早之俗，必不可以不更，男子三十女子二十，實至當之禮法」。1918 年在寫給學生熊育錫（純如，1868–1942）的信中，他也明白表示「吾國前者，以宗法社會，又以男女交際不同西國之故，遂有早婚之俗，而末流或至病國，誠有然者」。對嚴復來說，早婚的弊病是子嗣過多，養育欠佳，因而導致惡性循環，影響到種族的發展，所謂「謬種流傳，代復一代」。這樣的想法無疑與嚴復的親身經歷與時代環境有關。「禁早婚」在清末是一個很流行的觀點，梁啟超發表於 1902 年的〈禁早婚議〉一文也非常詳盡地討論到早婚的各種缺點。胡適早年在《競業旬報》（1906–1908）所發表的〈真如島〉、〈婚姻篇〉等文也臚列早婚的各種壞處。

王夫人去世之時，嚴復不到 40 歲，後來他又取了一妾一妻，生了四男四女。

北洋當差　味同嚼蠟

1879 年夏天嚴復自英返國之後，在船政大臣、光祿寺卿吳贊誠（1823－1884）的任命下，任教於母校福州船政學堂。官方記錄中嚴復留學的經歷如下：

> 嚴宗光在抱士穆德肄業，隨入格林尼次（按：格林威治）官學，考課屢列優等，又赴法遊歷，後復回該官學考完數理、算學、氣化學及格致、駕駛、煉鎔、槍炮、營壘諸學，五年六月吳贊誠以工次教習需才，調回充當教習。

次年，嚴復在陳寶琛的推薦下，接受李鴻章的指派，從福州北上，赴天津北洋水師學堂任教。在北洋水師學堂任職期間，約在 1889 年，嚴復將名字由「宗光」改為復，字幾道。「復」字來自《易經》，取其「復其見天地之心乎」（「復卦」）；「幾道」則出自《老子》「上善若水，水善利萬物而不爭，處眾人之所惡，故幾於道」（第八章）。中國傳統士人以字號來明志，上述的選擇反映出嚴復受到儒家與道家思想的影響。

1880 年 8 月，嚴復開始任職於北洋水師學堂，26 日晉見李鴻章，次日又向吳贊誠報到。嚴復在此校任職近 20 年，至 1900 年 8 月學堂被八國聯軍侵佔、破壞，1901 年 9 月嚴復正式離開天津水師學堂。這是嚴復一生任職最久的地方。根據當時的報道，該學堂「開北方風氣之先，立中國兵船之本」，學校環境優美，設備頗佳：「水師學堂設在機器東局之旁，堂室宏敞整齊，不下一百餘椽。樓台掩映，花木參差，藏修遊息之所，無一不備。另有觀星台一座，以備學習天文者登高觀測」、「天津水師學堂培植北地人材以供器使在案，玆距開館一年有奇，學生造詣漸有端倪」。

根據美國駐華公使田貝（Charles Denby）1888 年向美國國務卿貝雅德（Thomas F. Bayard）發出的報告：

> 1881 年，總督李鴻章在天津創建了一所名為「天津水師學堂」的機構，目的是效仿西方國家盛行的制度為帝國海軍培養海軍人才。
>
> 這所學堂設有駕駛和管輪兩個部門，各六十名學生，前者由畢業於福州船政局和英國格林威治皇家學院的嚴宗光先生指導，後者由兩名同樣來自格林威治皇家海軍學院的英語教習指導。我了解到，學堂的創立、發展以及目前的成功地位，很大程度上都要歸功於嚴先生。

1898 年，英國聯合商會派遣海軍上將貝雷斯福德勳爵（Charles Beresford, 1846－1919）來華調查商業相關事務，他在中國待了 100 天。10 月 14 日至 24 日在津期間，參觀了天津水師學堂，留下很詳細的記錄：

> 我參觀了位於這裏的海軍學堂。它秩序井然，顯然管理得很好。有 60 名學生，他們都是紳士之子，年齡在 16 歲到 20 歲之間。他們在學堂學習五年，然後上練習艦繼續學習。由於中國海軍的規模已經縮小到如此之小，很難說他們

在練習艦上服役後會變成甚麼樣子。所有這些學生都教授以英語。北京政府為這所學堂籌集了經費(這是一個非常寬鬆的預算)。這所學堂由中國人管理。

貝雷斯福德勳爵去參觀時，學堂的管理者即為嚴復。

嚴復在此校由「洋文正教習」一職開始其教學生涯。同年年底，李鴻章奏請「獎勵出洋生徒」。嚴復得到的獎勵是：「免補本班，以都司(按：都司為清代綠營的武官。該官品為正四品，位於參將與遊擊之下，縣府守備官之上)仍留原省儘先補用，並賞加參將銜」。至 1884 年底，以「教習都司」的身份與「遊擊卞長勝、學生伍光鑒、王學廉等」，「以天津水師學堂辦有成效」，再次得到獎敘。其中嚴復名列獎勵清單的第一名。

1888 年嚴復「報捐同知，雙月選用」，後因功免選同知(按：同知為清朝文官，位階約為正五品，而職能通常為佐理知府之鹽政、緝捕盜匪、海防等行政事宜)，直接以知府選用。1889 年初「奉委會辦天津水師學堂事宜」，1891 年升為道員(按：為省與府之間的地方官，正四品)，再於 1893 年底「委辦天津水師學堂」(亦即升為「總辦」)，此後的傳記資料則稱之為「北洋水師學堂總辦道員嚴復」、「北洋候補道、水師學堂總辦」，或依該官職(道員)之古名，稱之為「觀察」。

嚴復在官場上並不得意，他在寫給堂弟的信中表示：「當今做官，須得內有門馬，外有交遊，又須錢鈔應酬，廣通聲氣，兄則三者無一焉，何怪仕宦之不達乎。」大約在一八九〇年代初期，嚴復因不受長官重用，曾打算離開李鴻章陣營，至南方投奔張之洞(李鴻章與張之洞是當時南北兩大派系)。嚴復在 1895 年初，寫給四弟觀瀾的信中表示：「兄北洋當差，味同嚼蠟。張香帥於兄頗有知己之言，近想捨北就南，冀或乘時建樹耳。」可惜兩人觀念有所差距，尤其是嚴復在《直報》上發表四篇評論時政的文章之後，張之洞大怒，命御史屠仁守（1836–1900）在《時務報》撰文反駁。其後，嚴復私下稱張之洞是「妄庸鉅子……恐此後禍國即是此輩」，並公開反駁張的「中體西用」論。隨後，張、嚴兩人關係破裂，嚴復繼續留在北洋水師學堂。

1882 年之後，在駕駛學堂與管輪學堂各有一位正教習或總教習，負責西學，嚴復擔任者乃駕駛學堂總教習，而他的同鄉、同學、好友薩鎮冰（1859–1952）則曾擔任管輪學堂總教習。當時一位曾以幼童身份留美、返國之後進入天津水師學堂（駕駛學堂）就讀的學生梁誠（1864–1917），就稱嚴復為總教習，他說：

> 我們一行九人來到這所海軍學校……此學校在一年前亦由李鴻章創辦。所有教習均係華人，總教習為英國格林威治海軍官校畢業，其他教習也曾在福州船政學堂受訓三年。

有趣的是，這一位年輕學生對嚴復的教學很不滿意，說他的數學課教得尤其不好：

> 我們的總教習，那位在英國受教育的，像其他中國教習一樣不知如何施教。他上課每次唸一小段，使人一聽見他就感到噁心。數學應該是他的本行，但我們常發現他做幾何及代數時也造成不必要的問題，他照書本一字字往下唸。

因為缺乏其他的記載，我們難以斷定嚴復是否在教學方面真的那麼失敗，但如對照上述「兄北洋當差，味同嚼蠟」一語，我們或許可以想像，教書工作並沒有為嚴復帶來「教學相長」的樂趣。同時，嚴復與漢文教習宋恕，以及會辦洪恩廣之間有不少摩擦，兩人向李鴻章告狀，批評學校中的「閩黨」。嚴復在寫給四弟嚴觀瀾的信中，談到校中的派系鬥爭：

> 公事一切，仍是有人掣肘，不得自在施行……堂中洪翰香（按：洪恩廣，曾任水師學堂總文案、管輪監督）又是處處作鬼，堂中一草一木，必到上司前學語，開口便説閩黨，以中上司之忌，意欲盡逐福建人而後快。弟視此情形，兄之在此當差，樂乎否耶？

他後來回憶自己掌管水師學堂的經歷，認為自己並未培養出好的人才：「復管理十餘年北洋學堂，質實言之，其中弟子無得意者。伍昭扆（光建）有學識，而性情乖張，王少泉（劭廉）篤實，而過於拘謹。二者之外，餘雖名位煊赫，皆庸材也。」伍光建與和劭廉都是嚴復的得意弟子，兩人都在英國學海軍，返國後也從事海軍教育。1909 年三人同時獲頒「文科進士」。伍光建後來和嚴復一樣成為一位翻譯名家，譯作有 130 餘種。

在天津的 20 年之間，嚴復的仕途限於水師學堂，無法更上層樓（像日本的伊藤博文那樣自英國留學歸來之後，出任日本的內閣總理大臣），和他缺乏正式的科舉功名有直接的關係。在嚴璩所寫的《侯官嚴先生年譜》中，談到當時嚴復的心聲，「自思職微言輕，且不由科舉出身（當時仕進，最重科舉），故所言每不見聽。欲博一第入都，以與當軸周旋」。因此嚴復花了 108 兩銀子，捐了一個監生，從 1885 年開始，四度參與科舉考試：1885 年參加福建的鄉試、1888 年參加順天鄉試、1889 年參加順天恩科鄉試、1893 年再次返回福建參加鄉試。遺憾的是，四次考試均名落孫山。

科舉考試的經驗對嚴復的重大影響，讓他認識中國人才選拔制度（如以八股文取士）的嚴重弊端，並提出改革制度的主張。他說八股取士有三大弊病：「錮智慧、壞心術、茲遊手」，「使天下消磨歲月於無用之地」。因此他大聲疾呼「痛除八股而大講西學」。但是值得注意的是，準備科舉考試的過程，對嚴復個人成長來說，可能不完全是負面的。余英時曾指出一個「塞翁失馬」的現象，他認為嚴復從 30 至 40 歲之間為準備考試而閱讀經史典籍，此一功夫不失為對於運用古典文字的一種有效訓練。因此嚴復在此十年間，有系統地沉浸於舉業之中，使他補足了自 15 歲開始便中斷的傳統教育，「經過這一階段，他雖然是『半路出家』的留學生，他在中國古典文化的一般修養已與同時代的士大夫沒有很大的區別了」。嚴復後來將八股文的寫作與西方邏輯學的訓練結合在一起，而開創出一種獨特的「邏輯的古文」（錢基博語）。

嚴復在水師學堂的生活顯然不盡如人意，因此他在閒暇之時也開始閱讀西書，後來又進而以翻譯西方經典為職志，而成就一生事業。

異性情緣（二）

納江鶯娘爲妾、娶朱明麗爲妻

1892 年嚴復 38 歲，於天津北洋水師學堂已任職十餘年，這一年王夫人過世。嚴復娶了一個福州鄉下的女子江鶯娘為妾。她的父親為泥水工人，因仰慕嚴氏家風與先生的才情，故答應此門婚事。此時鶯娘僅 13 歲，比嚴復年輕 25 歲。江鶯娘為嚴復生下二子（1893 年生瓛，小名文殊，1900 年早殤；1897 年生琥，字叔夏，乳名普賢）、一女（1899 年生璸，字香嚴，乳名細寶）。

嚴復納妾之時正是他一生之中很不得意的時期，如他所述「北洋當差，味同嚼蠟」。一方面他在北洋水師學堂得不到李鴻章的重用，同僚之中又有非常嚴重的南北派系之爭。另一方面誠如上述他為了進入正統的士紳階層，捐了一個監生，四度參加鄉試，不幸都沒有考上。或許由於這兩方面的挫折，嚴復於一八八〇年代開始吸食鴉片（下詳）。同時在 1895 年前後，嚴復也考慮「捨北就南」。後來因為嚴復發表〈辟韓〉一文，張之洞「見之大怒」而未果。

從 1892 至 1900 年，鶯娘似乎都陪侍在側，然而兩人關係並不融洽。根據嚴復的表述，鶯娘不識字，個性內向寡言、脾氣欠佳，「江姨向極寡言，既不出門，又不能看書」；「姨太心性，我豈不知？意孤心傲，就勸他亦不受的。其對我尚然如此，他人可知」；「其性質，本極寡情，又脾氣極其傲亢」。這樣的個性似乎與嚴復不甚匹配。從嚴復的長輩郭嵩燾的記載可知，嚴復雖然才氣縱橫，但「氣性太涉狂易」；繼郭出任公使的曾紀澤也認為嚴復驕傲自負，有「狂傲矜張之氣」。嚴復的好友夏曾佑的批評最為直接，他說海軍學堂內「侯官之於中西各教習，均以奴輩蓄之也」。嚴復於天津北洋水師學堂與同事相處不洽，顯然與其狂傲的個性有密切的關係。以嚴復的個性來說，他所期望理想伴侶的「性情」須是活潑外向，「能言會笑」之人，「方不寂寞」，鶯娘的個性並不符合他的要求。

很可惜我們不了解江鶯娘對此段婚姻的感受，只能看到嚴復主觀的描寫。根據嚴復在 1910 年時的說法，「自渠十五歲（按：按陰曆，以虛歲計算）到我家，於今十又八年……在陽岐、在天津，那一天我不受他一二回衝撞。起先尚與他計較，至後知其性情如是，即亦不說罷了……此人真是無理可講，不但向我漠然無情，饑寒痛癢不甚關懷」。由此可見兩人相處並不愉快，這不但與兩人孤傲的個性有關，或許也涉及此一階段嚴復在外飽受各種挫折，在家中又得不到歡樂所致。當然嚴復吸食鴉片或許也是因為希望藉此抒解在事業與家庭生活中所遭遇到的痛苦。

1900 年天津水師學堂在義和團事件之中為外人炮火摧毀。46 歲的嚴復在倉皇之中逃到上海，在路上二子瓛因病夭折。在上海他遇到他的第三任夫人朱明麗（死於 1941 年），兩人並於 4 月成親。朱夫人的父親為朱昀青，朱家的背景因史料缺乏，不甚清楚。只能確定她家住上海、識字，是一個在城市中長大，又受過教育的女子。然而明麗文字方面的功夫並不十分純熟，寫信偶有別字。在婚後嚴家之中大小事情都由她來管理，分隔兩地時嚴復與她三、五天即通一封信，由此可見兩人之間感情深厚。她為嚴復生了二子（1904 年生璿，字季將，乳名約翰；1910 年生玷，字稚騫、無玷，又名佛烈）、三女（1901 年生瓏，字華嚴；

1905 年生瓏，字海林；1908 年生項，字眉南，乳名毛頭）。

嚴復與朱夫人之婚姻很可能是因為他與鶯娘之間關係不睦，加上兩人教育水平上的差異，造成心靈上難以溝通的結果。根據黃遵憲（1848－1905）的說法，嚴復與朱明麗因《天演論》而結緣。黃遵憲詩云：「一卷生花天演論，因緣巧作續弦膠；絳紗坐帳談名理，似倩痲姑背蛘搔。」如果此一傳聞屬實，那麼朱明麗或許是因為讀過當時風行一時的嚴譯《天演論》，對嚴復心生仰慕之情，因而決定嫁給嚴復。

朱明麗的進門給嚴復的家庭生活帶來一個變數。結婚已八年的江夫人對此事頗為不滿。為了避免家庭糾紛，嚴復總是勸明麗要與鶯娘和好，「卿與鶯娘須格外和好，互相保重」。

或許是為了維繫家中妻妾的和睦，再加上財務方面的考慮，1901 年至 1910 年，嚴復在天津、安慶與北京等地任職之時，將明麗留在上海，僅帶鶯娘同往。由於空間的分隔，鶯娘嫉妒之心似乎稍減，也全心全意地伺候嚴復的飲食起居。

這一段期間嚴復也曾考慮過全家團聚一地。在 1907 年開始於學部任職之時，同事嚴修（1860－1929，字范孫，為學部侍郎）勸他將全家遷來北京，但是嚴復考慮後卻覺得不妥，他以戲謔而又無奈的口吻和明麗談到此事，認為兩地相隔雖苦，但見面時「回回新鮮」，亦復有趣。

明麗在上海不但要照顧家庭子女，還要經營一家規模不小的黃包車行（曾多達 30 餘輛車），十分忙碌。然而嚴復對她的角色期望仍是頗為傳統的，希望她盡一個做太太的「天職」，管束子女傭僕、少出門，多學習家常烹飪：「家中照管門戶；教束兒女，係做太太人天職，非不得已不要常出門也」;「男女傭僕認真管束，我不在家，大門似可不必常開，至滋失慎」;「居家無事，可以隨時買些小菜，同璆兒等學習家常烹飪，此本是婦女孩們分內的事，他日持家，可省無窮氣惱」。

1909 年冬天，嚴復在北京任職於學部名詞館，他的妻與妾之間再度發生衝突，這次是明麗抱怨嚴復偏心，只寄西洋參給鶯娘的孩子，而不給她的孩子。在妻妾爭執之中，嚴復感歎「世間惟婦女最難對付」。此外在金錢安排，兒女教養等方面鶯娘與明麗也時有衝突。

1910 年鶯娘突然精神病發，延宕數月，嚴復與鶯娘之間的夫妻關係因此而告終結。在這段期間，嚴復與鶯娘數次「大相衝突」，讓他覺得「自家暗想，真天下第一可憐人也」。

1910 年農曆四月二十三日（1910 年 5 月 31 日），鶯娘離開北京，兩人的關係至此結束。後來鶯娘有意返家，嚴復卻斷然拒絕。在與鶯娘衝突之際，56 歲的嚴復也曾考慮再納一妾，然而又想到「艱於物色，若性情不對，則亦無益而徒增累耳」，因而作罷。1910 年秋天嚴復將明麗與子女從上海接到北京，住西城太安侯胡同。此後多半的時間明麗都伴隨着他。總之，在嚴復一生之中，他與第二位夫人的關係是以分居收場，而第三位夫人則是他生活上、情感上的重要支柱。

嚴復的煙霞癖

從一八八〇年代末期至 1921 年的 30 多年之間，嚴復的身心狀況與鴉片吸食有不可分割的關係。他從幼年開始，就看到老師黃夫子有吸煙的癖好。根據嚴復的甥女何紉蘭所述，嚴復是在同事、親家呂秋樵家中染上煙癮的，不過呂本人並不吸煙。在 1889−1890 年，嚴復與四弟的幾封信中說道：「兄尚未革煙，何時革，亦易事，不煩遠掛」；「兄吃煙事，中堂亦知之，云：『如此人才，吃煙豈不可惜！此後當仰體吾意，想出法子革去。』中堂真可感也」。由於嚴復有抽鴉片之癖好，他的第三任妻子朱明麗除了負擔家務、教育子女之外，她的另一項重要的工作是為嚴復購買鴉片，再請人帶給他或直接寄給他，因而使嚴復的鴉片供應能不虞匱乏。在嚴復寫給明麗的 63 封信函之中，有 27 封談自身的疾病，17 封催促她速寄鴉片，有些信則兩者都說。從通信之中我們甚至還發現嚴復不但吸鴉片，偶爾還因為失眠而注射嗎啡。茲將數條史料抄錄如下：

> 吾因感寒，夜間患咳，吸煙更甚，有似去年。（1907 年 10 月 21 日）
>
> 藥膏一日尚是三遍，夜間多筋跳，睡不着。昨晚直到三點尚不能睡，吃藥丸吃睡藥都無用。（1908 年 9 月 2 日）
>
> 吾到津以來，別的沒有甚麼，只是晚間多睡不着，早起跳筋……藥膏吃已過半，事多一日三瓢，不能減少。藥單不

知往那裏去，又沒帶有煙灰，市上買灰恐靠不住，今特作快信到家，叫你再熬四劑，一錢灰者，分作兩罐，熬好交新銘關買辦，即他船亦可，帶津交河北學務處嚴收，切切。(1908年9月8日)

藥膏本日已盡，而新熬者尚未寄來，不知需受苦幾日，只怕新的寄來，我已戒盡，不須再吃，未可知也。按在此日日有事，恐精神不夠支撐耳。(1908年9月18日)

藥膏兩瓶，現已吃完一瓶矣。吾身體如故，惟晚間十二點睡，至多至六點便須起來，其時天或未亮，甚以為苦。一半由肺氣不舒，晨間喉中作響如前，須吐痰食膏藥後始差。(1908年10月3日)

膏藥再熬兩劑來，當夠用到回時矣。(1908年10月11日)

此處所剩藥膏，不過數日便完，望再熬兩劑，裝罐寄來，愈早愈妙。(1908年10月17日)

體氣到京後雖無甚病，卻不算佳，夜間多睡不着，早起大解三五遍不等，藥膏只須兩頓，臨睡因腿跳，常不得已而用嗎啡針，所打至少不過數毫之重，然往往仍睡不着，此信即三點鐘所寫也。(1909年6月2日)

此外在日記之中，他也記錄了「服藥膏」、「抽大煙」的情形。由上述的自白可見嚴復的煙癮很強。

1904年嚴復曾請醫生協助戒煙。他的朋友英華記載「步至蘇州河，詢問柯師醫生，良久，至河南始得晤。嚴又陵先生現戒煙，談有時，嚴引予見醫生」。此次戒嚴可能未成。1909年秋天，嚴復又打算戒煙，然而幾天之後因體力不支、煙癮發作，難以忍受，只好再度吸食。在信中他談到戒煙失敗的經驗：

因患感冒風寒，又緣有同鄉醫生許鍾岳，力勸將煙丸戒盡，身體可期強壯。我服其藥三四日，便不思再食煙丸，精神食量亦較前稍佳，據言旬月之後，必然大好。

吾從藥丸除淨後，體力反覺不支，大抵不外泄瀉、咳嗽及筋跳三件，昨前兩宵作擾尤甚，飯後九、十點即非常困倦欲睡，睡又跳筋兩三點鐘，勤捶不差，服睡藥亦無效，不得已乃取家製藥膏半茶匙，服下乃得安靜。……藥膏既須服，可再熬兩罐來，或寄數兩好灰，將方抄來亦可。

戒煙失敗之後嚴復雖恢復吸煙，但煙癮減小，每日只服半匙，有時則稍多。明麗在配方上似乎也作了一些調整：

我在此間責任頗重……精神尚支得住……。藥膏每日尚須半匙，所用即汝夏間寄由嘉井者，計兩罐，可敷過年，不知夠否？

(1909 年十月初八，新曆 11 月 20 日日記) 本日十一點吃藥膏稍多，先行三次。

刻我諸恙均見差減……藥膏一日只服半匙，怪得這麼靈，吾知煙灰加重，以後當更少服，藥丸中有他藥，據老許云不宜常服也。

刻腹瀉腿跳等症都比從前好些。藥膏亦已減少，多吃反不舒服。

1910 年之後嚴復的煙癮又變大了，「藥膏尚日服兩茶匙，現又須煮，但前帶煙灰已罄，大小姐若來，家中煙灰可先帶兩把應用也」。此後至 1912 年嚴復被派任為京師大學堂總監督，其間雖「時思斷絕」煙癮，但還不斷地請明麗託人帶鴉片到北京來，「聞君潛來京在即，來時可託帶鴉片二兩來京，五元一兩便可吃矣」，他也試吸過一些「三元每兩，自是便宜」的新產品。

1916 年 1 月 9 日在他的日記中寫着「Two pipes in the afternoon」（下午抽了兩管）；1919 年的日記又有「起服新藥膏」、「起吃新藥膏」、「買大土膏，用起」等字眼。「藥膏未除，病甚，便以藥膏止之，亦復有效」。一直到嚴復死前一年多才戒除。他在 1920 年 4 月寫給兒子的信中說，去年在北京因大病入協和醫院，在甘醫師的協助下才戒掉鴉片：

> 須知吾身乃有兩病，從前醫生皆來細為看出。蓋第一在肺，眾人所知；其次在腸，眾人所忽。然吾自得疾以來，大便實未嘗好過，乍愈乍劇；每日早晨二三度或四五度，至下午始差。客歲在閩在滬均是如此，當時藥膏未除，病甚，便以藥膏止之，亦復有效。至去年到京，累患脾泄，向狄博爾求藥，亦無良果。大病，入協和醫院，藥膏經甘醫除去，泄瀉頗甚，而渠以為鴉片之反動力，轉以為佳，然每日三四行，實亦不甚覺苦。出院到家之後，始尚不甚苦人，至此後月餘日，漸漸增劇，又於腹中酵氣 Fermentation（按：發酵），早起五點以後，激刺苦人，不能安卧，上午非五七次至圊不已，坐是飲食不養，人亦瘦困，而喘咳加劇。近者英邱格 Qouk 大夫代吾診治，於十二夜，用 Calomel（按：氯化亞汞，別名甘汞，可用作輕瀉劑）兩片，以發膽汁，天明用 Magnesium Sulphate（按：硫酸鎂，又名瀉鎂，口服硫酸鎂有良好的導瀉功能）水兩匙，意取

如此宣泄二次，可將腹中激刺惡物，全行刷下。不料吾自戒煙以後，腸胃極弱，遂乃一泄至十零遍，而人不支矣。於是將第二劑急止，然至十五夜，尚用其半以遂前晝。現在雖尚有零星泄瀉，幸已降差，天明稍可安臥，再加數日將養，當可稍安。

嚴復出院之後，在 1920 年 1 月 4 日，寫了一封信給他的學生熊育錫，談到自己痛苦的經驗，也勸年輕朋友絕不可吸食鴉片：

復回京後，於新曆十二月初旬，又一病幾殆，渾身肌肉都盡，以為必死矣，嗣送入協和醫院，經廿二日而出，非曰愈也，特勉強可支撐耳。但以年老之人，鴉片不復吸食，筋肉酸楚，殆不可任，夜間非服睡藥尚不能睡。嗟夫！可謂苦矣！恨早不知此物危害真相，致有此患，若早知之，雖曰仙丹，吾不近也。寄語一切世間男女少壯人，鴉片切不可近。世間如有魔鬼，則此物是耳。吾若言之，可作一本書也。

1 月 20 日，他又說「復近所以與鴉片脫離者，非臨老忽欲為完人，緣非如此，則稠痰滿肺右部，凝結不鬆，無從為治故耳」。嚴復此時戒掉長期吸食之鴉片或許對他的身體衝擊甚大，本來因鴉片而維持的身體因戒煙而失去平衡，來年他即辭世。

嚴復在一八八〇年代末期染上煙癮或許是因為懷才不遇、考試失敗，加上與鶯娘不睦所導致的。他吸食習慣的持續不但出於心理挫折，也與生理病痛密切關連（鴉片為鎮痛劑）。嚴復中年以後，呼吸與消化器官一直不好，喘咳、腹瀉、筋跳，以及失眠等病症長期困擾着他，1919 年初「喘咳大作，神識瞀亂，昏不知人，晝夜危坐牀褥」，這樣的病痛使他養成依賴鴉片、嗎啡來舒緩病痛的習慣。

他持續的吸食習慣對家庭生活有諸多影響。使明麗忙於張羅、託帶等事自不待言。就經濟方面來說，以嚴復仕宦所得，加上明麗經營車行，嚴家的經濟能力或許足以負擔鴉片的購買，然而因為這方面的開銷可能也不少。嚴復一再要求家人勤儉持家、節省費用，也發出「人生之不可無財也」的感歎，應與此有關。

嚴復吸食鴉片也影響到他的公眾形象。革命黨人反對他的君主立憲之主張時，曾藉此而大做文章。1907 年楚元王在《民報》上發表〈論立憲黨〉一文，對所有立憲派大加詆毀，「張謇、嚴復兩個人，一個是圓滑，一個是懶惰……嚴復的為人，只曉得自私自利，只享權利不盡義務。他在安慶高等學堂裏面，天天抽鴉片，一個人都不會，一件事都不做，每月白白的騙五百塊洋錢，還有時候住在上海，又騙用復旦學院的修金。實在是個大滑頭了」。此一評價不見得公允，然嚴復抽鴉片一事確實是落人之口實。

1912 年 9 月嚴復任北大校長時，仍有報刊文章攻擊他吸食鴉片之事：「嚴復……昨自天津返京，夾帶大煙槍一具，大煙膏數十兩，秘密藏之匣中……不意行抵前門，竟為站長查出，聞立刻將煙具、煙膏和嚴復一併送到步軍統領衙門去了」，此事或係虛構，然對嚴復的名譽造成重大的負面影響。

我們很難想像這樣一位翻譯大師一方面以典雅的文言文翻譯《天演論》，鼓勵國人發憤圖強，而另一方面躺在牀上吸食鴉片的情景；然而，嚴復主要的作品都是在鴉片所提供身心舒緩狀況之下所寫出來的。在這方面，嚴氏後人嚴家理提供了一個證據，顯示嚴復抽鴉片時曾教人讀古文，且抽完鴉片之後，並不久臥煙榻，反而常正襟危坐讀書寫字。同時，因為鴉片吸食的經驗才使他深刻地體認到要挽救「中國者，固病夫也」的困難。

1895–1896年在舉國聞名的〈原強〉一文，嚴復有以下的話：

嗟乎！外洋之物，其來中土而蔓延日廣者，獨鴉片一端耳。何以故？針芥水乳，吾民之性，固有與之相召相合而不可解者也。夫唯如此，而後知處今之日挽救中國之至難。

嚴復也提出具體辦法來解決鴉片問題，甚至還樂觀地認為「夫何難變之有歟！」：

中國禮俗……沿習至深，害效最著者，莫若吸食鴉片……此中國朝野諸公所謂至難變者也。然夷考其實，則其說有不盡然者……假令天子親察二品以上之近臣大吏，必其不染者而後用之，近臣大吏各察其近屬，如是定相坐之法而實力行之，則官兵士子之染祛。官兵士子之染祛，則天下之民知染其毒者必不可以為官兵士子也，則自愛而求進者必不吸食。夫如是，則吸者日少，俟其既少，然後着令禁之，舊染漸去，新染不增，三十年之間使鴉片之害禁絕於天下。

嚴復在寫這一段話時，或許也為自己無法成為「自愛而求進者」而深自悔悟。這一矛盾現象顯示嚴復內心私情與公義的衝突，而他一生竟然都無法坦然面對此一矛盾。

嚴復與梁啓超

晚清津、滬維新派士人之間的交往

嚴復在天津水師學堂任職期間認識了比他小約 20 歲的政壇新秀梁啟超。兩人相識是在甲午戰後，大約 1896 年夏、秋之際。在此之前梁啟超已讀過嚴復在天津《直報》所發表的〈原強〉、〈辟韓〉等文，兩人卻未曾謀面。1896 年 3 月，因強學會被查禁，梁啟超離開北京前往上海，開始與黃遵憲、馬良、馬建忠兄弟等人交往，7 月，梁任公與汪康年、黃遵憲等創辦鼓吹革新變法的《時務報》。

嚴、梁訂交的牽線者之一是黃遵憲。黃遵憲與嚴復相識大約是 1895 年 7 月，黃赴北京參加強學會之後的事，1896 年夏末，黃遵憲赴天津，將他與梁任公在上海創辦《時務報》之事詳細地告訴嚴復，也趁機尋求嚴復的支持。該年 8 月 18 日，嚴復寫了一封信給汪康年與梁啟超，從信中「穰卿進士、卓如孝廉均鑒」的稱謂，以及「前寄一函，想經偉照」的內容，可以推想此時兩人初識，且已有書信上的聯繫。在此封信中嚴復表示願以具體行動支持《時務報》。《時務報》館後來收到了嚴復捐贈的 100 銀元，在 1896 年 9 月出版的《時務報》第七冊，刊登「嚴又陵觀察助銀一百元」的消息。

嚴、梁訂交的另一個牽線人是嚴復的好友馬良、馬建忠兄弟。1877 年嚴復赴英留學之時，馬建忠因李鴻章選派，以隨員兼法文翻譯身份同行，與嚴同船赴歐，馬建忠後進入巴黎政治學堂，修習國際法與外交，1880 年 3 月返國。在歐期間嚴復與馬建忠，因為郭嵩燾與李鳳苞的關係，也曾偶爾見面。馬良與馬建忠均熟悉西方語文與洋務，並與李鴻章關係密切。嚴、梁初識之後雙方繼有書信往還。1896 年 9 月 2 日，梁啟超在寫給嚴復的信中十分稱讚嚴著〈原強〉一文，也告訴嚴復他正跟馬建忠學拉丁文，並希望嚴復能挑選幾篇稿子交《時務報》發表。嚴復則在回信中予以勉勵，並在同一封信表示《天演論》手稿已完成，寄請任公指正，而〈原強〉一文「自覺不成一物⋯⋯擬更刪益成篇，容十許日後續呈法鑒」。後來不知何故《時務報》沒有刊登〈原強〉，僅於 23 冊轉載了批判專制的〈辟韓〉一文，還引起了激烈的論辯。

1897 年 2 月，嚴復又寫了一封長信給任公，對他在《時務報》的言論，特別是〈變法通義〉的主張提出批評，這封信原件不存，我們只能從任公的回信中約略地了解其內涵。他認為任公不當的言論將會對社會大眾產生重大的影響，「毫厘之差，流入眾生識田，將成千里之謬」，而且「苟所學自今以往繼續光明，則視今之言必多可悔」。這一封信在嚴、梁關係上是一個重要的轉折，在此之前嚴復對任公多為讚賞、鼓勵，此後則轉為多所批評。

梁啟超收到來信之後，沒有立刻回復，至三、四月之間任公才寫了一封信給嚴復。從這一封信我們可以了解《時務報》時期任公思想狀態，以及嚴、梁思想上的交會。梁啟超對嚴復在信中的批評深表感激，「知天下之愛我者，捨父師之外，無如嚴先生；天下之知我，而能教我者，捨父師之外，無如嚴先生」。但對於嚴復的批評，他提出了不少的辯駁。他也向康有為稟告此事，「嚴又陵有來書，相規甚至，其所規者，皆啟超所知也，然此人之學實精深，彼書中言，有感動超之腦氣筋者」，似乎顯示任公企圖向康表示嚴復的來信並沒有動搖他原有的思想路向。

其實這時任公思想已經在康、嚴之間遊移，從他的〈說羣序〉明白可見：他一方面跟隨康有為的「以羣為體，以變為用」的觀念，另一方面任公覺得康有為並沒有將「羣」的概念說得十分透徹，直到他讀了譚嗣同的《仁學》與嚴復的《天演論》，才「犂然有當於其心」。任公因而想將康有為的想法與《仁學》和《天演論》之觀點結合在一起，建立一個有關於羣的理論。任公後來思想的發展與他在康、譚與嚴之間的取捨有關。

〈與嚴又陵先生書〉中嚴復與任公思想之差異，代表了戊戌變法前夕兩種對於變革的看法。在目標方面，任公揭櫫者乃康有為式的、奠基於孔子改制，並環繞着政治核心全面改組的激烈變革。誠如學者所指出：任公「一再主張廢科舉興學校的〈變法通義〉，其實際所企圖的，並非在普及西洋方式的學校教育，而是在擴大以共同擁有基於孔子改制的解讀方法為起始的康學的講學之場所。要將康學的方法通過報刊，在不知不覺中滲透進讀者的腦中以養成風氣」。在方法方面，任公所宣揚的變法是以「陳勝吳廣」揭竿起義的精神，從各方面抨擊現況、強調變革的重要性，因此缺乏全盤規劃，也沒有分清楚各項改革的緩急先後。在思想風格上，此時康、梁均傾向於徹底改造的轉化思想。

嚴復對此很不滿意，他不但批評任公立言草率，而且認為任公以康學為中心思想的改革方案具有「西學源於中國說」的特色，亦即「引中國古事以證西政，為彼之所長，皆我所有」，任公所撰〈古議院考〉，所謂「議院之名，古雖無之，若其意則在昔哲王所恃以均天下也」的說法，即為一例。嚴復認為這樣的方案無法認識到中國的病根與西方的優勢：「黃種之所以衰，雖千因萬緣，皆可歸獄於君主」、「中國歷古無民主，而西國有之」。

這一封信對任公思想產生不小的影響，當時他雖然還是「康學」的支持者，仍處在康陣營之內，但已種下後來思想變化的種子。這封信拉開了梁啟超與今文經學傳統的距離，促成後來梁與康的分道揚鑣，並破除了「中華中心」論，使任公更積極地引介西學。此後任公對中西文化的看法產生變化，他不再像康有為那樣，對西學的讚賞只以合於孔子的言論為限。具體而言，在歷史觀方面，任公開始不全然肯定「三世之義」、「孔子改制」，而從歷史進程的本身與自由精神的伸展，追索人類進化的規律，這也劃分出三世說與演化論的界線。

其中最明顯的一個徵兆是有關「保教」的問題。保教一說源於康有為，在受到嚴復（以及黃遵憲）的質疑之後，梁啟超開始反對此一說法。1902 年任公在《新民叢報》第二期所撰〈保教非所以尊孔論〉，批評康有為之說，肯定思想自由的價值，即源於嚴復在信中所謂：「教不可保，而亦不必保……保教而進，則又非所保之本教」。難怪嚴復讀到這一篇文章之後非常稱許，認為「凡此皆非囿習拘虛者所能道其單詞片義者也」。後來任公在《清代學術概論》之中，清楚地敘述他在 26 至 30 歲之間（1899–1903）逐漸質疑康有為學說的過程。

從整體的思潮趨向來觀察，1897 年嚴復與梁啟超書信的往來其實不只是兩人之間的事，而是代表了在戊戌變法前夕，天津、上海兩地維新人士之間的交往。上海的維新人士以梁啟超的《時務報》為核心，天津則以嚴復為首，再加上王修植（菀生，天津北洋大學堂總辦）、夏曾佑（穗卿，天津育才學堂總辦）、杭辛齋等人，他們的言論機關是《國聞報》。嚴復晚年曾回憶辦報的經過「在光緒丙申、丁酉間，創《國聞報》，實為華人獨立新聞事業之初祖。余與夏君穗卿主旬刊，而王菀生太史與君（杭辛齋）任日報。顧余足跡未履館門，相晤恆於菀生之寓廬」。可見四人彼此之間之情誼。

嚴復寫給梁啟超的信，寄出之前，也曾給王、夏等人過目。上文提及嚴復致梁啟超的長信寄出之後，任公沒有立刻回答，在這期間王修植寫了一封信給汪康年，希望任公對「吾黨切磋之意」早做回復，而且「當論是非，不當爭勝負」。不久，任公回信寄達嚴復之手，嚴復也將此信與天津友人分享。王修植再度寫了一封信給汪康年，又談到「但宜論是非，不宜爭勝負」，而且強調，以此精神為基礎，雙方才能夠「同舟共濟」。從信中「然其持論，亦仍不免有主張之處」似乎透露天津的這一批人對於任公的響應不甚滿意。但雙方的關係仍然繼續維繫，在同一封信中王修植和汪康年談到將在天津創辦《國聞報》與《國聞彙編》，希望能與《時務報》的代表相磋商。我們不確定《時務報》是否立刻有人來津洽談，僅知道在戊戌變法之前，上海、天津之間維新人士，因為合作辦報紙，一直維持密切的關係。例如《時務報》在創刊之初就曾將宣傳文案交王修植，請他轉發同仁。《時務報》在天津的經理人後來即由王修植的表兄弟「西學官書局陸汲甫茂才」擔任，陸氏定期將天津所收到的《時務報》「報資」寄交上海。王還向汪康年表示此人「甚為可靠」。王修植與嚴復也承諾將不計稿酬，為《時務報》撰寫論說。

總之，天津的《國聞報》與《國聞彙編》就在津滬士人合作的氣氛之下，於 1897 年 10 月創刊。在創刊之前，嚴復、夏曾佑與王修植又聯名寫了一封信給汪康年、梁啟超與麥孟華，希望在《時務報》上刊登《國聞報啟》，並請求《時務報》館能協助《國聞報》在南方各省的發行工作，這時黃遵憲也時常往來津滬，從事雙方之間的溝通工作。八月初一汪康年收到信之後，立刻有所行動，並在8月11日出版的《時務報》第38期中刊登「本期附送天津國聞報館啟」。然而《時務報》卻沒有協助《國聞報》的發行工作。根據1898年2月，王修植致汪康年函，《國聞報》去年在上海委託《新聞報》館代銷，津滬雙方之間的合作似乎不那麼順利。

無論如何，《國聞報》在1897年10月正式出刊，在〈國聞報緣起〉一文，編者表示該報仿英國《太晤士報》之例，宗旨為「通上下之情」與「通中外之故」，而其緣起則受到《時務報》等報紙的鼓勵。至1898年初，《國聞報》的發行遭遇困難，其中的一個原因是缺乏採訪人才，導致新聞來源不足。王修植說「《國聞》訪事人亦無好手，均係敷衍角色。京中時有重大新聞，或係得自西人，或係得之交好，亦無一定也」。另一個問題是缺乏翻譯西文的好手。嚴復透露：「《國聞報》館曾將原文西報分與此地學生教習等翻譯，而其中須重行刪改者，十人而七八」，可見學生曾協助翻譯，然而譯稿最後還需偏勞嚴復再作校閱。總之，1898年初《國聞彙編》停刊，《國聞報》則繼續發行，每天的銷路只有1500張，此一數字遠遠不如《時務報》上萬份的發行量。這時王修植只好請求汪康年協助「推廣銷路」。王修植甚至請汪康年幫忙，希望請求張之洞模仿《時務報》、《知新報》之前例，「通飭各屬士商看報」，信尾還表示「嚴復附筆致候」。

這些請求幾乎都落空了，這顯然是因為當時《時務報》內部發生紛爭，梁啟超與汪康年意見不合，梁啟超、麥孟華與章炳麟也「輒如冰炭」，黃遵憲則「幾與汪穰卿決裂」；1897年秋天，黃遵憲、梁啟超乃先後赴湖南推行新政，倡辦南學會、時務學堂。1898年初《時務報》方面自顧不暇，並無餘力協助天津的朋友。

這時嚴復主編的《國聞報》不但得不到上海方面的援助，還受到朝廷的壓力。1898 年 2 月 29 日王修植致汪康年函中，沮喪地表示「日來心緒惡劣」，因為「此間館事頗發阻力，總署已具稿，將奏請北洋封禁」。在這同時，夏曾佑寫給汪康年的信也提到，2 月底、3 月初之時，《國聞報》館受到各種壓力，因此只好將報館賣給日本人。3 月 6 日起，《國聞報》改由日人西村博接辦，加印「明治」年號。夏曾佑並表示《時務報》所需要的文章，「嚴老近無暇，弟亦無暇，菀生方作之，日內想可寄上」。

夏曾佑所說「嚴老近無暇」，主要是因為當時《國聞報》館正承受「政府阻力」，嚴復被人指控「與外人勾串」，光緒亦得知此事，上諭指示北洋大臣直隸總督王文韶調查《國聞報》館現辦情形。王文韶調查之後稟告「查無其事」，但仍「諭斥嚴復並學堂學生等，嗣後不得再有隻字附登館報，以自取戾」。後來嚴復在 7 月 29 日蒙光緒召見，光緒還問他與《國聞報》之關係，嚴復輕描淡寫地回答：「臣非該館主筆，不過時有議論，交於該館登報耳」。

當《國聞報》被人指控之時，康有為在京師發起保國會。閏三月十五日（5 月 5 日），任公寫信給夏曾佑，一方面談到保國會受人參劾，另一方面則請夏曾佑將〈保國會章程〉刊登於《國聞報》之上。閏三月十七日（5 月 7 日），《國聞報》刊登〈保國會章程〉三十條，由此可見天津士人對康梁改革主張的支持。其後《國聞報》對保國會的活動，作持續的報道。

因為津滬士人相互合作的關係，在這期間嚴復等人密切地注意《時務報》內部的紛爭，6 月 3 日，嚴復在寫給汪康年的信中說到自身的處境，並關心內鬥對汪的打擊：「《國聞報》被劾事已解矣。近聞御史宋伯魯（1854－1932，戊戌變法中的重要人物）

奏請以《時務報》改為官報事已交孫五先生議矣，據有人言此舉乃報復，意欲使公不得主其局，不知曾聞否？」嚴復所說的心存報復之人很可能是指任公。這時《國聞報》發表了汪康年、黃遵憲與梁啟超相互攻擊的啟事。1898年7月10日，《國聞報》又刊登嚴復所撰寫的〈《時務報》各告白書後〉。對於此事，嚴復較同情汪康年，而批判梁啟超、黃遵憲，認為他們奏請改為官報之舉是「借貴位尊勢以劫制天下」，與任公平日強調「憑公理以悅服人心」的論調不符。這一件事情後來無疑地影響到嚴復對梁啟超的評價，也使兩人關係益為疏遠。總之，1898年6月，《時務報》停刊，《國聞報》則早在同年3月起歸日人經營，風格轉變。不久發生百日維新與戊戌政變，任公流亡日本。嚴復在事變之中行事低調，倖免於難。嚴、梁關係至此暫時終止。

張謇與嚴復

清末民初改革派士人之異同

嚴復與梁啟超屬不同世代，而他與張謇（1853–1926）則是同輩，兩人的年紀僅相差一歲。張、嚴同屬清末改革派陣營中的重要人物，對於推動議會政治、教育改革、科技救國、南北議和等有傑出的貢獻，然雙方的出身背景、成長過程與成就事業截然不同。張謇為江蘇南通人，出自世代務農之家庭，科場得意、進士出身（光緒二十年一甲一名之狀元，授六品翰林院修撰）；嚴復為福建侯官人，父祖為儒醫，然家道中落，捨棄科舉正途，進入洋務學堂，後留學英國皇家海軍學院，成為第一代的留洋學生，返國之後他以缺乏科名，不受重用，曾四次參與科舉考試，都不幸落榜，宣統年間才被賜以「文科進士」的頭銜。

在政治上，兩人分屬不同派別。張謇受到翁同龢（1830–1904）的提拔，並進入南方張之洞的系統之中。中日甲午戰爭爆發後，帝、后兩黨矛盾有所激化，以翁同龢為首的「清流」擁戴光緒帝，發主戰議論，其主要抨擊目標即為力主議和的李鴻章。張謇並曾因此出面彈劾過李鴻章，《張季子九錄》中留有 1894 年〈呈翰林院掌院代奏劾大學士李鴻章疏〉，主張「另簡重臣，以戰定和，固人心而申國勢」。1895 年，張謇為張之洞起草〈條陳立國自強疏〉，提出九條改革軍政、經濟、教育的全面構想。1896 年初，張之洞奏派張謇、陸潤庠、丁立瀛分別在通州、蘇州、鎮江設立商務局，張謇與陸潤庠分別在南通和蘇州創辦了大生紗廠與蘇綸紗廠，開始了他「狀元實業家」的創業生涯，終其一生將南通建設成為中國現代化的先驅。

嚴復則自始至終在北方李鴻章的淮軍集團之內。他從 1879 年自英國返國之後即一直從事海軍教育。如上所述，大約在一八九〇年代初期，嚴復因不受重用曾一度打算離開李鴻章陣營，投奔張之洞。可惜兩人觀念有所差距而未成，嚴復繼續留在北洋水師學堂，前後共擔任了二十多年的教席。甲午戰後他轉而從事翻譯事業，譯介西方新知，成為啟蒙大師。因此在事業上，張謇的成就主要是「立功」，嚴復的貢獻則是着重在「立言」。

張謇與嚴復年紀相當，同時活躍於晚清政壇，其漸進改革之理念也接近，並有不少共同的朋友（如吳汝綸、張元濟、鄭孝胥、汪康年、梁啟超、金澤榮、袁世凱、沈瑜慶、嚴修等），然而有趣的是兩人之間並無太多直接的交涉。其中最重要的原因應是出身的、地理的與派系的諸多因素。張謇身邊的人物除了傳統士紳與文人之外多是留日派（如楊廷棟、雷奮、劉厚生等人），嚴復乃留學歐美的人物，對留日學生與受日本影響的「東學」均深感不滿。其次，張謇主要結合浙江、上海地區的士人；嚴復則是所謂的「閩黨」，他最親近的朋友是林紓、鄭孝胥與「郭張陳沈」（郭春榆、張元奇、陳三立、沈瑜慶）等聚於京師的福建同鄉，後來其中的多人組成「晉安耆年會」。最重要的則是張謇屬南方張之洞的系統，嚴復則是李鴻章與袁世凱所親信的北派人物，兩派長期處於相互鬥爭的緊張關係。梁啟超在《李鴻章傳》中說：「十年以來與李齊名者，則張之洞也 ...... 之洞於交涉事件，著著與鴻章為難……鴻章嘗與人云，不圖香濤作官數十年，仍是書生之見」，可見兩派之衝突與歧異。

由於出身與派別的差距，張謇與嚴復幾乎沒有個人的情誼，在兩人所留下的史料之中並無彼此之通信。兩人初次見面應是1900年7月底，義和團事件之後嚴復自天津避難上海，與容閎等人組織「中國國會」，籌劃東南互保之時。國會為一民間組織，也得到官方之默許。其主導人物為康、梁，以及以汪康年、葉瀚（後加入張謇的「中國教育會」）為首之江浙派士人。嚴復雖為該會副會長，然並非核心分子，而是被歸類為比較邊緣的「義和團事件由京津避亂南來者」，張謇則似乎並未直接參與該組織，不過參加國會的江浙人士都與他有密切的關係。國會在政治主張上有「唐才常與汪康年之對立」，前者「痛恨后黨，堅決勤王起事」，後者則是「徐圖振興中國之策，並依靠張之洞等督撫保障東南」。嚴復與張謇顯然都支持後者，反對勤王。

據記載，1900年8月11日，張謇在上海與嚴復晤談當前的局勢，其目的應是企圖結合張之洞與李鴻章的勢力。兩天之後，張謇又與嚴復的好友沈瑜慶（沈葆楨的四子）赴張園會見與康梁關係頗好、曾支持戊戌變法的宋伯魯與吳長慶之子吳保初，張謇希望他們能轉達當時暫駐上海的李鴻章北上京師與列國代表談判。由此可見張謇與嚴復、沈瑜慶等人的會面，並非私人見面，而是派系之間的聯繫。張謇返回南通之後，寫信給劉坤一，此即〈為拳亂致劉督部函〉，表示希望劉能「公推合肥總統各路勤王之師，入衞兩宮……合肥儻旦夕北上，公亦宜具安折，專差一道員隨行」。後來李鴻章並未北上，然東南互保運動，保護了河北、山東以外的地區，使之避免於義和團與八國聯軍戰亂的波及。張謇與嚴復在上海聯絡各方人馬，促成了劉坤一、張之洞與李鴻章的合作，有其貢獻。

1905年，嚴復、張謇又有共事的機會。他們兩人與嚴復的好友熊季廉（名元鍔，1900年起為嚴復門人，1906年過世）均被馬相伯聘為復旦公校校董（共計 28 位）。為了幫助該校籌募資金、建立新校舍，由嚴復領銜，曾鑄、湯壽潛、袁希濤、薩鎮冰、熊希齡、張謇、狄葆賢等人具名，發表〈復旦公學集捐公啟〉，說明復旦成立之來由與意義，並向社會各界募集辦學資金。張謇在 1905 年 2 月 17 日的日記中寫到：「徐匯故震旦學院請為董事，復支其學事，許之」，過了一個禮拜，在 2 月 24 日，他又寫：「為震旦已散學徒籌款得萬元」，這顯示張謇對於馬相伯與嚴復的支持（按：嚴復於 1907 年 1 月接任馬相伯，擔任復旦公學監督）。這時也因為馬相伯的關係，在上海的嚴復與張謇有較多接觸的機會。1905 年 7 月，當時上海抵制美國華工禁約，羣情洶洶。馬相伯邀請了張謇與嚴復兩人共同「於初六日午後，前往西門務本女學堂，演說抵制美國公約之事」。馬相伯寄了一封邀請信給嚴復，同時也將消息在《中外日報》上刊登。不過嚴復對抵制之事其實不以為然，因此他寫信告訴熊季廉，希望他能「相機進言，謂復於初六下午四鐘不能到會」。為了說明自己的立場，嚴復於 8 月 16 日在《中外日報》上，發表〈論抵制工約之事必宜通盤籌劃〉，批評過度激烈的抵制行動。

張謇與嚴復另外兩次的見面在 1911 年，一是「中央教育會」開會，一是辛亥革命之後的南北議和。這兩次的會面兩人均屬不同陣營，前者是官紳之別，後者是南北之異。

1911 年 6 月，學部大臣唐景崇為求全國教育進步，仿照日本高等教育會議，於京師召開中央教育會，號召各省人士，商討全國教育方針。根據章程，該會會長由學部派任。開始時鎖定之會長人選有三人，一是當時擔任學部名詞館總纂的嚴復，一是孟慶榮（學部右丞），一是戴展誠（學部參議），以上三人均為學部官員。後來或許是為了考慮到學部內部關係的平衡及社會輿論的看法，改由江蘇教育總會會長張謇出任會長。當時即有人認這是因為學部為了籠絡士紳，希望士紳為其教育政策背書所致。此外張元濟和直隸提學使傅增湘兩人被指定為副會長。張謇因立憲等事與清政府屢屢衝突，望治之心漸淡，而改造之念漸強，被唐景崇「敦屬為中央教育會會長，再辭不獲，許以半月」。會議進行才過半，張謇即離京他去，而且即使在前半段他也曾屢次告假，傅增湘又較少露面，近四分之三的會期是由張元濟來主持。根據與會的譚延闓表示：「早起赴中央教育會，張菊生主席，手腕明快過於季直」（宣統三年閏六月初二，1911 年 7 月 27 日）。

嚴復雖與會長一職擦身而過，不過他仍是該會成員，而會場就在他所負責的學部名詞館召開。在開幕時，他初次見到江西教育會副會長熊育錫（熊元鍔之堂兄），後來兩人成為師友，頻頻通信，成為一段佳話。其後嚴復貴體欠安，多次未能赴會。他在寫給汪康年的信中表示：

> 中央教育會與賤恙相始，故至今未蒞議場，放棄責任，與左右同出無可奈何。明日又是會期，當一與會，然亦僅能為旁聽耳。近時人於此種會事，言論漸近翔實，靠事勢發揮，此是好消息；而急進者猶或非之，甚矣，俗之難與周旋也！

1911 年 8 月 3 日，嚴復在日記上記載參與中央教育會「議軍國民教育」，幾天之後他又與張謇、張元濟、楊度聯名發表「中國教育會章程草案」。總之，嚴復對中央教育會之參與十分有限，也沒有太多機會與張謇等人磋商教育問題。不過根據陸費逵的觀察，此次會議成績不錯，但可惜「朝野顯分二派，時為無謂之競爭」，文中所謂的「朝野兩派」即是張謇所屬的地方士紳與嚴復等人所代表的學部官員。

中央教育會召開之後不久，就爆發了辛亥革命。1911 年 12 月 18 日，袁世凱派唐紹儀為全權代表，嚴復為各省代表之一（代表福建），南下上海議和。伍廷芳則是南方代表，不過幕後操盤手卻是張謇、趙鳳昌等人。張、嚴兩人在會場再度相見。民國建立之後，嚴復受到袁世凱的重用，先出任北大校長，又出任約法會議的議員、參政院參政與憲法起草委員等職。直到洪憲帝制，因籌安會事件才黯然退出政治舞台。張謇則接受袁世凱之邀，擔任實業總長，又在熊希齡組閣時任農商總長，希望透過北洋政府「建立統一民族市場、發展資本主義」，而此一夢想也隨着袁世凱的敗亡而破滅。

在清末，張謇與嚴復因分屬不同政治勢力，未能建立私人友誼。不過兩人還是有一些共通之處，其中最重要的是他們對於現實政權的肯定，以及對中國古典文化的尊崇與愛好。因為這一個特點，他們同樣地主張「漸進的改革，在安定中求進步」，因而與當時激烈的革命黨人在立場有所區隔。

其中兩人與韓國金澤榮（1850－1927）均建立深厚的友誼，很可以說明中國古典文化在張謇與嚴復心中的地位。1883 年，張謇為吳長慶的幕僚，隨軍入朝鮮平亂，此時即結識了漢學家金澤榮。1904 年，因朝鮮為日本佔領，金澤榮流亡海外，赴中國投奔張謇。在張謇幫助之下，金於南通定居。1914 年，張謇出版詩集時，金澤榮曾為之作序，略述兩人的交往：「澤榮東韓之窾民也……獲交先生三十年之中，為邦運所迫，而來依於南通者十年矣」。他並說：讀其詩「可知其為救世安民有德者之言，而不止為風雅正宗而已」。

金澤榮在寓居中國之時曾與許多中國文人成為好友，嚴復即為其中之一。金澤榮在〈自志〉中說：「六十歲……去取書籍，以完吾史乎，遂行至上海，留候仁川直船，間至杭州觀西湖，且交嚴復幾道、鄭孝胥蘇龕，甚歡，二人皆名士也。」金、嚴兩人之訂交是在 1909 年春天，這一年他多次去嚴復寓所筆談，並以隨身所帶的詩文手稿送呈嚴復閱讀。嚴復在日記中寫到，「韓人金澤榮滄江來，筆談」、「閱金滄江手略及其詩文，詩有佳作，文未」、「作四律贈金滄江」。嚴復則以所譯《原富》、《名學淺說》二書相贈。金澤榮在給友人信中曾說，「中國有嚴幾道進士推吾文佳處可肩比魏冰叔、侯朝宗」。金澤榮又於〈寄嚴幾道〉詩中說：「一代真才惟汝在，古來知己與神通。春雲萬里滄溟路，怊悵那堪獨向東」。他稱嚴復為「一代真才」，視為知己，甚至表示不願獨自回朝鮮了。嚴復在《瘉壄堂詩集》中則有七首（包括上述之四律）回贈給金澤榮，其中一首有「萍水論交地，艱難遇此才，異同空李杜，詞賦逼鄒枚」，詩作的交換與內容顯示兩人相互的欣賞。

張謇、嚴復分別與金澤榮論交不是一件偶然的事情，主要是源於三人對於古典詩詞、文字的共同興趣與信心。事實上在民國初年有關尊孔、讀經的問題之上，張、嚴兩人態度前後有變化，並有些許出入，不過兩人都肯定儒家倫理對促進社會道德的重要作用。1914 年，嚴復在中央教育會演說〈讀經當積極提倡〉；同時翻譯衛西琴（Alfred Westharp）的《中國教育議》（*Chinese Education: How East and West Meet*），肯定書中以孔子之道作為教育之基礎的主張。1918 年，張謇則在南通成立「尊孔會」，主張「小學校即宜加授四書，俾兒童時代，即知崇仰孔道」。1922 年張謇寫給柳詒徵的信亦顯示，對於《學衡》雜誌中的文章，他覺得「其論新教育、論白話詩，乃無一非吾意所欲言」。此一支持《學衡》而反對新文化運動之反傳統主張、反對學生罷課、示威，發動學潮等方面，與嚴復完全一致。

嚴復譯《中國教育議》封面

兩人不但在對於肯定傳統上立場一致，對於西方自由民主的看法，也很類似。眾所周知，嚴復在譯介西方自由民主思想上扮演很重要的角色。張謇對自由的看法，包括「自由就是遵守秩序，而不是自便放任」、「享受自由須以遵守法律為前提」、「個人自由服從於國家自由」。他並引用西方學者的觀點，「加爾來言『不服從規則不能自由』，士遮夫言『真自由，以法律整理』，博爾克言『成自由，在秩序』，畢達哥來司言『不能制己，不能自由』語皆精粹」，就很能反映上述的觀點。有趣的是，這些觀念與嚴復對自由的看法是完全一致的，難怪兩人對於五四之後風起雲湧的學生運動，採取相同的負面態度。

張謇與嚴復在晚清歷史舞台上都是顯赫一時的人物，他們因為出身與派別因素影響未能成為好友。張謇以事功見長，嚴復則以立言取勝，不過兩人卻同時將事業的焦點聚集在教育，嚴復從西學出發，走向肯定傳統智慧，張謇從傳統立足，接引西方新知，兩人同樣地揭示在中國走向現代的路途上，需要腳踏實地、平穩前進，以結合中西之長開創新局。

忘年之交呂碧城與何紉蘭

嚴復一生接觸到許多女子，其中最親近的一位異性朋友無疑地是他的學生呂碧城（1883－1943）；此外他妹妹的女兒何紉蘭（其父何鏡秋〔心川〕，1853－1926，為嚴復在馬尾船政學堂的同學，亦同時留學英國），因母親早逝，從小在舅舅家長大，也深得嚴復的喜愛，兩人常常通信。他告訴紉蘭，「吾年日老，姊妹所出只汝一人，故於汝身更加憐愛，較之子女有過無遜」。

嚴復特別關心何紉蘭身體情況。從嚴復與何紉蘭自 1902 年到 1912 年的 30 封信，可以發現在十年間，何紉蘭前後共經歷了小產、肝氣之病、疫痢、肝風胃痛、胃氣等病症，嚴復對其身體狀況也是愈發擔憂。他在詢問紉蘭身體狀況時，都會用到「殊令我懸懸」、「吾極懸懸也」、「甚念甚念」等詞語。1901 年，何紉蘭小產，嚴復得知後即給紉蘭寫信：「前得大媳家書，知汝遭小產，不知近來體氣已否復原，舅心深為懸掛。」他又勸她生病要看「上等西醫」，「聽中醫之言，十有九誤，切記切記」。

嚴復又詢問她的婚姻生活，此一婚事是由嚴復與他的好友、同學葉祖珪所促成，將紉蘭許配給葉祖珪的姪兒葉可樑（1879－1972）。嚴復詢問「婿在家所作何事」，同時寬慰何紉蘭「然須知人生世間，任所遭何如，皆有所苦，泰然處之可耳」。嚴復事務繁忙，不能與紉蘭經常見面，但經常向外甥女、夫人寫信詢問紉蘭身體狀況，對於何紉蘭不寄信給他，他向何紉蘭抱怨道：「汝總無信於我，亦不知近者病體如何。」他在信中叮囑紉蘭多寄信給他，「得暇寄我數行，以慰懸念千萬」。嚴復對於自己常出門，不能好好照顧而感到愧疚。1909 年她在紉蘭身患疫痢之後，在信中寫道：「溯吾甥於丙午秋到滬以來，十病九痛，舅又出門時多，不能時常照應。如今年八月，又患疫痢，何三災八難至如此耶！」

呂碧城是另一位與他關係極密切的年輕女子。呂生於 1883 年，比嚴復小近 30 歲。其父呂鳳岐（1837－1895），光緒三年進士，累官至山西學政。呂碧城從小受過良好的教育，12 歲喪父之後，至塘沽依舅父嚴朗軒。呂碧城 15、16 歲即才華出眾，善書法、繪畫，長於詩詞。1903 年赴天津求學，結識《大公報》創辦人英華（字斂之，1875－1926），深受賞識，受聘為助理編輯，在天津名震一時。

嚴復是在 1900 年結識英華，他對 1902 年英華創《大公報》之舉深表讚賞。1907 年英華出版《也是集》一書，曾請嚴復作一序文。嚴復與呂碧城的認識，應該是透過英華的關係。至少從 1906 年開始，嚴復與呂碧城時常通信、見面。1907 年 10 月 1 日，嚴復與朱明麗書中談到「此番到京，見過大公報館英斂之夫婦並呂碧城小姐，與之攀談甚久」。1908 年 8 月他寫信給何紉蘭，「吾來津半月，與碧城見過五六面，談論多次，見得此女實是高雅率真，明達可愛」。

嚴、呂兩人最密切的來往就是在 1908 年秋天，呂碧城在天津隨嚴復學習名學（邏輯），並促使嚴復把耶芳斯（William Stanley Jevons）的《名學淺說》（*Primer of Logic*，初譯名為《名學啟蒙》）一書譯為中文。嚴復在該書序文中提到此事：「戊申孟秋，浪跡津沽，有女學生旌德呂氏諄求授以此學，因取耶芳斯淺說排日譯示講解，經兩月成書」。嚴復並「為書『明因讀本』四字於課卷」，呂碧城為了感激嚴復，遂以「明因」（出於佛典「明因識果」）為字。

在嚴復的日記之中也很詳細地記載他與呂碧城的來往，以及翻譯《名學淺說》的進度。由此可見如果用黃遵憲「絳紗坐帳談名理」的詩句來形容嚴復與呂碧城的交往，倒是頗為貼切。

除了翻譯、講解《名學淺說》之外，還有幾件事情顯示嚴復與呂碧城之間密切的關係。第一，嚴復很欣賞呂碧城，因而介紹甥女何紉蘭和碧城相識，甚至代替甥女致書碧城。第二、呂碧城有意去美國遊學，託嚴復向學部疏通，而嚴復因其「一字英文不識」，愛莫能助（後來她努力學習英文，1915 年呂投資西商開辦的貿易公司而迅速致富。1918 年秋，她赴美國哥倫比亞大學留學）。第三、嚴復很關心碧城的婚事。1909 年 6 月 13 日的日記中，嚴復寫道：「下午，呂碧城來視，談極久。此兒不嫁，恐不壽也。」1909 年秋天，嚴復在寫給朱夫人的信中又透露，當時的駐日公使胡維德因斷弦，有意要娶呂碧城，卻遭婉拒。男女交往到關心對方婚事，可謂親密。碧城後來皈依佛門，終身未嫁，活到 61 歲。第四，1908 年，嚴復曾與呂碧城以詩相應和。在嚴復的詩集之中有一首「秋花次呂女士韻」。這一首詩在嚴復的詩作之中，風格是比較特別的，嚴復的詩一般偏於寫實，這一首則較綺麗，多用比興。文中之「秋花」、「海棠」、「尤物」、「佳人」、「傾城春」應該都是指這一位芳齡 25 歲的呂碧城。在第一段的後半，嚴復大量使用屈原《九歌》、《離騷》的句子，似乎是感歎無人賞識碧城，甚至有人多方譭謗她，使她到了 25 歲還找不到合適的婚姻對象。1908 年嚴復寫給何紉蘭的一封信，談到呂碧城的個性與交友狀況，這一首詩之中的「綠章乞蔭通高閟，劍南先生情最真」句是用陸游（1125－1210）「綠章夜奏通明殿，乞借春陰護海棠」的典故，表達出嚴復對她的祝福、愛護，也刻畫出兩人之間的情誼。

嚴復與呂碧城之間固然為師生之情，然而從上文「早覓佳對」、「立志不嫁以終其身」等語所隱含的言外之意，以及兩人在思想上的親近，似乎透露彼此均對另一方有愛慕之意。唯兩人或許恪於師生禮法，未敢逾越。在他們的內心深處或許一直存在公、私、情、禮之交戰。呂碧城終生未嫁或源於此。

嚴復與呂碧城的交往對兩人的思想均有影響。從呂碧城的角度來看，嚴復所譯介的新觀念一方面對她有所啟發，另一方面她在女子教育方面的努力也影響到嚴復對女性的看法。從前文所述可見，嚴復對妻妾的態度是非常傳統的，他的所做所為與近代女權提倡者的要求幾乎是背道而馳；然而對於下一代的「新女性」，嚴復則有不同的期許，他雖反對婚姻自由，卻提倡女子教育，由此充分顯示嚴復思想之中新舊交織的部分。

呂碧城在與嚴復交往之前便已投身女子教育的工作，1903年她開始籌設「北洋女子公學」，受到袁世凱（1859–1916）與英華等人的大力支持，該校於1904年10月開始招生。次年呂碧城任北洋女子公學校長。她在1904年於《東方雜誌》所撰寫的〈論提倡女學之宗旨〉，以及1906年〈女子教育會章程〉等文是近代提倡女子教育的重要文獻。

在嚴復早期的文章之中，他並沒有特別強調女權與女子教育等問題。在甲午戰後所撰〈原強修訂稿〉一文，他從「鼓民力」的角度反對纏足，強調「母健而後兒肥，培其先天而種乃進也」。這還是屬於「國民之母」的想法。至於在「開明智」、「新民德」兩方面，嚴復完全沒有談到女子教育或男女平權的主張。其實早在一八九〇年代初期，宋恕（1862–1910）、鄭觀應（1841–

1923，一作 1842－1922）等人便有興女學之議，嚴復卻不像他們那樣注意到性別平等之議題。在 1902 年嚴復所寫的〈與《外交報》主人書〉之中，嚴復對教育問題有非常深入的討論，包括教科書、課程（如中西學之配合）、教法、師資、師範教育等等，然而其中也沒有談到女子教育。這足以顯示 1902 年以前，嚴復雖了解以教育來「癒愚」是最急迫之事，然並不特別關心性別的議題。

《嚴復集》收錄了 1898 年《國聞報》上所發表的〈論滬上創興女學堂事〉，編者認為該文很可能是出自嚴復的手筆。在一些史料集或專著之中也逕自將該文列為嚴復的作品。但是此文應該不是嚴復的著作。從文章內容來看，其中雖有一些觀點與嚴復相同，如禁纏足、女子分擔家計等。然而有不少意見頗為激烈，與嚴復的主張不符。例如該文主張婚姻自由、反對蓄妾，又如主張婦女應出門。這些意見與嚴復的主張（和行為）並不相符。

其中尤其值得討論的是婚姻自由一事，嚴復在 1908 年曾與呂碧城討論自由婚姻，呂認為自由婚姻不如父母主婚。嚴復很同意他的看法，認為她的看法十分「透徹」。後來嚴復不但在 1918 年 1 月 19 日與熊育錫討論此事時明白表示「鄙意歐美婚娶之俗，毫無可慕，即使與彼同俗，程度均平，亦非佳事」。在他所翻譯的孟德斯鳩《法意》之中「娶妻必承父命」一節，他也在按語中表示同意此一觀點，認為尤其是在中國普遍早婚的情況之下「自繇結婚，不待父母之命，庸有當乎？庸有當乎？」

嚴復在婚姻自由方面雖固守舊法，但是大約自 1906 年開始，他對女子教育則積極提倡。在這方面則與甥女何紉蘭與呂碧城都有關係。1906 年 4 月開始，嚴復擔任安慶高等學堂總監，何紉蘭在上海就讀一家教會所辦的女子學校「中西女塾」

（McTyeire School），紉蘭對該校教育措施不滿，因此嚴復常常拜訪該校的校長連吉生女士（Miss Helen L. Richardson），紉蘭也屢次與嚴復討論如何興辦一所更理想的「完全女學」。嚴復表示「發此宏願，為女界出一臂之力」。1906 年 11 月 23 日，在一封以英文寫給連吉生女士的信中，嚴復談到他對女子教育的看法。這雖然不是一個公開發表的作品，但足以顯示因為處理甥女的教育問題而使嚴復注意到女子教育的議題。

嚴復與呂碧城認識之後，更進一步了解到女子教育的重要性。他介紹何、呂兩人通信，也把呂碧城所撰寫的〈女子教育會章程〉給紉蘭讀。嚴復更為呂碧城的〈女子教育會章程〉作一序。文中特別讚揚呂碧城以女性的身份來提倡女子教育。

我們或許可以推測嚴復早期認為「男子之學尚未完備，而所謂女學，滋勿暇矣」，然而大約自 1906 開始，在何、呂兩人的影響之下，他一方面親自處理何紉蘭的教育問題，另一方面也看到呂碧城展現過人的才學與提倡女學之熱忱，因而積極地認識到女子教育的重要性。

嚴復與尚書祖廟

嚴復的故鄉福州陽岐有一座尚書祖廟，祭祀南宋抗元名將陳文龍（1232—1277）。福州有好幾座奉祀陳文龍的廟宇（如福州市台江萬壽尚書廟、三保竹林尚書廟、三保龍潭尚書廟、洋洽新亭尚書廟等），因陳文龍被敕封為「水部尚書」，所以福州人通稱這些廟宇為「尚書廟」。福州人對他的信仰和膜拜自明代以後盛行，並作為「水神」而被大批水上信眾所崇祀。

陳文龍，福建莆田人，初名子龍，度宗為之改名文龍，賜字君賁，字剛中，號如心。早年隨父陳粢定居連江長樂（今阜山）。文龍幼穎悟，苦學不厭。淳佑十一年（1251），入鄉學。寶佑四年（1256），入太學。咸淳四年（1268）戊辰科進士，龍飛射策第一。景炎元年（1276）年 11 月，元兵圍攻興化，在陳文龍的激勵下，人人英勇奮戰，終因寡不敵眾而失守。陳文龍被俘後，於景炎二年（1277）絕食而死，年僅 45 歲。

陳文龍與抗元英雄文天祥都是南宋後期的狀元、丞相，他們的出身、仕途、遭遇幾乎相同，最後又同樣為國殉職。林則徐在清道光三十年（1850）奉旨重修萬壽「尚書廟」時題刻的石柱對聯中讚頌陳文龍：「節鎮守鄉邦，縱景炎殘局難支，一代忠貞垂史傳；英靈昭海噬，與信國隆名並峙，十洲清晏仗神庥」，讚頌陳文龍和文天祥「隆名並峙」，同為「一代忠貞」。

陽岐的尚書祖廟年代最早，故稱「祖廟」，其他的尚書廟則為其「分爐」。根據陽岐當地傳說，陳文龍死後，血衣隨狂風捲入西湖，後飄泊到烏龍江畔的陽岐村，陽岐村民拾到後斷定是他的遺物，便修建衣冠塚紀念陳文龍。後來又在江邊蓋一小廟，奉祀媽祖與陳文龍，被稱為「媽祖亭尚書古廟」。

明天啟七年（1627），陽岐村民將此一小廟移至鳳鳴山，建成稍大的尚書祖廟，此廟歷經烽火災厄，幾度重修。民國初年之時，廟宇已殘破不堪。嚴復返鄉之時常去廟中祭拜。例如他在日記中寫道：1918 年 12 月 17 日「到尚書廟行香」；1919 年 1 月 13 日「陽岐尚書公生日，到廟行香」。1919 年初，他開始動用幾乎所有的社會關係，募款重修。1 月 17 日「為重修尚書廟作募捐啟」。8 月 4 日「與嘉井緘，與翰周緘」。8 月 14 日「得嘉井復，云說一千元與翰周矣」，這可能是第一筆捐款。9 月 16 日「與（嚴）嘉井緘，言尚書廟事」。22 日，他又去信問三子，「得……前書，知翰周已開董事會，不識大家決議如何？事已定何日開工」。又經過三個多月的籌劃，1920 年元月開始重建尚書祖廟。日記記載 1 月 7 日「陽岐尚書廟上樑」，隨後更積極向各界募款，建立「祠廟基金」。接下來幾天的日記應該都與募款之事有關：1 月 8 日，「付伯勳交劉子英心組緣簿二冊，38 及 39。付貞賢一冊，388 號，退回。付弢庵一冊，399 號」。1 月 8 日，他同時寫了一封信給陳寶琛：「弢老執事：……玆呈陽岐尚書廟募冊一幟（已於十七日上樑，尚絀二萬左右也），能否助我張目，成不朽事。」

這時嚴復積極從事募款活動，並建立祠廟基金。1 月 9 日，「交捐冊四本：394，395，396，397 號與曾雲沛（閩侯人，時任交通總長）。又一本與玉蒼，393 號」。1 月 15 日，「與儀程書。又與李培之督軍（李厚基，1869−1942）。又與翰周、又盤。幾士來見」。11 月 27 日，「被告知翰周已動用祠廟基金 2500 元」；

12 月 8 日「與陳芝田信，談祠廟基金」。

其中 1 月 8 日寫給柯鴻年（字貞賢，福建船政學堂畢業，曾任蘆漢鐵路公司參贊）的一封信，可見其苦心：

> 貞賢吾兄執事：啟者，弟一病不自意痊，乃叨福庇，猶得視息人間，真倖免耳。茲有切懇者，陽崎尚書廟重修，經於昨日上樑，但需款尚巨，欲兄及同志者各結善緣，成此盛業，其有意乎？病後復書，不成字，死罪死罪！此頌尊安。

嚴氏後人嚴培庸很詳細地記載了嚴復為尚書祖廟重修募款之事：

> 嚴復……親自發起組織上岐、下岐、照嶼、洋下、邊灣等宗親、士紳 56 人，建立董事會，發出募捐手冊數百本，自己帶頭捐贈銀元 2000 元、族姪嚴嘉井 1000 元，福建督軍兼省長李厚基 3000 元（銀元）。重修尚書廟。

她還從一對斷裂、斑駁的石柱中考證 56 位董事的名字：

> 重修尚書廟發起人董事會 56 人名單，是嚴復親筆楷書，這對柱子被打斷 13 段，拼湊困難，打斷地方有的沒有姓，有名字差一兩個字，損壞嚴重，幸虧熱心人林廠長等人，二三年來多方尋找，有的從廁所邊，牆基下費盡苦心，堅持不懈挖掘，耐心拼湊使這批文物重見天日。

這 56 人均為陽岐有名的鄉紳，如陳氏、毛氏等地方家族，而嚴氏宗親數量最多，也包括他的兒子、堂兄弟、子姪等：

> 此對石柱左邊刻着：民國九年歲次庚申孟冬三月重建，發起人嚴復暨董事會嚴觀海、陳天堯、陳翊廉、嚴傳安、陳謙俶、鄭旺黎、方禎祥、蕭賀宸、嚴觀瀾、嚴傳慶、嚴琚、嚴琥、游傳鵬……右柱刻着陳錫莮、陳錫琛、陳裕鏞、陳斯琛、聲元、方學福、方學清、毛莘培、毛松年、毛忠岳、毛維炳……仝敬獻。

有學者認為尚書祖廟的重修與小區權力格局的轉變有關，而一九二〇年代重修過程之中陽岐嚴氏族人的積極參與，顯示祖廟在重修前後的這段歷史與嚴氏家族的發跡緊密聯繫在一起。

1921 年初，嚴復又回到福州。此時重修工程終於快要完工，他在 1 月 29 日寫給長子的信中說：「尚書廟工程，翰周自切囑開帳後已不過問，難得銘官、朱孟文兩人極力營幹，現每日均有百餘人作工，盼望明春可將正殿至前門修竣，則吾輩亦可暫告息肩矣。」7 月 3 日，他與次女從福州赴陽岐，「往看尚書廟工程」，並順便去看了自己的墓園。

重修之後的尚書廟不僅廟貌宏偉，煥然一新，由原來的土木結構變成了青磚灰瓦的瓊宇，面積則擴大為 3805 平方米。祖廟建築主體有三間四進，建有戲台、酒樓、鐘鼓樓、天井、中亭、享殿等。神龕三座並列，中殿為「岐山上境」，供奉守土尊王；左殿為「忠肅祠」，供奉水部尚書陳文龍；右殿為「毓麟宮」，供奉陳文龍之母及臨水陳太后（陳靖姑）。宮後為「鳳鳴寺」與「觀音閣」，奉祀如來三寶與觀音菩薩。正門之上有「歷代奉旨祀尚書祖廟」，字體蒼勁雄偉，是出自嚴復之手。

大殿之內有十幾對青石對聯，都是名人所撰，包括嚴復、林則徐、陳寶琛、鄭孝胥、嚴叔夏等。進門即可以看到嚴復手書的對聯：「入我門來，總須納手捫心，細檢生平黑籍。莫言神遠，任汝窮奸極巧，難瞞頭上青天。信士嚴復熏沐書敬。」第二幅是「十萬家，飯美魚香，惟神之賜，百餘鄉，風清魔伏，為民所依」。另一幅是：「依然麥浪松濤，漉酒重簷梓里貌，饒有黃焦丹荔，迎神長守故鄉風」。至於帝師陳寶琛所寫的對聯是：「惟公節義文章，是宋季第一流，不負科題垂史冊」，「為神聰明正直，願海濱百萬戶，永消災患奉馨香」。嚴叔夏的對聯則是：「犄角風清如睹，神旗還往，千載永馨香，崇祀精靈，倘今日重來」，「西湖雲黯心蕩，國難傾亡，一死成大義，悉歸成敗，豈當時預謀」。

這些對聯都是嚴復親自拜託親朋好友拔刀相助。例如戲台的對聯是他請近代「同光體」閩派詩人王允晳（1867–1929）協助。王允晳，字又點，號碧棲，福建長樂人。光緒十一年（1885）舉人，與何振岱、鄭孝胥、沈瑜慶等齊名。1919 年 8 月 15 日，嚴復寫信求助：

> 又點吾兄足下：逾時不面，伏惟興居萬福。茲有極懇者：敝鄉陽岐有重修宋陳忠肅公祠堂之舉，廟中需用楹聯多副。除復自了一副外，餘經分求弢公、春老暨海藏等分作。尚有戲台一聯，此非足下殆莫之屬。茲將底紙呈上，乞為撰書，能邀速藻尤感。

後來他要長子嚴璩親自去取，取回之後嚴復又將對聯加以增補，再請王允晳確認：

又點仁兄世大人執事：昨璩子由尊寓歸，述大制戲台聯句致佳，惟鄙見以為戲台聯七字微嫌太短，頗欲佛頭着糞，各增七字如下（儻未愜意，即便更改）：更何分蒼鶻參軍，粉墨千場皆假面；莫但看烏紗牙笏，衣冠一代幾完人？如可用，乞早加墨。此頌撰安。

上述陳寶琛的對聯也是嚴復親自請託：

弢庵太保執事：陽岐尚書廟正殿，有石柱二對，其圓者復已撰寫寄歸。尚有中間方者，欲求公撰書。忠肅面子想可必得。且須速藻。緣石工催取甚急也。

由此可見每一副對聯都是嚴復精心邀約、增補才完成的。這一些名人對聯也使尚書祖廟成為一座書法藝術的殿堂。

尚書祖廟的重建與嚴復對宗教鬼神的信仰，以及他高度肯定陳文龍的民族氣節有密切的關係，此一宗教傾向在晚年變得更為強烈。廟宇建成之後，他不時前往祭拜、上香，甚至在廟中以扶乩方式求藥治病。他在日記中寫道：「琥（按：嚴復之子）將赴陽岐請丹」、「服羅真人符三道」；嚴復還在得到藥方之後，寫了四首七言絕句上呈，題為〈陽崎尚書祖廟扶乩，有羅真人者降，示余以丹藥療疾，賦呈四絕〉：

老來悲閔意如何，坊里維摩示疾多。多謝靈丹遠相畀，與留衰鬢照恆河。多生綺業刪難盡，每對神明起內慚。敢望刀圭分九轉，他年插翼作蘇耽。權利紛爭事總非，亂來十見日周圍。天公應惜炎黃盡，何日人間有六飛。天水亡來六百

年，精靈猶得接前賢。而今廟貌重新了，帳裏英風總肅然。（時方修廟）

其中「多謝靈丹遠相畀，與留衰鬢照恆河」表示感謝神靈賜藥治病。在日記之中，也可以看到許多他以《易經》卜卦來算命的記載，他也為他人代為占卜，並在日記之中錄下釋詞。嚴復的扶乩與卜卦和他的宗教思想相關，對他而言，扶乩與卜卦都是能夠幫助人們進入「不可思議」之境界的管道。這一所尚書祖廟及嚴復的宗教活動也反映出啟蒙大師晚年較不為人知的一面。廟宇修建完工於春天，幾個月之後，1921 年 10 月 27 日，嚴復在福州郎官巷住宅與世長辭。

嚴復的閱讀世界

清末民初之時，嚴復在中西學皆為我國第一流人物。梁啟超說「西洋留學生與本國思想發生關係者，復其首也」，胡適則說「嚴復是介紹西洋近世思想的第一人」。嚴復曾在書房中掛了一副對聯：「隨時縱論古今事，盡日放懷天地間」，可見其氣魄。然而令人好奇的是嚴復除了他所翻譯的典籍之外，他還閱讀了哪些書籍？又如何來縱論古今？

嚴復的求學過程與當時多數中國人不同，他從西學入手，再返歸中學。當其他士大夫正忙於科舉考試時，他進入船政學堂，開始學習英文，並赴英國留學，前後計兩年多（1877–1879），系統地接觸西學。他謙虛地說：「僕於西學，特為於眾人不為之時，而以是竊一日之長耳。」返國之後，他並沒有與西方學術前沿脫節，反而能透過西文書店，立即掌握最新的信息。嚴復對西學的價值深有體認，他同意梁啟超所說「處今世而不通西文者，謂之不及人格」。在任職水師學堂時，他覺悟到只有「多看西書……是真實事業」：

> 我近來因不與外事，得有時日多看西書，覺世間惟有此種是真實事業，必通之而後有以知天地之所以位、萬物之所以化育，而治國明民之道，皆捨之莫由。

他也了解到研究西學需要通西文，再循序漸進，一旦能全面掌握就可以有各種用處。他認為西學比起中國的學問（喻為「糟粕」）要強多了：

> 但西人篤實，不尚誇張，而中國人非深通其文字者，又欲知無由，所以莫復尚之也。且其學絕馴實，不可頓悟，必層累階級，而後有以通其微。及其既通，則八面受敵，無施不可。以中國之糟粕方之，雖其間偶有所明，而散總之異、純雜之分，真偽之判，真不可同日而語也。

嚴復於 1879 年返國之後，透過像位於上海黃埔灘的「別發書坊」（Kelly and Welsh Limited, Shanghai）等書店，購買了不少西書。別發書坊即別發洋行，由書商 Kelly & Co. 和印刷公司 F. & C. Walsh Co. 在 1876 年合併而來。其中 Kelly & Co. 是 John M. Kelly 於 1868 年在上海廣東路創立，售賣西洋書籍、文具、報紙、煙草、彩票等為業；F. & C. Walsh & Co. 是 1862 年 Frederick George Walsh 和 Charles Frederick Walsh 兩兄弟在上海福州路創辦，主要經營印刷及售賣外國文具。別發書坊先後在日本長崎、神戶、橫濱、中國香港、新加坡、中國漢口等地設立分支機構，1899 年左右還在倫敦有了代理。此一書局不但販賣最新的西文書刊、雜誌，還出版了許多書。如《北京美觀》（*The Pageant of Peking*）、《今日之上海》（*Shanghai of Today*）等精美的畫冊，還在漢學傳播的出版上做了很重要的貢獻，如漢學家翟理斯（Herbert A. Giles）介紹中國古典文學的《中國文學選珍》（*Gems of Chinese Literature: Prose*, *Gems of Chinese Literature: Verse*）、《聊齋志異選》（*Strange Stories from a Chinese Studio*）等。透過這一間書店，嚴復得以接觸許多西學新知。

例如，1880–1881 年間他曾閱讀斯賓塞的著作。1891 年宓克的近著《中英交涉錄》（*English Men in China*）出版，他寫給張元濟的信中提到此書「別發有賣，煩囑小兒買一部，交周傳謙寄來，或自帶來」。1892 年 4 月他在天津又購買了亞當・斯密《原富》的原版《國富論》（*Inquiry into the Nature and Causes of the Wealth of the Nations*），這是 1880 年由羅傑斯（E. Thorold Rogers）所編輯出版的第二版。此書現藏上海華東師範大學古籍室，上面留有嚴復翻譯時留下的許多記錄。赫胥黎的 *Evolution and Ethics* 在 1893 年出版；赫胥黎的文集第九冊（其中有 *Evolution and Ethics*）則是在 1894 年 8 月底問世。嚴復可能在 1895 年至 1896 年之際就買到這本書，並開始翻譯，現存書信最早提到《天演論》翻譯的時間是 1896 年 10 月，嚴復說「以其簡約，姑為通譯」，可見他取得西書之迅速。

嚴復強調學英文要通文法，而且要會用英文字典。他曾編輯一部英文的文法書，稱為《英文漢詁》。此外他建議要多用《韋氏大字典》與《標準英文字典》等英英字典，這要比用英華字典來得好：

> ……誦讀固未為無益，然須為師者多方發譬，庶一篇獲一篇之益。其要義尤在教學生之乃能用西文大字典，如 Webster's 之類。學生能用西文字典，後此當閉戶自精，用古人不放一字過之法，便當日有進境。但用華字訓譯者，畢世無所長進也。上海別發有一種名 *Standard Dictionary*，係美國之作，甚佳，須價十餘元也。

他的個人藏書可能多達數千冊（他說「數千卷中西書籍」），

其中現存於世的還包括一套美國 The Colonial Press 出版的 *The World's Great Classics*(《世界經典名著》,共 40 冊),現藏南京大學圖書館,嚴復在其中的 Immanuel Kant(康德)的 *Critique of Pure Reason*(《純粹理性批判》)上留下許多批註。再者,他有一些有關西方保守主義政治思想的書籍,如現存北京圖書館的 John Morley 所著 *Burke*(London: Macmillan and Co., 1897)一書,其上注明為 1902 年 7 月所購。無論是康德還是柏克都是西方思想的精髓,當時舉國之中能有這樣學術視野的人可謂絕無僅有。

他一生都維持英文閱讀的習慣。他所翻譯的西書都是一時之選,他誇下海口說,其中有幾本除了他之外沒有其他人有能力翻譯:「弟於此事,實有可以自信之處。且彼中盡有數部要書,非僕為之,可決三十年中無人為此者;縱令勉強而為,亦未必能得其精義也。」他平日也以看外文報紙為主,偶爾看中文報:「復向於報章,捨英文報外,不甚寓目,北京諸報,實無一佳,必不得已,《亞細亞報》或稍勝也。」

在讀書方法上他建議要持之以恆,「日日行,不怕千萬里。得見有恆,則七級浮屠,終有合塵之日」;「學問之道,水到渠成,但不間斷,時至自現」。同時,在 30 歲之前要奠定良好基礎,他以個人的親身經驗為例來做說明,「四十以後,雖做亦無用,因人事日煩,記憶力漸減。吾五十以還,看書亦復不少,然今日腦中,豈有幾微存在?其存在者,依然是少壯所治之書」。1915 年他寫信給熊純如,談到他教導兒子學習中西學的方式。在西學方面要學習西文、閱讀西書,不用譯本,然後送出國讀書,至少要八年才能學成:

> 復教子弟,以現時學校之難信,故寧在家延師先治中

學，至十四五而後，放手專治西文，一切新學皆用西書，不假譯本，而後相時度力，送其出洋，大抵八年而後卒業，至於所治何科，所執何業，亦就少年性質之所近而喜好者，無所專尚也。

他又說：「既治西學，自必用西文西語，而後得其真。」他尤其覺得當時大家喜歡閱讀自日文轉譯的西書（所謂「東學」），質量甚差，已隔了好幾手，應直接讀原文：

大抵翻譯之事，從其原文本書下手者，已隔一塵，若數轉為譯，則源遠益分，未必不害，故不敢也。頗怪近世人爭趨東學，往往入者主之，則以謂實勝西學。通商大埠廣告所列，大抵皆從東文來。夫以華人而從東文求西學，謂之慰情勝無，猶有說也；至謂勝其原本之睹，此何異睹西子於圖畫，而以為美於真形者乎？俗說之悖常如此矣！

至於要了解西方文化的根本，能夠登峯造極，則需學習希臘文與拉丁文。他在寫給梁任公的信中說：

承示，從馬兄眉叔習拉丁諾文（往者聖祖仁皇帝曾從西士學之，其名如此作），甚感甚感！此文及希臘文，乃西洋文學根本，猶之中國雅學，學西文而不與此，猶導河未至星宿，難語登峯造極之事。

嚴復對於西學有一系統性的了解，他在 1898 年於通藝學堂的演說〈西學門徑功用〉，很系統地談到做學問要能「練心積智」，能夠「練心精、積智多」才能成為一個學者。他也談到科學方法與學科分類，前者包括歸納、演繹與實驗；後者則依照性質的不同有「玄學」(邏輯、數學)、「玄著學」(如力學、化學)、「著學」(如天文、地理、動植物、生理學、心理學、農學、機械、社會科學等)。

在近代中國，嚴復是少數兼通自然科學與社會、人文學科的學者。他在 1907 年〈代提學使陳擬出洋考試佈告〉之中列了一張留學考試的書目，最能顯示他文理兼重的觀點。首先他發現參加留學考試的學生對考試內容的掌握不足：

> 臨考之時，雖所出各科題目悉在諸生應習應能之列，而分數未能及格者為數尚多。或所習偏重長短不齊，坐此未能入彀，殊堪惋惜。即勉強選送，而到美之後，所短各科尚須另行豫備，旅居曠日，不無窒礙。

因此嚴復擬定了一個準備留學考試書單，供學生參考：

> 嗣後資遣及格學生前往歐美肄業，但使經費可籌，尚擬蟬聯續辦等語。為此，今將日後聽候考送出洋學生應習何科何書，並應及何等程度，及早先行開列宣佈如左，庶使豫備遊學諸生得此可以分科用功，不至緩其所急。而屆時報名候考，其學科程度相差尚遠者，亦毋庸往返徒勞。

從這一份書單可見他很強調英文文法、修辭，並應閱讀英國文學的重要典籍，例如：古勒斯密《六合國民》(*Citizen of the World*)、藍察理《論說》(*Charles Lamb's Essays*)、伊爾溫《旅行記》(*Tales of a Traveler*)、《魯濱孫漂流記》(*Robinson Crusoe*),以及莎士比亞的戲劇,如《鄂得洛》(*Othello*)、《罕謨勒》(*Hamlet*)、《凱撒》(*Julius Caesar*)等。此外還要讀希臘史、羅馬史、近世史、地理、算數、代數、幾何、物理、化學、動植物學、生理學等。而且每一門學科都列有原文的參考書目。從此份考試書單可以了解嚴復對西學的掌握。

嚴復不但強調文理兼通,而且主張中西並重。在上述的書單之中還要考「國文」,「其未習國文或程度太低者,雖西學及格,例不由官資遣」,國文的參考書目是「四子五經、前四史馬班范陳、古文辭類纂」。嚴復很重視讀史書,他建議他的兒子,要從「前四史」開始讀,而且其順序是「由陳而范,由班而馬,此顧虎頭(顧愷之)所謂倒啖甘蔗也」。

《古文辭類纂》,成於乾隆四十四年(1779),是清代桐城派大師姚鼐所編選代表「桐城派」古文觀點的一部選本。姚鼐兼重義理、文章、考證,必同時合於此三者之文乃得選入。全書共74卷,卷首〈序目〉略述各類文體的特點和源流,從先秦屈原、宋玉至清代方苞、劉大櫆,精選64位作家的作品約七百篇,分為論辨、序跋、奏議、書說、贈序、詔令、傳狀、碑誌、雜記、箴銘、頌贊、辭賦、哀祭等13種文類。《古文辭類纂》被譽為是「文章正宗」、「閱此便知為文之門徑」,廣受各文學大家所重視,並推薦為「人人必讀之書」。曾國藩說此書是「不刊之典」。除了姚鼐的選本,嚴復還推薦劉大櫆、吳汝綸的古文讀本。

嚴復一生藏書非常豐富,身後大多散佚,留存至今的非常罕見。其中有一批古籍藏書曾寄存於上海商務印書館,後幾經波折,最終歸華東師大圖書館保藏。2017年前,上海人民出版社、上海書店出版社和華東師大圖書館合作,將一批從未面世的嚴復批校本影印出版。這次影印出版的嚴復批校本珍貴古籍共十一種，包括《周易》十卷、《世說新語》三卷、《沭學》六卷、《原富論》存二卷、《杜工部集》二十卷、《昌黎先生集》五十六卷、《陸放翁全集》一百五十七卷、《才調集補注》十卷、《佩文詩韻》五卷、《重訂昭明文選》、《全唐詩》九百卷。這些古籍都有嚴復親手的批註，是嚴復畢生喜愛閱讀的書籍。這顯示他放懷天地、縱論古今的恢宏格局是從廣泛的閱讀而來。

第二部分

以翻譯開啓民智

甲午海戰的衝擊與「海權」觀念之譯介

1894－1895 年的甲午戰爭是近代中國歷史的一個轉折點，改變了東亞的國際局勢。此次戰爭中國不幸戰敗，簽訂了《馬關條約》，被迫割地賠款；此後日本佔據台灣、澎湖，接着又統治朝鮮半島（統治時間為 1910－1945），勢力延伸拓展。就東亞局勢來說，甲午戰敗給中國帶來的最直接的衝擊是中日兩國國勢之逆轉，傳統以中國為中心的東亞秩序、宗藩關係開始崩壞，此後日本躍居東亞首強，乃至推行「大陸政策」、發動侵華戰爭。日本雖然在二次大戰失敗，戰後卻致力發展經濟，成為東亞強國，號稱「日本第一」。

甲午戰敗使國人深自反省。在觀念上，以往只重視「塞防」，十九世紀下半葉後逐漸有「海防」觀念的出現與海軍的建置，李鴻章所負責的北洋海軍即是此一意念的產物，而嚴復是北洋海軍的重要成員，職司海軍教育之最高階。然而北洋艦隊卻在海戰之中遭到慘敗。為反省此一失敗而有「海權」思想的萌芽。嚴復是最早譯介美國馬漢（Alfred Thayer Mahan, 1840－1914）海權思想的人，促成從海防到海權觀念之轉型。

嚴復出身福州船政學堂，留學英國皇家海軍學院，當時主管天津的北洋水師學堂。他以一位傑出的海軍專家而負責海軍教育之重責。他對海軍的重要性深有體認，「吾國海線七千里，非海軍豈足圖存，他日國權伸張，自必有強盛海軍為之防衛」。甲午戰爭之中嚴復多位同窗與學生喪命疆場，這對他造成莫大的心理衝擊。在甲午戰爭期間嚴復寫了一封信給長子嚴璩，一方面感歎「時勢岌岌，不堪措想。奉天省城與旅順口皆將旦夕陷倭，陸軍見敵即潰，經戰即敗」，另一方面他分析戰爭失敗的原因是不了解西方科技的進步：「大家不知當年打長毛、捻匪諸公，係以賊法子平賊，無論不足以當西洋節制之師，即東洋得其遺緒，業已欺我有餘」。嚴復領悟到中國的失敗不只是軍事的落後，而有更深一層的政治、經濟、社會，以及思想方面的因素，因此必須要師法西方，才能突破困境。因此他說「民智不開，則守舊、維新兩無一可」，而根本之計唯有通曉西方的學問，才能「治國明民」，達到「天地位焉，萬物育焉」。他又說：「中國不治之疾尚是在學問上，民智既下，所以不足自立於物競之際。」

他在戰後深有感觸，「覺一時胸中有物，格格欲吐」，他發表了四篇影響深遠的文章，分別是〈論世變之亟〉、〈原強〉、〈辟韓〉，與〈救亡決論〉，各文均環繞着中西文化的對比，並探討中國積弱之緣由。文中他批評中國的專制、八股取士、鴉片與纏足等惡習，提倡三項要政：「一曰鼓民力，二曰開民智，三曰新民德」（後來梁啟超的「新民」觀念與魯迅的「改造國民性」想法均源於此）。

其中〈辟韓〉一文尤其顯示嚴復認為中國的病根在君主專制。此文針對韓愈〈原道〉一文而作。韓愈在〈原道〉中論述了君統治民的合法性。嚴復則嚴厲批駁了韓愈的觀點，指出「秦以來之君，正所謂大盜竊國者」；專制政策是造成國家貧弱、無力抵禦外敵的根本原因。值得注意的是嚴復藏書之中有一套 56 卷的《昌黎先生集》，為 1869 年江蘇書局之刻本，嚴復在上面有許多批註。他很欣賞韓愈的文字，常在閱讀時「翫其著筆出入處」，同時也體會到「但為事實，寫得生氣極足。不下一評語。絕高」；

「著此段最有遠致，而即為篇中警策處，惟能手始辦此」。

嚴復一方面批判韓愈的專制主張，另一方面則提倡君主立憲，同時積極地從事開民智之中的一項重要工作，亦即翻譯西書。嚴復所譯介西書中影響最大的是甲午戰後（1896–1898）所翻譯《天演論》。此外，一般較不為人知的是嚴復是我國最早接觸與傳播馬漢「海權論」的學者。馬漢於 1890 年出版的《海權對歷史的影響》（*The Influence of Sea Power upon History*，簡稱《海權論》）一書中，強調海權決定着一個國家的國運興衰。在甲午戰敗的刺激之下，嚴復大約從一八九〇年代末期至一九〇〇年代初期左右開始譯介馬漢的《海權對歷史的影響》中所提出「海權」的觀念。他除了通過翻譯亞當・斯密的《原富》、孟德斯鳩的《法意》介紹與闡發馬漢的海權理論外，還借代北洋大臣楊士襄擬籌辦海軍奏稿（1908）之機會，闡述有關海權的主張（此文甚獲好評，嚴復說「昨為楊帥做得一篇奏請興辦海軍摺稿六七千言，大家佩服無地。我現在真如小叫天」）。對嚴復來說，以海權為中心的國防才能突破洋務、擘劃國務、利國利民。他說：

> 往讀美人馬翰（即馬漢）所著《海權論》諸書，其言海權，所關於國之盛衰強弱者至重。古今未有能奮海權而其國不強大者。
>
> 向使高瞻遠矚，早建海權，國振遠馭之良策，民收航海之利資，交通既恢，智力自長；則東北訖於百齡海角暨斐獵賓、婆羅洲、蘇門答臘、新嘉坡，西南之遠印度、馬來亞，諸島棋佈星羅，百島千嶼，有不盡為中國之外藩，屬神州之拱衞，而乃令強敵處鄰，日憂窺伺，此誠理勢之所必不然者也！

透過這些譯介，嚴復強調：一、海權涉及政治與經濟兩個面向，關係到國家的貧富強弱和國際地位高下；二、不締造海權，陸權也只能隨之喪失；三、中國應在日本海、渤海、黃海、東海和中國南海等海域建立制海權，規劃海軍，實行海上交通控制，拒敵於海洋國土之外。嚴復之想法體現了由傳統消極的「海防」向近代積極「海權」的轉變，並將海權上升到整體國家戰略的層次，此一想法正是針對甲午戰敗的深入反思。

嚴復的海權思想也牽涉到他對國際秩序、帝國主義、殖民主義等議題的看法。1897 年嚴復撰寫〈駁英《太晤士報》論德據膠澳事〉（發表於 1897 年 11 月 24 日《國聞報》）一文，該文針對 1897 年 11 月 14 日德國藉着「曹州教案」出兵佔領膠州灣，英國對此表示支持。嚴復的文章是為了反駁英國《太晤士報》1897 年 11 月 16 日的一篇評論文字而作。英國人的文章支持德國人以武力方式與中國交涉，「並願英之舉動與此相類」。嚴復對德、英兩國「置一切公道於不顧，忽發野蠻之心思，露生番之面目，利之所在，雖大不義而亦蹈之」，深表不滿。嚴復認為「開化之國」處理國際事務，應秉持「必其有權而不以侮人，有力而不以奪人」的原則，方稱得上是一個符合文明標準的泱泱大國：

> 夫所謂開化之民，開化之國，必其有權而不以侮人，有力而不以奪人。一事之至，准乎人情，揆乎天理，審量而後出。凡橫逆之事，不欲人之加諸我也，吾亦毋以施於人。此道也，何道也？人與人以此相待，謂之公理；國與國以此相交，謂之公法；其議論人國之事，持此以判曲直、別是非，謂之公論。凡地球進化之國之民，其自待待人，大率由此道也。

嚴復認為「不欲人之加諸我也，吾亦毋以施於人」的原理不但適合人與人的相處，也適合國與國之交涉。他所翻譯的《羣己權界論》與《海權論》均適用此一原則。

總之，海權思想是他的整體思想體系的一環。他認為在「天演」過程之中，人為的努力可以對抗「物競天擇，適者生存」的自然法則，但人類社會與依據「叢林法則」的自然狀態有所不同；人為努力的目的不在強化競爭，而是依賴倫理原則來達到「以物不競為的」。嚴復在基本價值觀上強調羣己權界，主張「羣己並重」、「捨己為羣」的精神價值，以及「人得自由，而以他人之自由為界」；在國內政治上，堅持以調適漸進的方式，建立一個融合中國傳統價值，並肯定自由民主與資本主義之體制；在國際關係上，嚴復反對殖民主義，提出尊重「公理」、「公法」、「公論」之原則，亦即「有權而不以侮人，有力而不以奪人」。嚴復從海權觀點的譯介出發，建構了一個以倫理、正義觀念為中心的啟蒙藍圖。

「信達雅」的挑戰

嚴復一生最重要的貢獻是在甲午戰後開始從事的翻譯工作。翻譯是為溝通上的方便，將一種文字轉變成另一種文字，錢鍾書將這過程說得最傳神，他說這是「化」。「化」字用得極妙，也就是將不同文化裏所創造出的東西，透過一種非常精巧的方式，變化成其母國的讀者所能了解的內容。翻譯就是「化」，翻譯功夫的高下在於「化」得好不好。基於這想法產生所謂的「原著中心論」，也是翻譯研究裏最普遍的處理方式，根據此一原則，翻譯的好壞決定於是否忠於原著，越忠實於原著就越好，忠實度越少就越差。不過錢鍾書也了解到翻譯有直譯，也有意譯，而後者不一定比前者更不忠實。例如英文中有一句慣用語是「Drink like a fish」，字面上是「像魚一樣喝水」，其實就是「喝多了」的意思，如翻譯為「牛飲」就很傳神。

那麼以原著為中心對翻譯標準的認定是甚麼呢？嚴復在譯《天演論》時提出的「信達雅」三個字，堪稱最高翻譯原則。在《天演論》的例言中他說：

> 譯事三難：信、達、雅。求其信已大難矣。顧信矣不達，雖譯猶不譯也，則達尚焉……今是書所言本五十年來西人新得之學，又為作者晚出之書，譯文取明深意，故詞句之間時有所顛倒附益，不斤斤於字比句次，而意義則不倍本文。題曰達恉，不云筆譯，取便發揮，實非正法……凡此經營，皆

> 以為達；為達即所以為信也……信達而外，求其爾雅。此不僅期以行遠已耳，實則精理微言，用漢以前字法句法則為達易，用近世利俗文字則求達難，往往抑義就詞，毫厘千里。審擇於斯二者之間，夫固有所不得已也。

這是他對翻譯工作的基本看法，後來成為翻譯界的金科玉律。「信」就是精確，翻譯一定要翻得很準確，不能將白的變成黑的或灰的；「達」就是能將意思傳遞到讀者身上，透過作者「化」的過程，將外國的思想、觀念傳送到讀者的思想中。「信」跟「達」是不同的概念，兩者可以兼顧，但也可能有相當多內在的矛盾，也就是說有的時候翻譯作品能夠「信」，但是不一定能「達」。例如，很多翻譯的書看起來好像很準確，意思卻都不易看懂，讀完以後往往讓讀者不知所云，這就是「信」而不「達」，直譯的作品常會有此一缺陷（魯迅的翻譯作品多用直譯）。第三個標準是「雅」，亦即用典雅的文字從事翻譯工作。不過，這也受到質疑。若原文俗鄙要如何翻譯成典雅？原文是很俚俗的文字，就須粗陋，才算是準確的翻譯，這時「信」就可能比「雅」來得重要。「信達雅」三原則雖受到許多爭論，不過近代以來的翻譯理論，基本上都追求「信達雅」的原則，講求忠於原著。

嚴復曾到英國留學，能閱讀英文，而將英文的經典名著翻譯成非常典雅的桐城派古文。在翻譯的過程，他也引介、創造了相當多的語彙。嚴復在近代思想家之中，是一位既寬廣、又具有深度的學者。很多人指出他是一位「感覺敏銳」的科學、民主啟蒙的先驅者。他所翻譯的各種西方經典如《天演論》、《羣己權界論》、《原富》、《法意》、《穆勒名學》等書，在近代中國發揮了很大的影響力。

不過談到嚴復思想究竟影響力有多大時，首先要注意嚴復的歷史角色有一個悖論之處，亦即他的思想面影響大（尤其是《天演論》中的進化觀念），而他所用的文字（桐城古文）與所創造的詞彙，在二十世紀初期之後卻被胡適、陳獨秀所主張的白話文，與上述梁啟超等人，尤其大量留日學生所引進的「和製漢語」所徹底打敗。

如果嚴譯語彙難以存活，那麼嚴復在思想面的影響就的確值得再作斟酌。在八種最風行的嚴譯之中，真正有影響力的可能只有《天演論》。然而誠如賀麟所論，人們對《天演論》的理解，局限在「物競天擇」、「適者生存」的救亡感，而不是在生物學與哲學的學理面向。

除了社會演化論，嚴復所翻譯其他的書大致可以分為三個部分：邏輯學、資本主義的經濟學說與自由主義的政治學說。以邏輯學來說，嚴復的譯作最難為人所了解。包天笑的回憶錄有很精彩的一段，記載 1905 年《穆勒名學》剛出版，嚴復應金粟齋之邀在上海演講名學，「使得大家明白一點」。當時一班名流都來了，包括張元濟、鄭孝胥，也邀請了常來的馬君武、林白水、章士釗、章太炎等人。根據包天笑：「他的講詞中，常常夾雜了英文，不懂英文的人，便有些不大明白。但這種學問，到底是屬於深奧的學問，盡有許多人，即使聽了也莫名其妙」。在嚴復邏輯學翻譯語之中，除了「邏輯」一詞因為章士釗的大力推薦，仍然存在之外，其他的譯語如：「珠聯」（三段論法）、內籀（歸納）、外籀（演繹）、「詞」（命題）、「玄名」（抽象名詞）、「察名」（具體名詞）等全為日譯名詞所取代。

在經濟學方面，根據賴建誠《亞當史密斯與嚴復——〈國富論〉與中國》和吳建林的《論嚴復於〈原富〉內經濟類名詞之翻譯手法及其所譯名詞之消亡》（輔仁大學翻譯學研究所，2004），嚴復的「計學」、「版克」不敵日譯的「經濟」、「銀行」，這是大家所熟知的。再者，他援引古典詞彙、喜用單音譯詞字，如以「鬮博」翻譯 lottery（彩票）；「聯」來翻譯 corporation（公司）、「貨」來翻譯 commodity（貨物）。此外，嚴復所用的大量音譯詞也被淘汰。其中一個原因或與是嚴復在音譯時刻意引用佛典而產生距離感，如他將 Royal Bank 翻譯為「賴耶版克」，自註「賴耶，本梵語，譯言王家」。賴耶源自「阿賴耶」，為梵語 alayavijnana（藏識）。其他的音譯語如「賴摩」（Lima，秘魯首都）、「毗勒」（bill）、「須彌」（Himalayas）等都有佛教語彙的意味。同時有些意譯語也有佛教、莊子的痕跡如 free trade 譯為「無遮通商」（「無遮」佛教語彙指無有遮障、平等對待）、fixed capital 譯為「常住母財」（「常住」佛教語彙指恆常存在）；South Sea Company 譯為「南溟有限公司」（「南溟」出自《莊子》，指南方的大海）。

在自由主義方面，拙著《自由的所以然》一書曾討論：嚴復不同意日人將 rights 譯為「權利」，他認為這是「以霸譯王」（無論「權宜」或「權謀」都具有負面的意義），將西方一個具有正面意義的詞翻譯為一個帶有負面意義的詞，因此另行譯為「職」或「直」，如「天直」、「民直」，因為他覺得 rights 在西文中也有直線、直角之意（right line 與 right angle），而中文的「直」也有「職」的意思，兩者相互配合。再者，在翻譯與 rights 相關的詞語時，他並不重複使用單一的詞彙來翻譯這個字，而常常依據上下文來作調整。例如他將 rights and interests 合併翻譯為「權利」；他有時又將 interests 翻譯為「權利」；他也把 constituted rights 翻譯為「權利」。根據筆者的考察，當彌爾所稱的 rights 是一種源於自然或不可讓渡之意時，嚴復傾向於翻譯為「天直」、「民直」；然而當 rights 與 interest 合用，而具有個人利益之意涵時，他則採用「權利」。眾所周知，「民直」一詞不敵「權利」，已被淘汰。

嚴復譯語的失敗有一個過程，大致上是從 1901–1911 的十年之間所形成的。在 1903 年出版的《新爾雅》中其實仍包容了大量的嚴譯名詞。如在「釋名」一節，編者即同時羅列嚴復譯語和和製漢語。然而到了 1911 年上海國學扶輪社出版《普通百科新大辭典》時，情況卻有所改變。這一套書由黃人主編、嚴復為之作序，共 15 冊，全書「一百數十萬言」，收集詞條 11865 條，據統計其中僅 5500 條屬社會科學方面，其他部分則為科學與技術方面的詞彙，全書依照筆畫排列，並附分科索引。

不少學者都指出《普通百科新大辭典》所收錄新知識用語主要採取日本新名詞，並刊載大量日本所翻譯的地名和人名，這主要是因為編者所依賴的參考書籍大多數是日文書與日譯本。這一個觀察是正確的。那麼在這一套由嚴復作序的百科辭典中，嚴復的譯語究竟保留了多少？根據筆者的考察，編者絕大部分都採取日譯詞彙，而放棄嚴譯。例如書中收錄了「神經」、「星雲」、「單位」、「權利」、「銀行」、「望遠鏡」、「社會學」、「人類學」、「進化論」、「有機體」等等。「神經」之下附了早期的譯語「腦氣筋」，卻沒有嚴譯之「涅伏」。不過也有一些詞語附了嚴復譯語，例如，在「三段論法」之下附了「珠聯」；在「人為淘汰」之下附了「擇種留良」；「論理學」之下附了「名學」；「經濟學」之下附了「計學」。在書中所收錄的一萬多個詞條中，嚴復譯語被採取作為主條目者僅有：「天擇物競」、「適者生存」、「內籀」（後附「歸納」）與「外籀」（後附「演繹」）。不過上述四個嚴譯條目中，「內籀」與「外籀」最後還是被日譯所取代，這樣一來《天演論》的「天擇物競」、「適者生存」是僅存的詞條。

嚴復譯詞為何失敗？這些原因可以歸納為以下數點：清末以來譯自日本的書刊數量太多，約定俗成之後，即難以抗拒；嚴譯「太務淵雅，刻意模仿先秦文體」，所以不易為人理解，而在五四白話文運動後很難受到人們的歡迎；嚴復翻譯好用單音詞（如計學、羣學、心學），不敵「複合詞」（如經濟、社會、心理）在意義傳遞上的豐富性；嚴復喜用音譯；嚴復所負責譯名統一工作（他擔任學部之下的「編訂名詞館」總纂一職）遲遲無法有效推行等。

民國初年之後日譯名詞取得了絕對的勝利。今日少有華人會意識到「團體」、「組織」、「膨脹」、「舞台」、「代表」等詞彙是從日文來的。《荀子・正名篇》曾說：「名無固宜，約之以命，約定俗成謂之宜，異於約則謂之不宜。名無固實，約之以命實，約定俗成，謂之實名。名有固善，徑易而不拂，謂之善名。」上文中所謂「約定俗成」大致上可以解釋日譯的成功。這尤其表現在這些新名詞在大眾傳播媒體（各種報刊）、翻譯書籍、教科書、百科辭典等出版品之中隨着新知識的傳播大量出現，發揮了鋪天蓋地的影響力。相對來說，嚴復的翻譯作品只佔了出版市場之中很小的一塊，只好敗下陣來。不過，我們也不能忽略荀子還有「名有固善」的觀點。對他而言，語言文字的創造（包括名詞翻譯）仍存在一個絕對的標準，只不過「名」的好壞與其是否能「約定俗成」並無必然的關係。嚴復非常努力地創造「徑易而不拂」（簡單明瞭而又不矛盾）的「善名」。他很清楚地意識到譯名要有文字學的基礎，並奠定在譯者對翻譯雙方（所謂的主方語言與客方語言）文化背景的深刻認識之上，亦即一方面應上溯西文原字在希臘文或拉丁文中的原意，另一方面要尋找在中國文字學上有來歷的適當名詞來翻譯西字，並細查其兩方詞彙的文化與思想背景。嚴復所採取的音義並重的譯法，如以「烏托邦」翻譯 Utopia ，以及以「民直」來譯 right ，都是很好的例子。很可惜在各種因素影響下，嚴譯名詞未能更廣泛地為人們所採納，然而他所揭櫫的理想，無疑地值得我們繼續追求。

「達」的問題
讀者觀點

嚴復的翻譯工作在中國近代史上是一件劃時代的事，在他之前，國人所譯的西書主要是宗教與技術方面，或是經由中西合作，或是轉譯自日文；這些著作的譯筆較為生澀，往往「紕謬層出，開卷即見」，結果「讀譯書者，非讀西書，乃讀中土所以意自撰之書而已」。嚴譯西書的數量雖然不多，只有八、九種，但皆為經典作品，文字又雅馴，出版之後甚獲好評。近代史上許多名人甚至都能背誦嚴復的譯文。

肯定嚴譯之貢獻的學者頗多。例如梁啟超認為嚴復是清季輸入歐化之第一人，代表了本國西洋留學生介紹新思想的開端。梁任公自諷地表示：清末西洋新思想的輸入，在開始之時是囫圇吞棗，亂無章法，「無組織，無選擇，本末不具，派別不明，惟以多為貴……運動之原動力及其中堅，乃在不通西洋語言文字之人。坐此為能力所限，而稗販、破碎、籠統、膚淺、錯誤，諸弊皆不能免」，此種譯介工作可稱為「梁啟超式的輸入」；梁任公認為第一位精通外國語文，能避免上述缺陷、成一家之言的譯介者就是嚴復。蔡元培（1868－1940）表示近 50 年來介紹西洋哲學的「要推侯官嚴復為第一」；革命黨人胡漢民（1879－1936）則稱嚴復是「譯界泰斗」，又說「近時學界譯述之政治學書，無有能與嚴譯比其價值者」；更有不少人將嚴復與林紓（1852－1928）並列，稱為並世的譯才。

然而嚴復的譯作除了廣受好評之外，也引起了不少的討論。這些論述主要是環繞着嚴復所說的「信雅達」三原則。開始的階段學者們多半同意嚴譯合乎「雅」與「信」的標準，而集中於批評「達」的方面，尤其是「雅」與「達」的關係，並探討嚴譯是否曾發揮過很大的影響力。

嚴復的翻譯能否「達」於讀者，使他們怡然了悟而深入認識西方思想呢？這一問題的討論牽涉到近代中國文體的變化。當一八九〇至一九〇〇年代，嚴復從事翻譯工作之時，在文字上主要有四種選擇：一是講究文藻華麗與對仗工整的駢文；一是科舉考試用的八股文；一是從曾國藩（1811－1872）開始，上承唐宋八大家的桐城派古文；一是劉鶚（1857－1909）、李伯元（1867－1906）、吳趼人（1867－1910）等人在撰寫小說時所用的白話文。嚴復師事桐城派的吳汝綸（1840－1903），又欣賞先秦文字，以及杜甫的詩與韓愈的文章，在文字運用上傾向於古文，而反對駢文、八股文與白話文。

這樣的選擇在清末民初受到不少人的支持，胡適在回顧清末以來文學的變遷時，提到古文在一八九〇年代有一個「革新運動」，除了嚴復的譯作之外，林紓的翻譯、譚嗣同與梁啟超的議論文章、章炳麟的論學之作、章士釗（1881－1973）一派的政論文章等，雖各有淵源與特點，但都是在延續古文的傳承。民國之後的「學衡派」也是有意識地繼承此一文風。他們都較肯定嚴譯的價值。

然而在這同時，古文也開始受到批判，而產生文言與白話之爭。這一爭論從清末開始，至 1917 年胡適在《新青年》上發表〈文學改良芻議〉，陳獨秀（1880－1942）隨後撰寫〈文學革命論〉附和支持，兩人力主白話文而批判文言文，達到此一論爭的高潮。梁啟超傾向於支持以白話文從事翻譯。1902 年，他在《新民叢報》上有一篇評介嚴譯亞當・斯密《原富》的短文。梁啟超以為，此書雖已出版了百餘年，其後有許多新的有關「生計學」(後依日譯改稱「經濟學」)的作品，但基本上它們都是在《原富》的基礎之上，肯定或否定斯密的論點，所以嚴復翻譯此書是「誠得其本矣」。因此該書之價值在於使國人對西方生計學的開山之作有所認識，「學者苟能熟讀而心得之，則斯學之根礎已立，他日讀諸家之說，自不致茫無津涯矣」。

梁氏認為嚴復在此書所翻譯的各個新名詞「按諸古義，達諸今理，往往精當不易」，他所下的按語也是「大率以最新之學理，補正斯密所不逮也，其啟發學者之思想力、別擇力，所益實非淺鮮」。但是梁啟超覺得美中不足之處是嚴氏的譯筆太過淵雅，刻意模仿先秦文體，而所譯的內容又是「學理邃賾」，所以嚴復所宣傳的「文明思想」不易為一般的「學僮」或「國民」所了解。從以上的批評可見，梁氏以為嚴譯在「信」方面並無缺陷，它的問題主要是因為文字的「雅」而妨礙了「達」。此種對嚴譯的評估在當時有相當的代表性。

這種文字上的隔閡經過五四白話文運動之後，就愈來愈深了。不過五四運動的主將，如胡適與蔡元培等人，因為接受過傳統教育，古文有一定的根基，也都讀得懂嚴譯，並受其影響，他們在某一程度上，仍肯定嚴譯在當時的貢獻。胡適不喜歡嚴復所用的桐城古文，他把這種文字叫做「死文字」，白話文則稱為「活文字」。雖然如此，他還是肯定嚴譯在歷史上的價值。在 1923 年出版，為慶祝《申報》50 週年紀念所寫的〈五十年來中國之文學〉一文中，胡適討論到嚴譯的歷史地位。他同意嚴復在《天演論》的例言中對於使用古文翻譯西書所作的說明：「實則精理微言，用漢以前字法、句法則為達易，用近世利俗文字則求達難，往往抑義就詞，毫厘千里。審擇於斯二者之間，夫固有所不得已也」。胡適說：

這些話都是當日的實情，當時自然不便用白話；若用白話，便沒有人讀了……嚴復用古文譯書，正如前清官僚戴着紅頂子演説，很能抬高譯書的身價。

嚴復的英文與古中文的程度都很高，他又很用心不肯苟且，故雖用一種死文字，還能勉強做到一個達字。他對於譯書的用心與鄭重，真可佩服，真可做我們的模範……嚴譯的書，所以能成功，大部分是靠着這「一名之立，旬月踟躕(躕)」的精神，有了這種精神，無論用古文、白話，都可以成功。

嚴復的譯書，有幾種——《天演論》、《羣己權界論》、《羣學肄言》——在原文本有文學價值，他的譯本在古文學史也應該佔一個很高的地位。

胡適顯然以為從文字的角度來看，對通曉古文的士人而言，嚴譯是「雅」且「達」，對於新學青年而言，則是「雅」而不「達」，所以嚴復文字上的選擇有其時代意義。

魯迅早年非常喜愛閱讀嚴譯《天演論》，由此而開啟了一個嶄新的知識領域。他以為應對嚴譯加以分期，認為早期所譯的《天演論》是取法六朝譯佛經的方法，重視「雅」與「達」，讀者較易於了解：

最好懂的自然是《天演論》，桐城氣十足，連字的平仄也都留心，搖頭晃腦的讀起來，真是音調鏗鏘，使人不自覺其頭暈。這一點竟感動了桐城派老頭子吳汝綸，不禁說是「足與周秦諸子相上下」。

後來所譯的《原富》、《法意》、《羣己權界論》等書，則是取法唐代譯經，「看得信比達、雅都重一些……粗粗一看，簡直是不能懂的」，「據我所記得譯得最費力，也令人看起來最吃力的，是《穆勒名學》和《羣己權界論》的一篇作者自序，其次就是這論，後來不知怎地又改稱為《權界》，連書名也很費解了」。魯迅自己也從事了不少翻譯工作，但他對翻譯的看法與嚴復不同，他覺得「信」與「達」應兼備，但不能兩全的時候，「信」要比「達」來得重要。他說「凡是翻譯，必須兼顧着兩面，一當然力求其易解，一則保存着原作的丰姿，但這保存，卻又常常和易懂相矛盾：看不慣了。不過它原是洋鬼子，當然誰也看不慣，為比較的順眼起見，只能改換他的衣裳，卻不該削低他的鼻子，剜掉他的眼睛。我是不主張削鼻剜眼的，所以有些地方，仍然寧可譯得不順口」。

對於「達」的討論並不限於文字的「雅」與「信」方面，也涉及內容的問題，此即梁啟超上文所謂「學理邃賾」所導致的障礙。嚴復在《羣己權界論》的凡例中也曾表示，譯文易懂與否，主要不在文字，而在內容，西方深奧的思想在譯為中文之後，思想的隔閡仍然存在，此種隔閡使中國讀者不易了解。

在這方面嚴譯兩本有關邏輯學的著作，約翰・彌爾的《穆勒名學》與耶方斯的《名學淺說》，尤其有此問題。這兩本譯作在當時曾轟動一時，推動國人學習邏輯學的熱潮，但是許多人都說因為這門學問過於艱深，嚴譯很難讀懂。如上所述包天笑認為多數人只是震於嚴復的聲名，來看熱鬧，他們對《穆勒名學》所譯介的西方邏輯學頂多只是趨炎附勢，「不求甚解」。《穆勒名學》出版的次年（1906），留學日本的朱執信（1885－1920）在《民報》之中表達了一個很類似的看法：「嚴氏譯《名學》後，世乃知有一科學，為思之法則爾，然吾竊觀世之讀《名學》者，什九震於嚴氏之名而已，以云深喻，殆未可也」。什至連博學的王國維（1877－1927）也說嚴復以古語來譯《穆勒名學》頗為難解，對於通外語的人來說，還不如直接讀原著作來得容易。

以上的討論環繞着嚴譯的「雅」與「信」，與所譯內容對於「達」的影響。就更廣的歷史背景而言，有關嚴譯在「達」方面的討論牽涉到「開民智」之理想與近代中國文言與白話之爭。嚴復一方面促成開啟民智的重大變化，另一方面則因堅持使用古文不利於啟蒙事業的推廣工作，而受到抨擊。

「信」的問題
嚴譯忠實於原著嗎？

除了以上環繞着「達」的討論之外，也有學者從「信」的角度，討論嚴譯是否忠於原著，並解釋影響其忠實度的各種原因。最早從「信」的角度批評嚴譯的人是吳汝綸，在 1897 年 3 月 9 日寫給嚴復的一封信中，吳氏談到嚴譯在「信」方面的缺失。他指出嚴氏譯書有經世的意圖，是要借西人之口來勸諫國人，因而影響翻譯的內容。他強調翻譯並非著書，著書可隨意馳騁，翻譯則要尊重原作。因此《天演論》中嚴復將西方的人與事，改為原作者所不知道的中國的人與事，是不恰當的，還不如忠實地「純用元書之為尤美」（這是因為嚴復在翻譯時喜歡將西文的典故改為中國的典故，亦即易「洋典」為「漢典」）。

蔡元培在上引的〈五十年來之中國哲學〉一文中同意嚴復譯作有經世之心，「每譯一書，必有一番用意，譯得狠慎重」，如名學方面的書是為了「革新中國學術」；《羣學肄言》是糾正當時政客不知慎重地評估破壞與建設；《原富》與《法意》則是為了傳播經濟哲學與政治哲學；「又為表示他不贊成漢人排滿的主張，譯了一部甄克思的《社會通詮》」。對於《羣己權界論》，他以為書名之更改反映了嚴氏從激進到保守的轉變：

> 嚴氏譯《天演論》的時候本來算激進派，聽說他常常說「尊民叛君，尊今叛古」八個字的主義。後來他看得激進的

多了，反有點偏於保守的樣子。他在民國紀元前九年，把他四年前舊譯穆勒的 *On Liberty* 特避去「自由」二字，名作《羣己權界論》。

後來有不少人接受上述的說法，認為標題的改變反映嚴氏思想的轉向，從強調「自由」轉移到強調「限制」。蔡元培的意見顯示，嚴復的翻譯在選書與標題上有其現實的用意；除此之外他對於嚴譯在「信」方面的表現並無質疑。

早期對嚴譯之精確度表示不滿的還有王國維。他在 1905 年所寫的〈論近年之學術界〉，一方面肯定嚴譯《天演論》令人耳目一新，產生很大的影響力，另一方面又說《天演論》書名的翻譯有問題，「赫氏原書名《進化論與倫理學》，譯義不全」。在同書另一篇〈論新學語之輸入〉，他又說嚴復在翻譯時創造了許多新的語詞，貢獻很大，但其中不恰當的部分也不少：例如將 evolution 譯為「天演」，與將 sympathy 譯為「善相感」，這兩個詞不如譯為「進化」與「同情」來得恰當。再者，嚴復也常以「不適當之古語」來表達「西洋之新名」：

如譯 space（空間）為宇，time（時間）為宙是已。夫謂 infinite space（無限之空間）、infinite time（無限之時間）曰宇曰宙可矣。至於一孔之隙、一彈指之間，何莫非空間時間乎？空間時間概念足以該宇宙，而宇宙之概念不足以該空間時間。以宇宙表 space、time 是舉其部分而遺其全體也。以外類此者不可勝舉。夫以嚴氏之博雅而猶若是，況在他人也哉！

張君勱（嘉森，1887－1969）更進一步地注意到以古語從事翻譯的問題。他認為嚴譯的缺失主要來自他運用充滿了文化意涵的古文來從事翻譯，結果不但不夠精確，更造成意義的混淆。張氏提到一些具體的例子：

其立言之際，務求刻肖古人，以古今習用之語，譯西方科學中之義理，故文字雖美，而義轉歧混。如《天演論》第二篇首云：

「自遞嬗之變遷，而得當境之適遇，其來無始，其去無終，曼衍連延，層見迭代，此之謂世變，此之謂運會。運者以明其遷流，會者以指所遭值。」

考之赫氏原文，但云天然狀態者，乃億萬年以來，不斷之變遷之過程中一種暫時的境界而已。「That the state of nature, at any time, is a temporary phase of a process of incessant change……」

原文之義，簡單明瞭如此，而嚴氏以意顛倒附益，全失本來面目。且我國文字中意義寬泛者，莫若運字會字，以此人事盛衰之名，入之自然科學中，徒令人聯想及於「世運循環」、「風雲際會」之成語。而赫氏生物哲學之本旨全失矣。

總之，張氏以為，「嚴氏譯文，好以中國舊觀念，譯西洋新思想，故失科學家字義明確之精神，其所以為學界後起者之所抨擊，即以此焉」。他的批評是廣泛地關於信，注意到嚴復以傳統哲學與政治思想的語彙，誤解了西方以邏輯為基礎的「科學」性語彙。

傅斯年（1896－1950）也說嚴譯因不精確而導致更改原意，

他主要是從「直譯」的角度批評嚴復的「意譯」。他說嚴復的翻譯不忠於原著，是以改變原書之意旨的方式來追求「達恉」：

> 作者說東，譯者說西，固然是要不得了。就是作者說兩分，我們說一分，我們依然是作者的罪人。作者的理由很充足，我們弄得他似是而非；作者的文章很明白，我們弄得他半不可解，原書的身份便登時墜落——這便是不對於作者負責任的結果。嚴幾道先生譯的書中，《天演論》和《法意》最糟。假使赫胥黎和孟德斯鳩晚死幾年，學會了中文，看看他原書的譯文，定要在法庭起訴，不然，也要登報辨明。這都是因為嚴先生不曾對於原作者負責任，他只對於自己負責任⋯⋯嚴幾道先生那種「達恉」的辦法，實在不可為訓，勢必至於「改恉」而後已。

傅氏以為翻譯必須一方面要對原作者負責，一方面則要對讀者負責，「直譯一種辦法是『存真』的『必由之徑』」。譯者雖然無法一字一字地譯，但至少必須一句一句地譯，而不能用混在一起的意譯。他說這是因為意譯很容易隨意增減，或者改變腔調與思想的次序，或者把困難的地方朦混過關，因而扭曲了原意。

賀麟在 1925 年所寫的〈嚴復的翻譯〉一文，以為嚴譯基本上合乎「信」，而且有些譯本因為過於重視「信」而影響到「達」。但是至 1945 年撰寫《當代中國哲學》一書時，卻也提到與蔡元培與傅斯年很類似的意見，認為嚴復的翻譯有其本身之用意，因而「改恉」。他從哲學的角度對嚴復的譯述工作提出評估，他說嚴譯就內容而言，不是專門性哲學的著作；就目的而言，是實用性的；就方法而言，則是着重以文雅的古文以求「達」。其中因為實用性很強，所以他的譯述帶有救治時弊的目的，「他所譯述的學說，不是他服膺有心得的真理，而只是救時的藥劑」，並使他在翻譯時選擇性地強調某一部分，而忽略另一部分：

> 他介紹進化論以弱肉強食、物競天擇等觀念以警惕國人，他介紹英國的功利主義，以策勉國人努力富強之術；對前說忽略其生物學研究，及其發生的方法，對後者忽略其提倡放任、容忍、自由、平等的民主思想，和注重社會福利、改善平民實際生活的社會改革思想。

賀麟的評估已經不僅注意到嚴譯是否忠於原著的論題，更從現實環境與思想內涵對其譯作之影響，來解釋嚴譯不忠於原著的原因。他首次提出嚴復因受救時心態的影響，使他在介紹英國功利主義時，對「富強之術」的關懷超過了「提倡放任、容忍、自由、平等的民主思想」，與「注重社會福利、改善平民實際生活的社會改革思想」。

和賀麟一樣對中西的語文、文化有深入認識的錢鍾書，也對嚴譯在「信」方面提出質疑。在 1948 初版的《談藝錄》中，錢氏簡單地提到「幾道本乏深湛之思，治西學亦求卑之無甚高論者，如斯賓塞、穆勒、赫胥黎輩，所譯之書，理不勝詞，乃識趣所囿也」。其中「理不勝詞」一語顯示他認為嚴譯文字不錯，但譯文在表達西學內涵方面不如文字那麼成功，而這是源於嚴復缺乏深刻的思想、見解又有所局限，他所選擇翻譯的西書是比較淺顯的。

然而具體而言，到底錢鍾書覺得嚴譯有甚麼問題呢？可惜後來他只撰寫了〈林紓的翻譯〉一文，沒有以同樣的功夫，詳細地探討嚴復的翻譯。但是在該文中，他引用上述吳汝綸對嚴譯的批評，認為在翻譯方面，嚴復「可和林紓作伴」。他所說嚴、林共有的毛病就是依己意而更改、增補原著，結果把翻譯變成了創作：

> 一個能寫作或自信能寫作的人從事文學翻譯，難保不像林紓那樣的手癢；他根據自己的寫作標準，要充當原作者的「諍友」，自以為有點石成金或以石攻玉的義務和權利，把翻譯變成借體寄生的、東鱗西爪的寫作。在各國翻譯史裏，尤其在早期，都找得着可和林紓作伴的人。

上述對「信」的討論可見許多人都指出嚴譯在忠實度上的缺陷，不過他們也同時承認這是從事翻譯時很難避免的現象。這涉及一些學者所謂「譯者易也」，或所謂「翻譯即創造」、「翻譯即背叛」的觀點。然而從另一個角度來看，嚴譯普遍的迴響可見他作為一個譯者還是相當成功的。他以典雅古文所從事的譯作雖有「達」與「信」的缺失，然在國人認識西方思想、嚮應西力入侵的歷史發展上，他所帶來思想的衝擊顯示他不但是一個接引西學的開創者，也是一個深具影響的關鍵性人物。

《天演論》是怎麼「做」出來的？

嚴復在天津時期，不但因為準備科舉，因而具備了中國古典文化與文字運用的修養，同時他比較系統地閱讀西方典籍，對西學有更深入的認識。不久即開始從事翻譯工作，其中使他「暴得大名」的第一個作品，即是《天演論》。

隨着 1898 年《天演論》的正式出版，嚴復不但躍居中國「第一流之人物」，同時也帶來國際性的聲望。1899 年 9 月，日本《萬朝報》主筆、也是專研中國歷史的學者內藤虎次郎（1866–1934，號湖南）至天津訪問，透過《國聞報》館主西村博，以及該報記者方若、安藤虎男等人的介紹，與天津「精通時務」的六位名士會面，其中名列首位者即嚴復。從兩人的會談內容，可見嚴復在當時所扮演的重要角色。根據內藤虎次郎在《燕山楚水》中的記載，他在與嚴復見面之前，所得到的相關信息如下：

> 嚴復字又陵，福建侯官人，現為北洋候補道、水師學堂總辦。……嚴復年齒四十七，二十年前曾遊日本，十年前赴英國遊學三年，通英語，已譯赫胥黎之書，名為《天演論》，已經印行。

兩人見面時，採取筆談的方式，其中論及翻譯問題。內藤氏說閱讀《天演論》之後，覺得「文字雄偉，不似翻譯，真見大手筆」。嚴復則回答：「因欲使觀者易曉，不拘原文句次，然此實非譯書之正法眼藏。」又說：「近所譯《計學》一書，則謹守繩墨，他日書成，當有以求教。」內藤所說的「不似翻譯」一語是對《天演論》的讚美之詞，這也顯示《天演論》在「化西為中」的文字功夫上達到很高的造詣。不過，嚴復也感覺到《天演論》偏重「信、達、雅」翻譯三原則中的「達」，而在「信」方面有所缺失。

那麼嚴復是怎麼翻譯《天演論》呢？或是用魯迅的話來說，這一本書究竟是怎麼「做」出來的？

首先必須說明翻譯文本的來源。赫胥黎的《進化論與倫理學》（*Evolution and Ethics*）是一篇講稿，於 1893 年 3 月 5 日作為羅曼尼斯（George John Romanes, 1848–1894）講座系列的一部分首次在牛津大學發表。羅曼尼斯是一位加拿大 - 蘇格蘭籍的進化生物學家和生理學家。他在牛津大學創立了一系列一直持續到今天的公開講座。他和赫胥黎是朋友，而赫胥黎應他的邀請擔任第二次羅曼尼斯講座。赫胥黎在《進化與倫理》中，探討進化論和道德哲學之間的相互作用。赫胥黎區分了進化的自然過程和人類倫理，前者是不道德的，由競爭和生存驅動，後者旨在通過促進合作、同情心和正義來抵消自然的嚴酷。他認為雖然人類是通過自然選擇在生物學上進化而來的，但道德進步需要刻意的努力，不能簡單地歸因於進化的力量。

隔年，他為澄清自己的觀點，加寫了一篇「導言」，此文與講詞均收入《赫胥黎文集》第九冊內。赫胥黎在講座之後加寫導言有其目的，是為他講詞中的論點提供了更廣泛的框架和背景。講座本身簡潔明瞭，並且根據場合量身定製，但赫胥黎認識到需要擴展和澄清他提出的一些想法，特別是為了應對潛在的誤解。作為講詞的導言，赫胥黎更深入地研究他對進化論在社會和道德進步中的樂觀應用的批評，這與「社會達爾文主義」有關。在這篇文章中，他強調克服自然界不道德力量的道德鬥爭與進化所描述的生物過程不同。通過撰寫導言，赫胥黎確保他的想法以更清晰和學術嚴謹的方式傳播給更廣泛的受眾，鞏固了進化論和倫理學在科學和道德討論中的重要性。

在《進化與倫理學》中，赫胥黎直接批評了斯賓塞對進化論應用於倫理和社會的解釋。赫胥黎不同意斯賓塞的觀點，即人類倫理可以直接來自生物進化的原則。斯賓塞是社會達爾文主義的主要宣導者，他相信「適者生存」的理念不僅是自然過程的指導原則，也是社會發展和道德哲學的指導原則。赫胥黎拒絕了這個想法，認為人類倫理包括有意識地抵制自然選擇的嚴酷性，而不是接受它。他區分了「宇宙過程」（大自然為生存而進行的冷漠鬥爭）和「倫理過程」（人類試圖創造一個道德社會）。對赫胥黎來說，道德行為往往需要違背進化的自然、競爭本能，促進同情心、正義和利他主義。

嚴復所翻譯的底本就是收在《赫胥黎文集》第九冊的導言與講詞。他在天津水師學堂時期，開始接觸西書，早在 1881 至 1882 年，他即閱讀斯賓塞的作品，甲午戰後又受到戰敗的刺激，決定從事翻譯工作。嚴復可能在 1895 年底或 1896 年初買到赫胥黎的書，而從 1896 年夏秋之際開始翻譯。根據王蘧常的《嚴幾道年譜》，在 1896 年的條目之下：

> 夏初譯英人赫胥黎 (Thomas Henry Huxley)《天演論》(*Evolution and Ethics*)，以課學子。七月致書桐城吳至父京卿，論天演之説。謂外國格致家，謂順乎天演，則郅治終成。赫胥黎又謂不講治功，則人道不立云云。京卿答書，稱先生博涉兼能，文章學問，奄有東西數萬里之長。子雲筆札

之功，充國四夷之學，美具難幷，鍾於一手，求之往古，邈焉罕儔。

在此可約略對《天演論》早期版本的狀況及其差異加以說明。然後再進一步討論該書的翻譯過程。《天演論》問世後，先後有幾十種版本風行海內。據孫應祥先生〈天演論版本攷異〉，這些版本大致可分兩類：第一類是在作者譯述修改過程之中陸續傳播或刻印的本子，如手稿本、《國聞報彙編》連載的《天演論懸疏》、陝西味經售書處重刊本、吳京卿節本等。第二類是通行本，這是嚴復經過反覆修改後的「定稿本」。沔陽盧氏慎始基齋刻本、天津侯官嗜奇精舍本、富文書局石印本、商務印書館鉛印本等都屬於此類；當然，最流行的還是商務印書館 1931 年《嚴譯名著叢刊》本。以下以「手稿本」、「味經本」與「富文本」加以說明，前兩者屬於第一類，第三者屬於第二類。

第一個「手稿本」題名為《赫胥黎治功天演論》，現藏北京中國歷史博物館，「手稿墨書，以紅藍綠各色筆作修改」，冊中有「光緒丙申重九嚴復自序」、「丁酉六月初六刪改」等字樣，可知這是版本於 1896 年 10 月 15 日完成，1897 年 7 月 5 日嚴復又加以修改過的手稿。「治功」指制訂法則而能有效地治理國家，語出《周禮》與《漢書》。嚴復在《天演論》之前冠上「治功」二字，似乎想要表明此書對於治理國家上的功用。這一個版本即是 1897 年 3 月請呂增祥至保定蓮池書院面交吳汝綸審閱的本子（下詳），吳汝綸在上面以黃、藍筆作批註，再由嚴復改定，同時又刪除掉一些文字。透過「手稿本」可以了解嚴復最初的翻譯狀況。此書卷首有「譯例」四條，很能表現出本版的特點：

一、是譯以理解明白為主，詞語顛倒增減，無非求達作者深意，然未嘗離宗也。

二、原書引喻多取西洋古書，事理相當，則以中國古書故事代之，為用本同，凡以求達而已。

三、書中所指作家古人多希臘、羅馬時宗工碩學，談西學者所當知人論世者也。故特略為解釋。

四、有作者所持公理已為中國古人先發者，謹就謭陋所知，列為後案，以備參觀。

上述的第三、第四條納入「通行本」之中，至於一、二條，如語句「顛倒增減」來求「達」、以中國古書故事取代西洋古書，則是手稿本的特色。

第二個「味經本」是由陝西味經售書室刊印，該書扉頁雖表示為 1895 年出版（「光緒乙未春三月陝西味經售票處重刊」），然此一時間有誤。原因之一是文中復案的文字中有「去今光緒二十二年丙申……」的字眼，可知此版本應該是嚴復譯於 1896 年的初稿本，後來流傳出去，此版本印刷精美，出版的時間可能為 1898 年夏秋之際。根據陝西學政葉爾愷（1864－1942）與汪康年（1860－1911）於 1899 年 1 月 2 日的通信，此書係味經書院劉古愚（1843－1903，名光蕡，字煥堂，號古愚。此人與康、梁關係密切，可能是透過梁啟超而取得此一版本）編校出版。就內容來說，根據馬勇對《天演論》的點校說明，此一版本接近「手稿本」：

味經本是他人手抄《天演論》譯稿初稿擅自刊印的未定本，所以接近手稿本，但是有較大差異：譯文手稿中譯者插進中國經典裏的文句和譯者自己的發揮，後來通行本皆刪除，《嚴復集》之《天演論》附錄手稿本中作為註釋呈現，而味經本有的收進譯文正文，少數未錄，說明有所取捨，並且對譯文正文也有所刪節。

簡單地說，「味經本」是根據手稿本所做的抄本刊刻而成，接近未刪改的手稿本，而與後來的通行本有差異。

第三個「富文本」1901 年由南京富文書局石印出版。它與 1898 年正式出版的湖北沔陽盧氏慎始基齋本大致相同，僅刪去後者〈譯例言〉中最後一部分說明版本來源，而註明「嚴復識於天津尊疑學塾」的一段話。「富文本」與 1905 年上海商務印書館鉛印的版本，亦即後來通行版本，也沒有太大差異。

如果對照已經問世的一些嚴譯手稿（如 2024 年出版的《社會通詮》手稿本）來看，嚴復翻譯工作的進行是直接以毛筆在紙上進行翻譯（有時他為了節省紙張，會在練習書法用紙的背面進行翻譯），而修改的幅度多半並不很大。本書翻譯的手法基本上是根據原文整段翻譯，但將內容略做調整，以膾炙人口的第一段文字為例：

lt may be safely assumed that, two thousand years ago, before Caesar set foot in Southern Britain, the whole country-side visible from the windows of the room in which I write, was in what is called "the state of nature." Except, it may be, by raising a few sepulchral mounds, such as those which still, here and there, break the flowing contours of the downs, man's hands had made no mark upon it; and the thin veil of vegetation which overspread the broad-backed heights and the shelving sides of the coombs was unaffected by his industry.

（中譯）可以有把握地假設，兩千年前，在凱撒踏上南不列顛之前，從我寫作的房間的窗户可以看到的整個鄉村都處於所謂的「自然狀態」中。除了，可能通過建造一些墳墓，比如那些仍然在這裏和那裏打破丘陵流動輪廓的墳塚，人類的手沒有在上面留下任何痕跡；而覆蓋在寬背高地和圓頂架子側面的薄薄的植被面紗，並沒有受到人類勞作的影響。

（手稿本）赫胥黎獨處一室之中，在英吉利之南，背山而面野，窗外諸境，歷歷如在几下。乃懸想二千年前，當羅馬大將愷徹未到時，此中有何景物。計唯有天造草昧，人力未施，其藉徵人境者，不過幾處荒墳，散見陂陁起伏間。而灌木叢林，蒙茸山麓，未經刪治如今日者，蓋無疑也。

（通行本）赫胥黎獨處一室之中，在英倫之南，背山而面野，檻外諸境，歷歷如在几下，乃懸想二千年前，當羅馬大將愷徹未到時，此間有何景物。計惟有天造草昧，人功未施，其藉徵人境者，不過幾處荒墳，散見坡陀起伏間。而灌木叢林，蒙茸山麓，未經刪治如今日者，則無疑也。

如果比較「手稿本」與「通行本」可以發現有六處更動（劃底線部分），包括：「英吉利」改為「英倫」；「窗外」改為「檻外」；「此中」改為「此間」；「人力」改為「人功」；「陂陁」改為「坡陀」；「蓋」改為「則」。這六個地方都只是文句的調整，並沒有影響到全文的意思。

由此可見嚴復從執筆翻譯開始就已經決定敍述的方式。如果我們比較英文原文與嚴譯，可以發現幾個重要的差異。第一、從第一人稱的視角，轉為第三人稱的敘述方式。赫胥黎的文章有一個「我」當作主詞，敘述他所看到，以及想像的窗外景色；嚴復則轉變為從他自己的角度來描寫赫胥黎獨處一室的情景。第二，原文從「可以有把握地假設」(It may be safely assumed that)開始，此句是認識論上的保留，嚴復在翻譯時將之省略。這一種作法在嚴譯之中屢見不鮮。筆者在《自由的所以然》一書曾舉一些例子，並指出這是因為「雙方認識論上的差距在翻譯過程中所起的作用。在嚴復的思想之中，樂觀主義認識論是比較根本的，這樣的傾向使嚴復在翻譯時，無法精確地將彌爾以悲觀主義認識論為基礎的一些想法翻譯出來」，例如，嚴復在翻譯之時會不自覺地引入儒家思想意涵的語彙，來翻譯彌爾所用中立而不含價值判斷的觀念，因而形成扭曲。又如，有時彌爾會用暫時性與不完全性的語彙，以此避免絕對性或全稱性的語氣，嚴復往往忽略這樣細微的差異。在《社會通詮》的翻譯中也可以看到好幾個類似的語氣保留的例子被嚴復省略(如 political speculation〔政治猜測〕、at least in theory〔至少在理論上〕、But this is conjecture〔但這是猜測〕等)。第三，原文的一個核心概念是「自然狀態」(the state of nature)，這個詞彙在翻譯之中成為「天造草昧，人功未施」。「天造草昧」出自《易經・屯卦》:「天造草昧」。唐孔穎達《正義》:「天造萬物於草創之始，如在冥昧之時也。」用此來指「自然狀態」不能算錯，不過 state of nature 在文中是與 state of art of the garden(園藝狀態)相對應，這個重複出現的對照因嚴復在不同地方採用不同的譯法因而不夠明顯(嚴復將「自然狀態」依照上下文分別翻譯為「天行」、「天演」、「天然」等詞)。其實嚴復可以採用中國傳統語彙「自然」來翻譯 nature，從 1822 年馬禮遜《英華字典》就將 natural 翻譯「自然的，天然的」，但他沒有做這樣的選擇。除了上述的更動，此一段文字可以算是忠於原文。

第二類的翻譯與原文略有差距，然仍能忠實傳達。例如「導言二：廣義」的第一句，他用「遞嬗之變遷」、「世變」、「運會」來翻譯 incessant change（不斷變化）：

> That the state of nature, at any time, is a temporary phase of a process of incessant change, which has been going on for innumerable ages, appears to me to be a proposition as well established as any in modern history.
>
> （中譯）自然狀態在任何時候都是不斷變化過程的暫時階段，這個過程已經持續了無數個時代，在我看來，這是一個與現代歷史上的任何命題一樣成熟的命題。
>
> （嚴譯通行本）：自遞嬗之變遷，而得當境之適遇，其來無始，其去無終，曼衍連延，層見迭代，此之謂世變，此之謂運會。運者以明其遷流，會者以指所遭值，此其理古人已發之矣。

上述的中文翻譯要比原文來得複雜，嚴復是以增添文字，尤其利用增加中文典故來達到「達」的目標。在此句赫胥黎要說明「自然狀態」與「不斷變化」之關係，指出前者是後者的「暫時階段」，而此一過程已持續了很久。嚴復為了清楚說明，他用「自遞嬗之變遷，而得當境之適遇」來翻譯英文 change 與 the state of nature 的關係，又用「運會」與「世變」來做進一步解釋。「運會」指「時運際會」，「運者以明其遷流，會者以指所遭值」，前者（「運」）對應「不斷變化」，後者（「會」）則指「自然狀態」。同時，他加上「世變」，指「時日變遷，世事隨之改變」來輔助說明。整體來說這一句也是很忠實的翻譯。嚴復於 1895 年《直報》所寫的〈論世變之亟〉，文中提到「嗚呼！觀今日之世變，蓋自秦以來未有若斯之亟也。夫世之變也，莫知其所由然，強而名之曰運會。運會既成，雖聖人無所為力，蓋聖人亦運會中之一物。」文中也同時提到「世變」與「運會」，這種表述無疑地與他閱讀《天演論》相關的文獻有關。較可惜的是「the state of nature」沒有採取固定的翻譯方法（在導言一用「天造草昧，人功未施」，在導言二則用「當境之適遇」），使赫胥黎依賴名詞重複所造成的語言力量有所削弱。

第三類的例子是嚴復在翻譯時以「漢典」來取代「洋典」。「導言十」，赫胥黎討論「擇種留良」的方法可以用於動植物，但不宜用於人類，因為選擇者沒有絕對的智慧來「以人擇人」。赫胥黎用了一個洋典「The pigeons, in short, are to be their own Sir John Sebright.」（簡而言之，這些鴿子將成為他們自己的施白來爵士。）嚴復的翻譯如下：

> 且擇種留良之術，用諸樹藝牧畜而大有功者，以所擇者草木禽獸，而擇之者人也。今乃以人擇人，此何異上林之羊，欲自為卜式，汧、渭之馬，欲自為其伯翳，多見其不知量也已。（按：原文用白鴿欲為施白來。施，英人最善畜鴿者，易用中事）

上文之中卜式是漢朝一位很會養羊的人；伯翳則是古代一位善於畜牧和狩獵的人。嚴復用他們的例子說明「以人擇人」的風險就像羊、馬要變成善於畜牧的卜式與伯翳，「多見其不知量也已」。這一句以漢典來易洋典，並附上原來的典故，使讀者很容易地了解赫胥黎要傳達的意思。這也是很成功的翻譯。

不過嚴復在翻譯初稿時加上了許多原文沒有的漢典。例如，在味經本「卮言一」，譯文之中有：「《易・大傳》曰：乾坤其易之蘊耶！又曰：易不可見，則乾坤或幾乎息矣。即此謂也」，在最後的定稿之中被刪除。在「卮言二」有「言其要道，皆可一言蔽之，此其道在中國謂之易，在西學謂之『天演』」。定稿之中將「在中國謂之易，在西學」刪除。「卮言五」有「由是則天行人事之相反也，其原又何不可同乎？《易・大傳》曰：一陰一陽之謂道，是同原而相反者，固所以成其變化者也？」定稿本刪除了「《易・大傳》曰：一陰一陽之謂道」。「卮言十一」有「荀卿之言曰，人之異禽獸者，以其能羣也。第深思其所以能羣之故，則其理明矣。」定稿之中刪除「荀卿之言曰」，又將「人之異禽獸者，以其能羣也」改為「蓋人之所以為人者，以其能羣也」。在味經本之中此類例子數量不少。如果用「手稿本」註釋中說明被嚴復「勾去」的部分，他談到的中國古書包括易經、書經、詩經、離騷、中庸、論語、孟子、荀子、莊子、漢書、佛經等。在「手稿本」中這一些明顯源於中國古書的文字均被嚴復以藍筆「勾去」，有些部分則被移到「復案」之中。為何嚴復會做這樣的修改？答案是他的作法來自朋友的建議。

當《天演論》初稿譯成之後，嚴復決定請朋友協助，看過初稿的人包括梁啟超、夏曾佑、盧木齋、呂增祥與吳汝綸等人。而在此過程中對他回饋最多的友人是呂增祥與吳汝綸。

在 1901 年南京富文書局版的《天演論》，書名由呂增祥題字，內文則有吳汝綸的序言，由此可以顯示嚴復與呂、吳之深厚關係。呂、吳都對《天演論》翻譯文字的修改、潤飾，有重要的貢獻，可謂該書的幕後功臣。

呂增祥（字君止，號皇道山人）乃嚴復「至交」、「執友」，安徽滁州人。呂、嚴也是親家，呂的大女兒蘊玉嫁給嚴復的學生伍光建，二女兒蘊清則嫁給嚴復的長子嚴璩，兒子呂彥直為著名的建築師（曾設計南京中山陵、廣州中山紀念堂）。嚴復經常與呂增祥「商榷文字」，《天演論》初稿完成之後，嚴復亦曾請呂增祥修改。

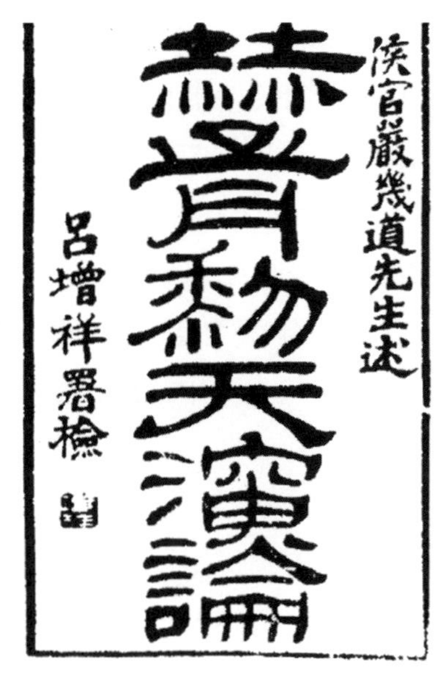

富文書局本《天演論》封面，由呂增祥署名校刻

呂增祥也是嚴復與吳汝綸結交的牽線人。如 1897 年 3 月，呂將《天演論》初稿從天津帶到保定，請吳汝綸指正。1900 年義和團事件期間，吳汝綸擔心嚴復家庭與《原富》稿本的安危，曾寫信問呂增祥「嚴又陵如何情形？兩令婿現在何處？盧木齋曾否在省？其所挾又陵《原富》底稿七冊未遺失否？至念！至念！」關懷之情表露無遺。呂增祥則告知嚴復全家南下上海避難，平安無恙。1901 年初，呂增祥還幫助嚴復聯繫吳汝綸，將修訂後的《原富》稿本，交同鄉鄧太守帶去上海，交還嚴復。

許多人都提到嚴復曾拜吳汝綸為師，學習桐城古文。但實際上嚴復只能算是吳的私淑弟子，並非入室門生。如果從現存兩人的通信來看，吳汝綸寫給嚴復的信有八封，最早的一封是 1896 年 8 月 26 日所寫，最晚的一封是 1901 年 6 月 4 日；嚴復寫給吳汝綸的信有三封，最早的一封是 1897 年 11 月 9 日，第二封在 1900 年 1 月 29 日，第三封在 1901 年底。再者 1893 年以前，嚴復忙於準備科舉，而水師學堂所在地的天津與吳汝綸擔任知州（1881–1889）的冀州，以及主講的保定蓮池書院（1889–1901）之距離，超過 150 公里，難以當面請教。由此可見，兩人認識無疑是嚴復 1880 年到天津之後，但是比較密切的往來，應該是 1896 年至 1903 年之間。其中涉及《天演論》的是吳汝綸於 1896、1897 年的兩封信，以及嚴福於 1897 年底回覆譯文修改的信。

《天演論》完成之後，嚴、吳仍有許多來往。嚴復在 1900 年致吳汝綸的信中，談到本身中學方面的背景，以及他與吳汝綸的交往。他感歎地說，如果早些遇到吳汝綸，自己在文章寫作上，可能會有更好的表現。嚴先後請吳指正《天演論》與《原富》譯稿，並請吳為這兩本書寫序，1902 年，兩人同在京師大學堂共事，直至 1903 年吳汝綸過世，才告終止。1903 年春，嚴復翻譯的《羣學肄言》完稿，擬寄請吳汝綸作序，這時才聽說吳已遽歸道山，嚴復在該書〈譯餘贅語〉的最後一段中，以充滿感傷的語調，寫下無比的思念與感懷。在吳汝綸的「獎誘拂拭」之下，嚴復對他深感「服膺」。在晚清文界，吳師事曾國藩（1811–1872），乃桐城派後期大師，不但對古文有很深的造詣，「為文深邃古懿，使人往復不厭」，也是嚴復所謂和郭嵩燾一樣，是極少數的「舊學淹貫而不鄙夷新知者」。嚴復在他的影響之下，仔細研讀姚鼐（1731–1816）所編的《古文詞類纂》、曾國藩的《十八家詩鈔》等書，並進而探究六經，以及曾國藩所推薦的七部典籍：《史記》、《漢書》、《莊子》、《韓文》、《文選》、《說文》、《通鑑》，因而在文字功夫上，獲益良多。

吳汝綸又為嚴復譯稿「一為揚搉」以求「斟酌盡善」，《天演論》的譯稿就曾得到他大力指正。嚴復寄給吳汝綸請求指正的稿本，現存於北京中國歷史博物館，題為《赫胥黎治功天演論》。該手稿為墨書，並以紅、藍、綠各色筆作修改，其中黃、藍色的批註乃吳汝綸所下。吳汝綸為嚴復修改譯稿後，兩人又有書信往返，討論相關問題。根據這些通信，吳汝綸對嚴復的翻譯工作，至少有以下的幾點建議：一、強調翻譯的精確性。二、當翻譯精確性與文字典雅有衝突之時，吳汝綸主張「與其傷潔，毋寧失真」。三、吳主張參考晉、宋翻譯佛書的先例，將翻譯文本與個人的論述嚴格區分，「篇中所引古書古事……似不必改用中國人語，以中事中人，固非赫氏所及知」;「凡己意所發明」歸於文後「案語」。四、更改標題：他建議「用諸子舊例，隨篇標目」，以明宗旨。五、吳汝綸斟酌字句得失，刪除了一些原稿中不妥當之處。

從手稿本修改的痕跡可知，嚴復幾乎完全接受了吳的建議，尤其是刪除了直接引用中國古書之典故的部分。再者，嚴復接受大部分吳汝綸所擬定的各節的小標題，又將吳汝綸的序放在卷首。由此可見，《天演論》以目前的面目出現，吳汝綸扮演了一個非常關鍵的角色。值得注意的是，吳汝綸雖不通西文，但是他從中國翻譯傳統所汲取的觀念，使他對翻譯體例、文字精確與典雅等方面，有很清楚的想法。尤其是一方面尊重原作、重視精確，另一方面以「與其傷潔，毋寧失真」的原則來解決「信」與「達、雅」之衝突，此一想法對嚴復後來的翻譯工作有深遠的影響。嚴復後期的翻譯不再採取「達恉」，而更為「謹守繩墨」，注意到「信」的重要性。

吳汝綸對《天演論》的貢獻還有一個一般人較少注意之處，即《吳京卿節本天演論》一書。該書於 1903 年 6 月由上海文明書局出版。同一年，北京華北譯書局出版的期刊《經濟叢編》第三冊至第六冊，也刊載了《吳京卿節本天演論》。如果對照此一節本與目前各種《天演論》的版本可知，它實際上是錄自吳汝綸的日記，也就是 1897 年春天，吳汝綸在為嚴復修改手稿本《赫胥黎治功天演論》時「手錄副本」者。

在吳過世後，其子吳闓生（1877–1949？）整理其父手澤時發現此一節錄，因而交給廉泉（1868–1931，吳芝瑛之夫、吳汝綸之姪女婿）所經營的文明書局出版。吳闓生指出，「此編較之原本，刪節過半，亦頗有更定，非僅錄副也」，這樣的觀察是非常正確的。

如對照嚴譯原文可見：一、節錄的字數只有原文的三分之一左右；二、吳汝綸刪除了枝蔓之後，使文字變得簡潔、緊湊，成為典雅、純正的中文，完全沒有翻譯的痕跡；三、文中以「物競」、「天擇」之原則來觀察世變之主旨，顯得非常突出；四、吳汝綸增加了說明段落主旨之小標題，置於節錄文字之後。

此一節本在出版後頗受歡迎，當時有些學校即採用該書為國文教科書。1905 年，14 歲的胡適就讀於上海澄衷學堂，他在《四十自述》中說：

> 澄衷的教員中，我受楊千里（天驥）的影響最大……後來我在東二齋和西一齋，他都做過國文教員。有一次，他教我們班上買吳汝綸刪節的嚴復譯本《天演論》來做讀本。這是我第一次讀《天演論》，高興的很。他出的作文題目也很特別，有一次的題目是「物競天擇，適者生存，試伸其義」。（我的一篇，前幾年澄衷校長曹錫爵先生和現在的校長葛祖蘭先生曾在舊課卷內尋出，至今還保存在校內。）這個題目

自然不是我們十幾歲小孩子能發揮，但讀《天演論》，做「物競天擇」的文章，都可以代表那個時代的風氣。

《天演論》出版之後，不上幾年，便風行到全國，竟做了中學生的讀物了。讀這書的人，很少能了解赫胥黎在科學史和思想史上的貢獻。他們能了解的只是那「優勝劣敗」的公式在國際政治的意義。……幾年之中，這種思想像野火一樣，延燒着許多少年的心和血。

胡適的經驗應該有其代表性。《吳京卿節本天演論》除了由文明書局印行出版之外，還有一些人親手抄錄，蘇州大學圖書館即藏有一手抄本。這顯示吳汝綸的節本對於《天演論》的傳播，尤其是從「『優勝劣敗』的公式在國際政治的意義」來理解該書，起了極大的作用。

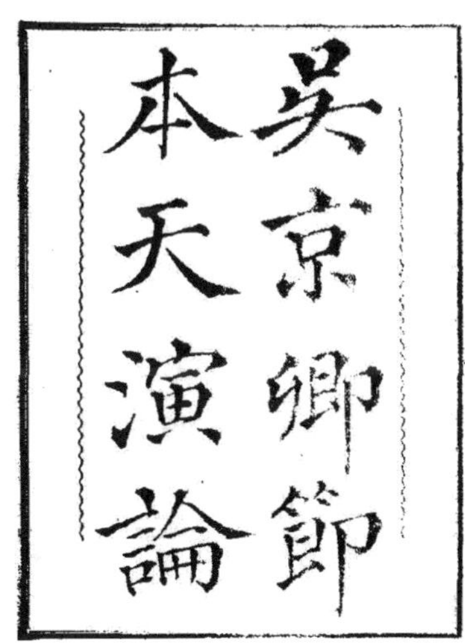

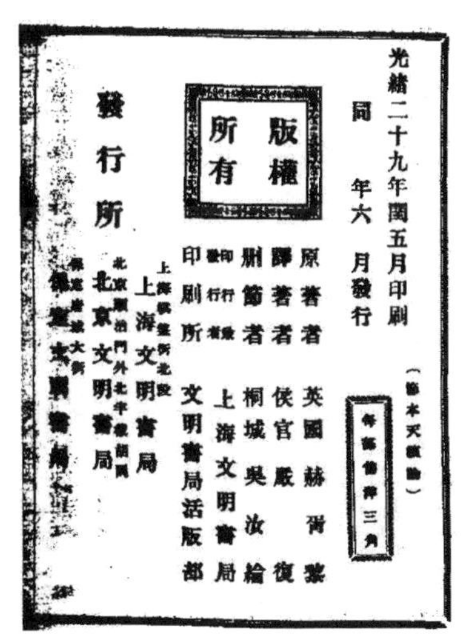
光緒二十九年閏五月印刷
同　年六　月發行

版權所有

原著者　英國赫胥黎
譯著者　侯官嚴復
刪節者　桐城吳汝綸
發行者　上海文明書局
印刷所　文明書局活版部

發行所　上海文明書局
北京文明書局

吳京卿節本天演論

「天演之學」的理論體系

嚴復在翻譯《天演論》的過程之中透過對內容的增減與論證順序的調整轉化了西方原有的觀念，因此這一本書不僅是一部翻譯作品，也可以說是一部創作。這涉及原文、譯本與書中「復案」的複雜關係。近代以來一個很流行的論斷是錢玄同所謂：嚴復的翻譯「顛倒原文、淆亂真意」。的確，嚴復的譯文有獨特之風格與添加的內容及按語，使翻譯與原著之間有差距，然而另一方面我們也應該注意到嚴復的譯本或按語並非完全任意發揮。以《天演論》來說，首先是譯文與原文在大的段落劃分之對照十分清楚。其次，譯文之增添的部分與嚴復所下之按語多半是有根據的（換言之有許多「文本之內的潛文本」）。在此可以舉幾個例子：嚴復《天演論》〈論四：嚴意〉章的社會契約論述是根據赫胥黎的 *Method and Results*（《方法與結果》）中「Administrative Nihilism」一文的「羣約」論述（頁 272–273）。《論九：真幻》中復案「赫胥黎講其義」一段中「圓赤石子」的各種屬性，為赫胥黎 *Method and Results* 之中「On Descartes' "Discourse Touching the Method of Using Ones Reason Rightly and of Seeking Scientific Truth"」（1870）所舉之例子。此外〈論五：天刑〉之中有關以鹿與狼說明「兩者皆造化之所為」，出自「The Struggle for Existence in Human Society」（1888）。1914 年〈《民約》平議〉一文是以 *Method and Results* 一書中「On the Natural Inequality on Man」（1890）為本，來加以發揮。

在「復案」部分也是如此。〈論一：能實〉的按語來自赫胥黎講詞的註一。嚴復說「官品一體之中，有其死者焉，有其不死者焉。而不死者，又非精靈魂魄之謂也。可死者甲，不可死者乙，判然兩物。」內容為德國動物學者魏斯曼（August Weismann, 1834–1914）的「生殖質」理論。按語中所謂「不可死者」，即「生殖質」（the germ-plasma）。魏斯曼以這一理論駁斥斯賓塞信賴的「後天形質遺傳說」。總之，嚴譯的研究必須從翻譯史與思想史的兩條路徑切入，不宜簡單地將嚴復的「達恉」視為任意所為。

《天演論》一書的中文譯本與赫胥黎原作的焦點、旨趣的確有所不同。嚴復針對甲午戰敗後的中國人要如何應變、圖強，以挽救危亡的現實考慮，而將赫胥黎文本中因「馬爾薩斯陷阱」產生的悲觀傾向轉為樂觀的傾向。嚴復同意斯賓塞所謂「物競天擇」適用於人類社會，而且演化是一個不可避免的一種緩慢、累積的過程，不能越級而行；但是他覺得斯賓塞太過強調自然的力量（即所謂「任天為治」），而不夠重視個人自由、個人意志，以及倫理價值在「天演」過程中所扮演的角色。他接受赫胥黎對斯賓塞的修正，認為人為的能力雖源於天，個人的自由與努力實際上扮演着更重要的角色，可以突破自然的限制，與天爭勝，而創造新局，因此天人之間是相互衝突的。整體觀之，嚴復同意「天行」與「人治」一方面「相反相毀」，另一方面則出於同源，所以「天行人治，同歸天演」。這樣的想法在吳汝綸為《天演論》所寫的〈序〉有清楚的表達：

> 赫胥黎氏起而盡變故說，以為天不可獨任，要貴以人持天，以人持天，必究極乎天賦之能，使人治日即乎新，而後其國永存，而種族賴以不墜，是之謂與天爭勝，而人之爭天

而勝天者，又皆天事之所苞，是故天行人治，同歸天演……嚴子之譯是書……蓋謂赫胥黎氏以人持天，以人治之日新，衛其種族之説，其義富，其辭危，使讀者怵焉知變，於國論殆有助乎？

嚴復在翻譯此書時將原書名「進化與倫理」(*Evolution and Ethics*)譯為「天演論」是一個很值得注意的現象。過去學者對此有許多不同的解釋。王國維認為 Evolution 應譯為「進化」，不應譯為「天演」，因為「天」在中文之中有太多的歧義性。他也暗示西方的「進化」是指「自然」之演變，與中文的「天」有所不同。然而為何嚴復要將此書標題譯為「天演」，他了解中外宇宙觀的差異嗎？嚴復所謂的「天」是甚麼，是西方科學意義下的「自然」(nature)？還是中國思想中作為價值來源的、有道德意涵的「天」？演化的主體又是甚麼？這個問題或許是解讀《天演論》的一把鑰匙。

《天演論》中「天」字的重要性與模糊性或許正是此書吸引讀者的關鍵原因，因為這本書要告訴讀者何謂新的「天道」，而「天道」一直是士大夫關心的議題。嚴復無疑是了解這一議題的複雜性的，他在《羣學肄言》一段話的按語中提到：

故是書言討論羣學之方，則首以天演為宗旨。蓋羣者天演最繁之物也，使天演之旨而有合，則於前人監臨降觀，昊天旦明，與乎聖賢經世宰物之説，勢不得以不分馳。蓋彼方謂種族家國盛衰興亡，一切皆本於天意（謹案：中國所謂天字，乃名學所謂歧義之名，最病思理而起爭端。以神理言之上帝，以形下言之蒼昊。至於無所為作而有因果之形氣，雖有因果而不可得言之適偶，西文各有異字，而中國常語皆謂之天。如此書天意，天字則第一義也；天演，天字則第三義也。皆絕不相謀，必不可混者也。）……

嚴復的按語顯示出他對中文「天」字不同意涵的認識。由此可見，嚴復是故意選用「天」這個字來吸引讀者。嚴復說有價值意涵之天，如天意之天、神理之天是「上帝」；而完全形而下的天是「蒼昊」。至於「天演」的「天」是「形氣」，指「無所為作而有因果」。形氣之「形」指具體物象而「氣」則指構成宇宙萬物的最根本的物質（如譚嗣同《仁學》所提到的「以太」）。這樣一來世界上具體物象與根本物質之因果變化才是「天演」一詞之中「天」的意涵。在《天演論》中檢索「形氣」共有 13 個用例，從這些例子可以看到，「形氣」一方面是物質性，但是也不能說它完全是物質性的。天演之中的宇宙過程可以對人類有所啟示。其中道德的意涵即物競天擇、適者生存、羣學法則，以人治對抗天行等原則。人類如不了解天道的「所以然」就無法掌握人道的「當然」。這就是嚴復所謂新的天道。

筆者認為嚴復將演變中的自然力量（即「宇宙過程」）與人為努力的「倫理」因素結合，而包含於「天演」概念之中。換言之，天演同時包括了赫胥黎所說的「宇宙過程」與「倫理過程」。嚴復所創造的「天演」一詞因而包含了大自然的演變（Evolution）和其衍生的倫理原則（Ethics）。這絕非傳統「天地人」、「陰陽五行」觀念之下具有道德意涵的天，但嚴復認為在中文的語境中「不能外天而言理」，因而將「進化與倫理」很巧妙地譯為「天演」，該書書名之轉換實際上具有重要的象徵意涵，也是一種很高明的翻譯手法。

由此可見嚴復在此書中一方面同意自然有難以抗拒的力量，另一方面則發揮了赫胥黎反對弱肉強食的叢林法則、反對將優生學用於人類，同時肯定倫理原則，也肯定遺傳學之中的「拉馬克機制」，主張羣己平衡、己輕羣重，並進一步推演到認為「人治可以對抗天行」，最終得出了「自強保種」的結論。此一信息再經過吳汝綸序言的闡發，以及吳汝綸所編輯的《節本天演論》之流傳，「自強保種」成為《天演論》所傳達的最重要的信息，並在二十世紀初引發了舉國瘋狂的閱讀潮流。

嚴復「天演之學」的理論體系可以歸納為以下的九點：

第一，天演之機制：嚴復認為天演是一個自然的變化過程，有其規律，然規律也因偶然之機緣而有許多例外。同時天演即《易經》所謂乾坤變化、「質力相推」，其中有兩個組成部分，一是「天行」（宇宙過程，包括物競與天擇），一為「人治」，亦即人為的努力（倫理過程），兩者相反而相成。嚴復同意斯賓塞所謂達爾文的物競、天擇適用於人類社會，但是他覺得斯賓塞太強調自然的力量（即「任天為治」），而不夠重視個人自由與倫理道德的價值。他接受赫胥黎對斯賓塞的修正，以為人的能力雖源於天，但個人的自由與努力實際上扮演着更重要的角色，可以突破自然的限制，與天爭勝，而創造新局。換言之，嚴復同意天行與人治一方面「相反相毀」，另一方面則出於同源，所以「天行人治，同歸天演」。

第二，肯定遺傳學中的拉馬克主義：嚴復介紹斯賓塞的「拉馬克主義」，並肯定其觀點。（嚴復譯為「體合」，意指「物自變其形、能，以合所遇之境，天演家謂之體合」；或說「先世熏修，傳為種業」，亦即「用進廢退，後天形質可遺傳」）根據拉馬克主義，馬爾薩斯人口論所提出的問題（即「馬爾薩斯陷阱」）可以得到解決，是故天演的結果有可能達到一個沒有衝突，而自由、福祉與其他價值普遍流行的「太平盛世」。簡單地說，嚴復肯定斯賓塞的「拉馬克主義」與由此衍生出來的樂觀想法，並反對赫胥黎的悲觀論調。不過另一方面，嚴復對「後天形質可以遺傳」的拉馬克主義可能也有所保留或感到疑惑，嚴復在下篇〈論一：能實〉的按語依據赫胥黎說法，介紹了德國學者魏斯曼的「生殖質」理論，認為「官品一體之中，有其死者焉，有其不死者焉」（《天演論》），所謂「不死者」即是「生殖質」。魏氏之理論即在駁斥拉馬克主義。不過誠如王道還所指出的，嚴復對於魏斯曼理論在生物學上的意義，及其對斯賓塞之威脅很可能都不甚了解。

第三，人類社會有如「園夫之治園」，與自然狀態有所不同：嚴復強調天行與人治之別在於兩者適用於不同的原則，「天行者以物競為功，而人治則以使物不競為的」。換言之，人為的世界需要依賴「倫理原則」，而非「叢林法則」。至於「人治」應該怎麼做，嚴復接受赫胥黎有關「園丁」與「花園」的比喻，認為園丁的工作是「設其宜境，以遂羣生」，亦即培養一個適宜的環境，同時用教育的方式，「取民同具之明德，固有之知能，而日新擴充之，以為公享之樂利」。這也配合嚴復對於「民德」、「民智」、「民力」的強調。

第四，優生學可適用動植物，卻不適合用於人類：嚴復接受赫胥黎對「優生學」的保留，認為「芸其惡種，使善者傳」，只可適用於動植物，卻不適合人類社會。嚴復在〈導言十：擇難〉中用了中國傳統的典故來說明「擇種留良之術，用諸樹藝牧畜而大有功者，以所擇者草木禽獸，而擇之者人也。今乃以人擇人，此何異上林之羊，欲自為卜式，汧、渭之馬，欲自為其伯翳，多見其不知量也已」。此一觀點與嚴復對倫理原則的重視相互配合。不過另一方面出於對於「保種」之考慮，嚴復同意可以仿效西方實行限制婚育。

第五，演進式的社會起源論：嚴復認為人類社會之起源並非如盧梭「民約論」所說「民生平等，而一切自由」。對嚴復而言，人類社會是從男女開始逐漸演變而成，如《易傳》所言：「有男女然後有夫婦，有夫婦然後有父子，有父子然後有君臣，有君臣然後有上下，有上下然後禮義有所錯」。嚴復對盧梭的反駁使他不像許多晚清革命派那樣支持激進的革命主張。

第六，對羣己關係的思考：嚴復同意斯賓塞所說人類社會如生物一般是一「有機體」，但在羣己關係上，生物體與人類社會有所不同。首先，人具有「天良」而能「善羣」；其次，人類社會之中個體有「覺性」，因此應重視個體之「苦樂存廢」，不應「強使小己」來為羣而犧牲。在此前提下，嚴復批評赫胥黎所謂「羣」的基礎為人心之中的「善相感」與過度「克己」的想法。在「羣理」方面他較接受斯賓塞的觀點，以為「赫胥黎保羣之論，可謂辨矣。然其謂羣道由人心善相感而立，則有倒果為因之病……赫胥黎執其末以齊其本，此其言羣理，所以不若斯賓塞氏之密也」。嚴復又批評赫胥黎「屈己為羣為無可樂，而其效之美，不止可樂之語」乃「於理荒矣」。他較接受「開明自營」（enlightened self-assertion，意指追求自身利益同時不與道義發生衝突）、「人得自由，而以他人之自由為界」的說法，以為羣己可以攜手並進，「明兩利為真利」。以此為原則，嚴復提出「保種三大例」：「一，民未成丁，功食為反比例率；二，民已成丁，功食為正比例率；三，羣己並重，則捨己為羣。用三例者羣昌，反三例者羣滅」。

第七，陰陽的性別觀：在性別問題上，嚴復根據《易經》陰陽的理論，主張男女分工。女性以「生生」為天職，應重視「繁衍繼續」之效，不應與男子「競於開物發業之場」。

第八，天演之學的政治意涵：在國內政治方面，嚴復認為政治合法性來自人民，統治者是「公僕」，並肯定「以自由為體，以民主為用」的政治體制。同時他主張應採取循序漸進的調適方式，不應採取激烈的革命主張來實現此一理想。此一主張也與肯定柏克式的英國保守主義政治哲學有關。在國際關係上，嚴復反對殖民主義的弱肉強食。他提出「公理」、「公法」、「公論」的看法，亦即「必其有權而不以侮人，有力而不以奪人。一事之至，准乎人情，揆乎天理，審量而後出。凡橫逆之事，不欲人之加諸我也，吾亦毋以施於人。此道也，何道也？人與人以此相待，謂之公理；國與國以此相交，謂之公法；其議論人國之事，持此以判曲直、別是非，謂之公論」。

第九、肯定斯賓塞與赫胥黎所提出的「不可知論」(agnosticism)，並主張宗教有其價值：上述的理論大致可以解釋自然與人羣之進化，不過仍不周延。嚴復同意斯賓塞所謂在現有知識範疇之外，有一個的「不可知」的領域(斯賓塞所謂的unknowable，亦即佛經中的「不可思議」，或《莊子・齊物論》：「六合之外，聖人存而不論」)。他認為「蓋學術任何進步，而世(間)必有不可知者存」。這涉及嚴復對宗教、迷信與學術三者之關係的看法，嚴復認為人類社會之中始於「人鬼信仰」與「魂魄」的「宗教」觀念是一定會存在的，「真宗教必與人道相終始者也」。在宗教發展過程中，「迷信」的想法亦摻雜期間。不過隨着學術的進步，「宗教日精」、「迷信……日寡」，同時「學術之所窮，即宗教之所由起」。

上述的九點可視為嚴復「天演之學」的主要內涵。

佛法與天演

在閱讀《天演論》一書時，許多讀者會產生的一個疑問是為何赫胥黎要花那麼多的篇幅來討論佛學的議題？佛教的觀點與赫胥黎所關懷的天演世界之中的倫理議題究竟有何關連？為解答此一疑問，必須要對《天演論》卷下的思想內涵作一分析。在此書卷下「論」中從「天刑」、「佛釋」、「種業」、「冥往」、「真幻」到「佛法」的六個部分，他引用十九世紀歐洲學術界如英國學者戴維斯（Thomas William Rhys Davids, 1843－1922）與德國學者歐丹博（Hermann Oldenberg, 1854－1920）有關印度佛學研究的一些觀點，來討論傳統「天人相應」、「福善禍淫」的倫理觀、印度婆羅門教與釋迦牟尼的觀點，及其與天演理論之倫理觀的關係，並將之與希臘、猶太等傳統相比較。

赫胥黎在該書有關佛教章節的註釋之中說（嚴復並未翻譯此一註釋）：「我在本文所說的印度哲理特別是得力於戴維斯教授的名著，1881 年的《希柏講座文集》和他的《佛教》（1890）……我也發現歐丹博博士的《佛祖》（第二版，1890）一書也有很大幫助」。赫胥黎上文所提到的第一位學者是英國籍的戴維斯是公理會（Congregational Church）信徒，牧師的長子，年輕時曾擔任殖民地之官員，而學習梵文、巴利文，後成為著名的巴利學研究者，創辦倫敦大學亞非學院，並在英國從事佛教的學術研究。他的主要著作包括：*Buddhist Birth Stories*（《佛教誕生故事》，1880）、*Buddhist India*（《佛教印度》，1903）、*Hibbert Lecture*

(《希柏講座文集》，1881)、*Buddhism*(《佛教》，1890)等書。他的著作有日譯本：《菩提の花》(1887)、《釈尊の生涯及其教理》(1911)，然似乎並無中譯本。

赫胥黎徵引的第二位學者德國籍的歐丹博專研佛教思想。1882 出版了 *Buddha: His Life, His Doctrine, His Order*(《佛陀：他的生平、他的教義、他的指示》)。此外他與戴維斯合作編輯翻譯馬克斯・繆勒(Max Müller)所主編的「東方聖書」(*Sacred Books of the East*)叢書中三冊有關南傳佛教的典籍(*Theravada Vinaya Texts*)。他的著作也有日譯本：三並良譯，《佛陀》(梁江堂，1910)。在佛學理論上，這兩位學者所引介的都是南傳的小乘佛教，其觀點影響到赫胥黎對佛教的認識，而與嚴復所熟悉的中國的大乘佛教有所不同(當時歐洲的宗教學之父馬克斯・繆勒開創的佛學研究傳統，主張從梵文與印度哲學研究早期原始佛教)。

赫胥黎徵引佛學觀點其實是希望有助於解答其核心關懷，亦即：天演世界中天人關係如何界定？如何找尋道德基礎？人類與動物有何不同？叢林法則適用於人類嗎？如果不適合，倫理道德是否源於天？而許多宗教所依賴的「福善禍淫」之原則可以成立嗎？人類如何可能擺脫生即是苦、天演物競之流轉？

如果用一個比喻性的說法，赫胥黎在書中很像是舉行了一場世界性的討論會，談到希臘、猶太、印度與近代西方學者的觀點。嚴復透過翻譯更加入中國學者(也包括孔子、老子、宋明理學與大乘佛教)的觀點，使整個討論會內容更為豐富，也更符合中國讀者之閱讀興趣。這樣看來《天演論》在中國的流行並不單純地由於「自強保種」的危機意識。此書同時因為具有寬闊的歷史視野、深邃的哲學思維與貫通科學與人文的性質，其中亦包括國人所熟悉的佛教思想（或說儒釋道）相關之議題，而引發閱讀興趣。

赫胥黎針對上述「天人之際」的討論會有以下的思索，嚴復則在翻譯之中嘗試詮釋其觀點而將其引介到中文世界：

一、傳統「神道設教」所提倡的天人感應、福善禍淫不能成立：為善不必得福、為惡不必得禍。嚴復在「味經本」之中還提到了下面的中國歷史上的例子，來說明赫胥黎的看法：「春秋之楚商臣，其惡為何如之惡耶？乃及其身為王者，子伯諸侯，永世克祿。潘崇助之為虐，教人弒父弒君，其胸中曾不芥蒂。然而其子孫累葉尊顯，洎乎東漢之日，尚有苗裔為校官。回耕何罪而貧夭？貨、跖何功而富壽？」（「味經本」論五「天刑」，後因吳汝綸之建議而被刪除）簡單地說，在歷史上有許多例子可以顯示人們為惡不一定會得到懲罰，而為善也不一定得獎賞。此一論斷使《天演論》對中國傳統「天人相應」的宇宙觀造成衝擊。

二、西方有天道「不可知論」的興起：「宋、元以來，西國物理日闢，教禍日銷，深識之士，辨物窮微，明揭天道必不可知之說，以戒世人之篤於信古，勇於自信者。遠如希臘之波爾侖尼，近如洛克、休蒙、汗德諸家，反覆推明，皆此志也」（論六「佛釋」）。

三、佛教提出因果輪迴論來反駁「不可知論」，而說明天道是可知的：「夫輪迴因果之說何？一言蔽之，持可言之理，引不可知之事，以解天道之難知已耳。今夫世固無所逃於憂患，而憂患之及於人人，猶雨露之加於草木。自其可見者而言之，則天固未嘗微別善惡，而因以予奪損益於其間也。佛者曰：『此其事有因果焉』。是因果者，人所自為，謂曰天未嘗與焉，蔑不可也。生有過去，有現在，有未來，三者首尾相銜，如鋃鐺之環，如魚網之目。禍福之至，實合前後而統計之。」(論六「佛釋」)。

四、佛教輪迴的基礎是「種業」，它與西方生物學的「遺傳」觀念有類似之處，但也有不同：赫胥黎先解釋遺傳現象「先民有云：子孫者，祖父之分身也。人聲容氣體之間，或本諸父，或稟諸母。凡薈萃此一身之中，或遠或近，實皆有其由來。且豈惟是聲容氣體而已，至於性情為尤甚」。嚴復在最早的譯文之中又加入一些他本身的理解與中國的事例來補充赫胥黎的觀點。嚴復想到中國歷史上的例子，如「吳綱之貌，四百年尚類長沙；鄱陽之容，至七世猶傳穎士」(「味經本」論七「種業」，後被刪除)。接着赫胥黎說明遺傳與種業兩者仍有不同，「顧竺乾之說，與此微有不同者。則吾人謂父母子孫，代為相傳，如前所指，而彼則謂人有後身，不必孫、子。聲容氣體粗者固不必傳，而性情德行，凡所前積者，則合揉劑和，成為一物，名曰喀爾摩，又曰羯磨，譯云種業」。赫胥黎又進一步解釋「種業」的意義，「種業者，不必專言罪惡，乃功罪之通名、善惡之公號。人惟入泥洹滅度者，可免輪迴，永離苦趣。否則善惡雖殊，要皆由此無明，轉成業識，造一切業，熏為種子，種必有果，果復生子，輪轉生死，無有窮期，而苦趣亦與俱永。生之與苦，固不可離而二也」(論七「種業」)。

五、赫胥黎肯定釋迦牟尼對於印度婆羅門教義的修正，主張個人應採立善本、決惡根的「自性自度」、兼愛眾生的修養方式。對他而言，此種「塞物競之流，絕自營之私」的觀念與他從天演理論所得到「損己益羣」、「克己」的倫理原則是相一致的。

嚴復將此書中這一個部分的論證翻譯為中文，在《天演論》卷下的論五至論十的部分分別冠以「天刑」、「佛釋」、「種業」、「冥往」、「真幻」、「佛法」等標題。其論述內容很複雜，涉及許多哲學方面的討論，然而可以歸納出兩條主要的思路。第一、嚴譯《天演論》中提到以「羯磨」(嚴譯種業)與「三世因果」來解釋遺傳，與因果乃人所自為，「世世生生，相續不絕」(論十「佛法」復案)。第二，嚴復以源自佛典的「不可思議」來詮釋超名言之域的「萬物本體」，亦即自性自度而至「涅槃」作為「最上之一理」。以下再做進一步說明。

上文曾提到論一復案的一段是譯自赫胥黎原書註一，內容為德國動物學者魏斯曼的「生殖質」理論，所謂「死者」是「體質」，而「不可死者」即「生殖質」，體質細胞發育成身體各種組織、器官，而生殖質則將遺傳物質傳到下一代。在討論「佛法」的「復案」之中，嚴復認為「譬之有人，真死矣，而不可謂死」也是「不可思議」。根據佛教的看法，死而不死是因為在「法輪中轉，生死起滅」之中有「羯磨」存在。上文之中所謂「不死者」既是遺傳因子(即生殖質)，也可以是佛教所說的「羯磨」。「故身世苦樂之端，人皆食其所自播殖者。無無果之因，亦無無因之果，今之所享受者，不因於今，必因於昔；今之所為作者，不果於現在，必果於未來」(論六「佛釋」)。赫胥黎藉此指出「因果乃人自為」，而以種業(羯磨)來闡明西方生物學中遺傳的現象。

赫胥黎也注意到佛教的理論與「拉馬克主義」有類似之處，認為後天之努力可以改變演化之進程(這是斯賓塞的觀點)。赫胥黎說：「所謂業種自然，如惡叉聚者，即此義也。曰惡叉聚者，與前合揉劑和之語同意。蓋羯磨世以微殊，因夫過去矣。而現在所為，又可使之進退，此彼學所以重熏修之事也。熏修證果之說，竺乾以此為教宗，而其理則尚為近世天演家所聚訟」(論七「種業」)。赫胥黎對拉馬克機制有所保留，「世固有畢生刻厲，而育子不必賢於其親；抑或終身慆淫，而生孫乃遠勝於厥祖。

身則善矣惡矣，而氣質之本然，或未嘗變也；熏修勤矣，而果則不必證也」(論七「種業」，頁 75)。所以他說佛教理論與拉馬克機制雖然在理論上不能成立，然佛教不得已而提出的辦法是鼓勵人們自性自度、變化氣質，而「超生死出輪迴」。

赫胥黎雖不贊成佛教理論(與拉馬克機制)，卻對佛法所提示的道德修為與生命智慧的最高境界有所共鳴。赫胥黎與佛教所共同面對的問題是：在天演物競流轉之中，人們究竟如何才能擺脫生即是苦？佛教的方法是由自省自悟，亦即「熏修證果」、「變化氣質」，最終至於涅槃究竟的境界。嚴復在譯文之中以「不可思議」解釋涅槃：復案之中解釋「不可思議」四字，乃佛書最為精微之語……佛所稱涅槃，即其不可思議之一也。嚴復在翻譯之中大加發揮(原文甚短，譯文增加了不少篇幅)。原文是：「This end of life's dream is Nirvana. What Nirvana is the learned do not agree. But, since the best original authorities tell us there is neither desire nor activity, nor any possibility of phenomenal reappearance for the sage who has entered Nirvana, it may be safely said of this acme of Buddhistic philosophy "the rest is silence."」(生命夢幻的結局就是涅槃。各家學者對涅槃的含義各不相同……佛教的主旨可以說是湛然寂靜)。嚴譯：「顧世尊一大事因緣，正為超出生死，所謂廓然空寂，無有聖人，而後為幻夢之大覺。大覺非他，涅槃是已。然涅槃究義云何？學者至今莫為定論，不可思議，而後成不二門也。若取其粗者詮之，則以無欲無為，無識無相，湛然寂靜，而又能仁為歸，必入無餘涅槃而滅度之。而後羯磨不受輪轉，而愛河苦海，永息迷波。此釋道究竟也」(論十「佛法」)。在該節復案之中他又仔細地分三點來說明涅槃的意義：

一是涅槃為物，無形體、無方相、無一切有為法。舉其大義言之，固與寂滅真無者無以異也。二是涅槃寂不真寂，滅不真滅，假其真無，則無上正徧知之名烏從起乎？此釋迦牟尼所以譯為空寂而兼能仁也。三是涅槃湛然妙明，永脫苦趣，福慧兩足，萬累都捐，斷非未證斯果者所及知、所得喻。正如方勞苦人，終無由悉息肩時情況。故世人不知，以謂佛道若究竟滅絕空無，則亦有何足慕。而智者則知，由無常以入長存，由煩惱而歸極樂，所得至為不可言喻。故如渴馬奔泉，久客思返，真人之慕，誠非凡夫所與知也（論十「佛法」，復案）。

上述嚴復的按語讓許多讀者留下深刻的印象。熊十力就說，他一直不了解這一段的意思，後來讀到王陽明的詩才豁然貫通：

余少時讀嚴又陵譯《天演論》。又陵按語解釋佛家不可思議一詞有云：「智者則知，由無常以入長存，由煩惱而歸極樂，故如渴馬奔泉，久客思返。真人之慕，誠非凡夫所與知也」。當時不知何謂長存，豈謂修養功深，庶幾靈魂永存歟？然殊難置信。又陵「長存」一詞究作何解？亦不得知，想彼只是作文章也。後讀陽明〈詠良知〉詩，「無聲無臭獨知時」云云。始憬然有省，卻不管又陵意如何、佛氏本旨如何，而吾自悟當下便是長存。

熊十力是從儒家哲學的角度來解讀嚴復的文字。

然而佛教涅槃的追求與赫胥黎的「天演」究竟有何關係？赫胥黎指出相對於「宇宙過程」的物競天擇（天行），人文世界的發展過程稱為「倫理過程」(人治)。嚴復用中國傳統理氣之說來闡釋，指出「赫胥黎氏以理屬人治，以氣屬天行」(論十三「論性」)。赫胥黎認為遺傳(與輪迴)是宇宙過程的一個基礎；而涅槃之追求則是倫理過程之中的一種表現。對赫胥黎來說，倫理過程乃基於「有物渾成，字曰清靜之理」的人性(pure reason)，而此一人性亦包括「羣性」(譯自原文的 political nature)。倫理世界之中必須壓抑人類的「自營」(self-assertion)，通過人際之間的「善相感通」(sympathy)，「與物為與，與民為胞，相養相生」；「蓋唯一羣之中，人人以損己益羣為性分中最要之一事，夫而後其羣有以合而不散，而日以強大也」(論十三「論性」)。由此可見赫胥黎藉着佛學的討論，以及佛法與生物學原理的相通，要引出他一貫的主張，人類必須在「自營」與「兼愛」亦即「損己益羣」的觀點之間找到一個平衡，以此作為倫理原則的基礎，這也與佛法之中「空寂而兼能仁」的主張相通。

赫胥黎對佛教的評價很高，他總結佛教的理論價值與歷史地位，認為佛教的理論有獨特之處，所以才能流傳廣遠而吸引大量的信徒。赫胥黎並將佛法與斯多噶思想比較，認為佛法少談世間之歡樂，而過度強調人生的黑暗面、痛苦面，斯多噶的思想則相反，有樂天知命的性格，而把人世的悲傷拋之腦後：

> 吾嘗取斯多噶之教，與喬答摩之教，較而論之，則喬答摩悲天閔人，不見世間之真美；而斯多噶樂天任運，不睹人世之足悲。二教雖均有所偏，而使二者必取一焉，則斯多噶似為差樂。但不幸生人之事，欲忘世間之真美易，欲不覩人世之足悲難。禍患之叩吾閽，與娛樂之踵吾門，二者之聲孰厲？削艱虞之陳跡，與去歡忻之舊影，二者之事孰難？黠者

縱善自寬，而至剝膚之傷，斷不能破涕以為笑。徒矜作達，何補真憂（論十三「論性」）。

這樣看來，印度佛學要比希臘的斯多噶學派更為深刻。

總之，赫胥黎在《天演論》卷下之中以一場世界性的討論會來比較東西倫理學說，並反思進化理論對倫理的衝擊，而嘗試提出一個「倫理的自由主義」，主張將個人自由與道德與倫理結合在一起，這樣一來，自由不僅是權利，還與責任、羣體目標與社會正義聯繫在一起。對嚴復而言，他一方面透過翻譯來譯介「羣己並重」、「損己益羣」的觀點，反駁斯賓塞具個人主義色彩的「任天為治」之說，來鼓勵國人「自強保種」；但是另一方面又反對赫胥黎過分克己，更反對強迫個人要「屈己為羣」，而為羣體犧牲。他也敏銳地觀察到赫胥黎的天行人治觀其實切斷了「理」與「天」之間的聯繫，宇宙或自然的過程不再是像宋明理學家朱熹所說代表了「天理」，反而宇宙運行像朱熹所說的「氣」或「欲」，具有惡的傾向，同時個人抉擇、人為努力的倫理過程則成為善的淵源，也是朱熹所說的「理」的性質。就中國傳統的「天人關係」來說，《天演論》的主張是一個革命性的翻轉。這一個觀點讓孫寶瑄（1874－1924）留下了深刻的印象。他在 1897 年十二月初四的日記之中記載：

《天演論》宗旨，要在以人勝天。世儒多以欲屬人，而理屬天，彼獨以欲屬天，而理屬人。以為治化日進，格致日明，於是人力可以阻天行之虐，而羣學乃益昌大矣。否則，任天而動，不加人力，則世界終。古爭強弱，不爭是非，為野蠻之天下。其說極精。

胡適在 1914 年 7 月 28 日的日記之對於天人關係之討論，雖不用「理」、「欲」等傳統詞彙，然其反應與孫寶瑄十分類似。胡適藉着美國以工程技術鑿徑築橋，讓人人得享大自然之美，此舉乃以「人治」、「人擇」對抗「天行之酷」，是「以人事之仁，補天行之不仁，不亦休乎！不亦仁乎！」，這也是一種倫理自由主義的詮釋。

另一方面《天演論》中對於佛教部分的討論使嚴復以不可思議、不二法門翻譯斯賓塞與赫胥黎思想中的「不可知的」（unknowable）、「不可知論」（agnosticism），嚴復並以此來了解終極的真理，使他在邏輯性的命題之外追求默然之智慧。不過值得特別注意的是他不像斯、赫兩人那樣，認為「人生智識，至此而窮，不得不置其事於不論不議之列，而各行心之所安而已」。嚴復以佛學為基礎，在《羣學肄言》、《穆勒名學》、《老子注》多方發揮「不可思議」之意蘊，使之成為嚴復知識觀的重要基礎，開啟了近代以來佛學與科學的交融互釋。

天演驚雷

嚴復所譯介的「天演之學」在近代中國歷史上有何重要性與影響呢？首先，《天演論》的翻譯是嚴復精心選擇的結果，是為了突出人類演化過程之中「倫理」的價值。赫胥黎原書的主旨在批判達爾文與斯賓塞的部分觀點。赫胥黎認為，自然界存在着弱肉強食的殘酷現實，然在人類社會卻不可以完全遵從「叢林法則」，而應依賴倫理原則「以物不競為的」；出於同樣的倫理關懷使赫胥黎反對優生學用於人類。赫胥黎與斯賓塞的辯論源於十九世紀末期英國思想史中，關於倫理力量與自然法則之關係，以及「拉馬克原則」是否成立、政府職能應積極推展還是消極限制、人類未來是光明還是黑暗的種種論爭。

嚴譯《天演論》不但肯定上述赫胥黎的倫理關懷，更思索國人要如何應付物競天擇的變局，而能保種圖強。嚴復強調人的能力雖源於天，個人的自由與努力與羣體的合作實際上扮演着更重要的角色，可以突破自然的限制，與天爭勝，而創造新局。但是另一方面他又接受斯賓塞所肯定的「拉馬克主義」，認為人類未來可以解決人口增長所帶來的危機，因而將赫胥黎文本中悲觀的傾向轉變為樂觀的傾向。這種人為努力的重要性以及未來可臻於至善、太平的遠景，給予國人無比的激勵，故能鼓勵國人起而自強保種、應變圖強。上節所引孫寶瑄日記中記載了閱讀《天演論》的感想，從他的反應似可推斷，嚴復書中「以人勝天……治化日進，格致日明，於是人力可以阻天行之虐」之要旨為讀者們所接受。

在近代中國，隨着《天演論》的傳播，人們建立起一套新的宇宙與歷史的解釋框架，以進步史觀來認識中國的處境，並設定未來努力的方向。在此觀念之下，歷史是由「草昧」(或「野蠻」)進入「文明」的線性發展。其中「物競」、「天擇」(即「自然淘汰」)為基本原則，人們據此來認識當時中國之處境，因而提出「自強保種」、「適者生存」作為努力之目標。嚴復又根據斯賓塞的說法指出：在此競爭之中最關鍵的因素是以教育的方式提升民德、民智與民力；只有在這三方面努力提升，加上實行上述「保種三大例」，方能避免被淘汰的命運。上述的思路是清末改革派與革命派共同的認知，並影響到民國以來啟蒙知識分子的基本理念。近代中國幾種影響力最大的「救亡」理論，如梁啟超的「新民說」與魯迅的「改造國民性」論述，都建立在嚴復「天演之學」的基礎之上。

然而中國知識分子對嚴復《天演論》的認識也是一種思想上取捨的過程。如上所述，嚴復「天演之學」是一個複雜的體系，因為其內涵的複雜性使它在中國傳播過程中出現選擇性的接受。多數的讀者其實只肯定了最有名的「物競天擇」、「適者生存」、「自強保種」等觀念，而不了解其整體的思想體系。

中國知識分子對《天演論》內容的取捨，也表現在嚴譯《天演論》同時成為緩和的改革論與激進的革命論共同的思想元素。如上所述，嚴復天演思想的基調為調適性的改革思想。他不但宣揚天演的宇宙觀與歷史觀，更採取一種介乎激進與保守之間的中間道路，亦即所謂的「中庸之道」來面對清末的內憂外患，希望在肯定傳統文化的前提下，建立自由、民主政治體制與資本主義的經濟體制，以實現國家富強。這種調適的想法一方面為梁啟超、杜亞泉等人所繼承，另一方面則影響到新儒家如熊十力、牟宗三與唐君毅等人。

嚴復對新儒家的影響表現在兩個方面。第一、嚴復《天演論》之中以《易經》中「翕闢成變」（翕闢出自《易・繫辭上》，「坤，其靜也翕，其動也闢」。「翕」指一種安靜的、閉藏而消極滋育萬物的力量；「闢」則是動態的、開闢的，是一種積極養成萬物的力量）來解釋宇宙變化「相反而相成」的觀點，為熊十力與唐君毅所繼承。誠如論者所述，熊十力「體用不二」的哲學，「既有來自于《易》的萌發，更有本於嚴復《天演論》的中介……嚴復的譯著，對熊十力的體用、翕闢、本隱之顯諸說，均具有啟迪之功」。的確，在熊十力的書中提到他年輕時閱讀嚴復翻譯的《天演論》而受到此書的影響。在他的「體用不二」哲學體系之中「翕以聚質，闢以散力」、「寂然不动，感而遂通」、「《易》本隱之顯，《春秋》推顯至隱」等都是很核心的概念。

唐君毅則表示他以「陰陽乾坤會通西方之質力之分」的想法源於嚴復《天演論》的序言，「蓋以陰陽乾坤之理以觀質力，則質為隱為幽，而力為顯為明。質者物之陰，力者物之陽。質發力而陰成陽，力入於他質，而陽入於陰」。嚴復與新儒家在宇宙觀上的連續性顯示近代中國「世俗化」（secularization）的一個重要特點，亦即當「科學」的宇宙觀取代傳統的「陰陽」、「天地人」的宇宙觀之後，「形上智慧」的終極追求並未被打消，二十世紀中國思潮的主流是建立一種能與現代科學相配合的形上學而形成的宇宙觀。新儒家所提出「內在超越」（余英時亦強調此一觀念），在人的心性之中找尋價值之基礎與人生的意義，並強調與西方「外在超越」有所不同，就是奠基在從嚴復所開創的這種新宇宙觀（新的「天道」）之上。

第二、嚴復會通中西的思想，亦即肯定西學而不鄙視中學的想法，以及將儒家與自由、民主結合在一起的想法，為牟宗三所肯定。牟宗三在討論嚴復思想時曾說：「他浸潤於中國典籍很深，他用典雅的文字來翻譯西方的學問。他的翻譯不感覺到西方文化與中國文化為對立，他並沒有以為要吸收這些，非打倒中國文化不可。這倒不失為一個健康的態度。」的確，牟宗三一方面浸潤於傳統典籍，另一方面深入西學，並主張開出「新外王」，接引西方民主與科學的觀念，正繼承了嚴復的學術理想。此外與牟宗三思想取徑類似的張君勱、周德偉等所謂「儒家憲政主義者」也同樣繼承了此一思路。

然而上述嚴復思想中調適性一面的思想遺產，在清末民初思想「激進化」的過程中，卻並未成為主流思想。清末傳入中國的達爾文、斯賓塞、赫胥黎的理論反而與革命思潮結合，成為鼓舞革命的理論基礎。鄒容（1885–1905）的《革命軍》是最好的例子，他說：「革命者，天演之公例也；革命者，世界之公理也；革命者，爭存爭亡過渡時代之要義也；革命者，順乎天而應乎人者也；革命者，去腐敗而存良善者也；革命者，由野蠻而進文明者也；革命者，除奴隸而為主人者也。」1907 年吳稚暉（1865–1953）所發表的〈進化與革命〉一文更清楚地將進化論作為革命的基礎。他認為「革命」即是「求進化」，緩進反而成為一種弊病。

孫中山（1866–1925）在 1905 年在〈在東京中國留學生歡迎大會的演說〉中有類似的看法。他以「進化之公理」來支持民主革命，反對漸進改革。在思想文化的領域也是如此，五四新文化運動時期陳獨秀、李大釗所提倡的「倫理革命」，也是以「進化」的觀念來論證「古代道德所以不適於今世也」（陳獨秀）、「道德者，宇宙現象之一也。故其發生進化亦必應其自然進化之社會」（李大釗）。

《天演論》對清末民初改革派與革命派的影響，顯示出此書有如一聲「驚雷」，促成中國近代思想的巨大變化。

嚴譯《羣己權界論》

嚴復所翻譯的書籍都是切於國內所需的西方經典，在政治思想方面，最重要的莫過於從彌爾所著 *On Liberty*（《論自由》）譯成的《羣己權界論》一書了。為甚麼嚴復會翻譯此書？這涉及了他對中西文化及其優劣的認識。根據他的觀察，中西文化的一個基本差異在於西方文化有其「命脈」，此即「於學術則黜偽而崇真，於政刑則屈私以為公」（科學與民主），他認為這樣的理想與中國人所揭櫫的道理其實並無不同，但是西人「行之而常通」，國人則「行之而常病」。為甚麼？嚴復認為這是因為西方人注重個人「自由」：

> 其命脈云何？苟扼要而談，不外於學術則黜偽而崇真，於政刑則屈私以為公而已。斯二者，與中國道理初無異也。顧彼行之而常通，吾行之而常病者，則自由不自由異耳。夫自由一言，真中國歷古聖賢所深畏，而未嘗立以為教者也。彼西人之言曰：唯天生民，各具賦畀，得自由者乃為全受。故人人各得自由，國國各得自由，第務令毋相侵損而已。侵人自由者，斯為逆天理，賊人道。

那麼中國完全沒有類似的想法嗎？嚴復指出中國思想之中與西方自由觀念最接近的是講究待人及物的「恕」與「絜矩」之道。「絜矩」二字，語出《大學》，根據朱熹的解釋，「絜，度也。

矩，所以為方也⋯⋯君子必當因其所同，推以度物，使彼我之間，各得分願，則上下四旁，均齊方正，而天下平矣」，意指我們的一切作為要站在他人的立場上來設想而發揮「己所不欲，勿施於人」的精神。在《羣己權界論》的《譯凡例》之中，嚴復即強調「絜矩之道」與西方自由觀念相一致之處，他說「自入羣而後，我自繇者人亦自繇，使無限制約束，便入強權世界，而相衝突，故曰人得自繇，而必以他人之自繇為界，此則《大學》絜矩之道，君子所恃以平天下者矣」。這一點也配合上述赫胥黎對「宇宙過程」與「倫理過程」之關係的思考。

然而在 1895 年的〈論世變之亟〉一文，他又說兩者其實有所不同：

> 中國道理與西法自由最相似者，曰恕，曰絜矩。然謂之相似則可，謂之真同則大不可也。何則？中國恕與絜矩，專以待人及物而言。而西人自由，則於及物之中，而實寓所以存我者也。

為甚麼會有兩種看起來好像矛盾的說法？首先我認為這顯示在嚴復的心目中，中西文化有本質上的差異。他強調將英文譯為中文，包括將「liberty」（自由）的概念譯為漢語，十分困難，所以中國讀者在閱讀譯書之時難以理解（下詳），此即表示中西文化之間的差距。但是另一方面，嚴復也認為中西文化在精神上有互相貫通之處；何況，當他談到中西之間的對照時，他所說的中國顯然只是指當代的衰微狀況，而不是中國文化過去的整體發展，對於後者，他當然以為其中有高明之處。總而言之，當討論到中西文化之時，嚴氏有時強調其異，有時則表明其同。或者說他早期強調差異，後來轉而注意到相同之處。

然而假如我們要更深入地了解其「同」，我們必須要特別注意到嚴復把自由解釋為「恕」與「絜矩之道」的看法，亦即他把自由等同於儒家「己所不欲，勿施於人」、「己欲立而立人」的道德理想。然而西方意義下「自由」一概念的焦點是：無外來限制下的個人選擇，而不在於道德義務，所以我們與其說嚴復發現了一種外國人的價值，還不如說他把固有文化最高的理想投射到西洋文化之中，並覺得西方的長處是他們有能力實現此一理想，然後他將此一能力與「自由」的概念貫穿在一起。就此而言他對西方「自由」的觀念有所誤會。

不過這個說法也不完全恰當，嚴復談論西方「自由」概念之時也帶有「發現」的成分，而不全為投射。對他來說，中西文化的一個根本差異在於有無「自由」一觀念，而西方自由觀念的特點則是他所說的「所以存我者」，這句話用現代語彙來說，或許可以譯為：肯定自我主體、自我實現的獨特價值。這一想法也和嚴復在他的另一篇文章之中所說「自由者，各盡其天賦之能事，而自承之功過者也」的意義是相通的。嚴復認為由於此一基本差異，中西社會之間各種差異叢然而生：

> 粗舉一二言之，則如中國最重三綱，而西人首重平等；中國親親，而西人尚賢；中國以孝治天下，而西人以公治天下；中國尊王，而西人隆民；中國貴一道同風，而西人喜党居而州處；中國多忌諱，西人眾議評。其於財政也，中國重節流，而西人重開源；中國追淳樸，而西人求驩虞。其接物也，中國美謙屈，而西人務發舒；中國尚節文，而西人樂簡易。其於為學也，中國誇多識，而西人尊新知。其於禍災

也，中國委天數，而西人恃人力。

這一段話可能是國人首度以中西對照的方式，公開地頌揚西方環繞着「自由」的價值觀念，認為因為自由觀念的有無，使中西雙方在思想與行為上表現出不同的面貌。

對西方自由觀念之獨特性的重視也表現在其他的文章之中。在〈論世變之亟〉發表之後嚴復又撰寫〈原強〉一文，表示富強的具體表現是「利民」，而利民最好的方法，則是給予人民充分的自由而使之自治：

夫所謂富強云者，質而言之，不外利民云爾。然政欲利民，必自民各能自利始；民各能自利，又必自皆得自由始；欲聽其皆得自由，尤必自其各能自治始；反是且亂。

這一體認無疑地促使他在幾年之後（1899）翻譯約翰・彌爾的 *On Liberty*（《論自由》）。他在完成初稿之後，遭遇到義和團事件，「既脫稿而未刪潤。嗣而亂作，與羣籍俱散失矣」。幸好有一位洋人得到此一譯稿，以郵寄的方式還給他。他感歎地說：「此稿既失復完，將四百兆同胞待命於此者深，而天不忍塞其一隙之明歟？」至 1903 年他將初稿略加修改，將之出版行世。嚴復翻譯《羣己權界論》的手稿現存中國國家博物館。

此書的出版代表了嚴復對西方自由觀念有了更進一步的認識，其中一個表徵是他開始以「自繇」二字取代國人所通用的「自由」，來翻譯西文的 liberty 或 freedom。他說「由」、「繇」二字在古代是可以通用的，「今此譯遇自繇字，皆作自繇，不作自由者，非以為古也，蓋其字依西文規例，本一𠦑名，非虛乃實，寫為自繇，欲略示區別而已」。這一句話有些費解，他似乎是指「自繇」的「繇」是和細的絲線一樣，為一具體的情況，所以「自繇」是比較具體的，它不像「自由」帶有較抽象的意涵；而他覺得西文的 liberty 或 freedom 的觀念其實是比較具體的，所以用「繇」要比用「由」來得恰當。如果此一詮釋是正確的，這顯示嚴復已認識到 liberty 一字所指涉的是實際的，代表對生活上自我活動範圍的一種具體保障，而非僅為一抽象的價值，這當然是一個十分敏銳的觀察。無論如何，其後他在《法意》等書的翻譯都是用「自繇」。

在《羣己權界論》序文中，他表示彌爾的這本書很不容易理解，所以在翻譯的時候如果採取逐字逐句的「依文作譯」，一定「難索解人」，所以他在譯文中要「略為顛倒」，以適合中文的書寫習慣。他更提醒讀者，如果發現此一譯本「不可猝解」，這主要不是因為他的譯文不好，而是因為原作內容原本深奧所致。這種認為翻譯工作十分困難的看法當然反映嚴復已突破固有文化的範疇，而處於一個發現新價值的過程之中。

彌爾的原書名是 *On Liberty*，開始之時嚴復譯為《自繇釋義》（手稿本），但該書出版之際嚴復卻將之改為《羣己權界論》，與英文書名並不對稱，為何如此？（「羣己權界」的觀念源自該書第四章標題「論國羣小己權限之分界」）從嚴復的文字中可以找到一些解釋。首先他認為彌爾此書的主旨是在於闡明羣己之分界，強調無論是貴族時代、專制時代，或立憲民主時代，都要保障小己在界之內的自繇，使之避免受到君主、貴族或社會輿論的干涉：

> 貴族之治，則民對貴族而爭自繇，專制之治，則民對

君上而爭自繇，乃至立憲民主，其所對而爭自繇者，非貴族非君上，貴族君上，於此之時，同束於法制之中，固無從以肆虐，故所與爭者乃在社會，乃在國羣，乃在流俗。穆勒此篇，本為英民說法，故所重者，在小己國羣之分界，然其所論，理通他制，使其事宜任小己之自繇，則無間君上貴族社會，皆不得干涉者也。

再者，書名的變更也與國內的情境有關。當時（1903）西方自由的觀念已經傳入國內，如梁啟超在 1899 年所撰《自由書》的〈敘言〉就說「西儒約翰彌勒曰，人羣之進化，莫要於思想自由、言論自由、出版自由」；在 1902 年梁啟超的《新民說》中也有〈論自由〉一節，開始的部分任公說「『不自由毋寧死』斯語也，實十八、十九兩世紀中，歐美諸國民所以立國之本原也……今日自由云自由云之語，已漸成青年輩之口頭禪」。嚴復認為國人對剛剛傳入的自由觀念產生了兩種極端的誤會，保守之士將西方自由的概念視為洪水猛獸，認為它將會衝擊傳統秩序；求新之人則以為自由即是為所欲為，可以合法化放蕩的行為。嚴復在序文中明白表示，此書之作，在於使保守與激進的兩派人士對「自繇」有一持平的認識，了解到自繇不是破壞倫常的邪說，也不是「恣肆氾濫」、「放誕恣睢無忌憚」，而是闡明羣己權限之劃分，使不偏於國羣而壓制小己，亦不袒護小己而使國羣受害：

十稔之間，吾國考西政者日益眾，於是自繇之說常聞於士大夫，故竺舊者既驚怖其言，目為洪水猛獸之邪說；喜新者又恣肆氾濫，蕩然不得其義之所歸，以二者之皆譏，則取舊譯英人穆勒氏書，顏曰《羣己權界論》。畀手民印版以行於世。夫自繇之說多矣，非穆勒氏是書所能盡也，然學者必明乎己與羣之權界，而後自繇之說乃可用耳。

嚴復對「權界」一觀念之重視，從他將《羣己權界論》作為書名可見其一斑，此一觀念究竟有何意義？嚴復並沒有很清楚地說明，我認為在嚴復思想之中「權界」有兩個層面的意涵：第一，它指「人得自繇，而必以他人之自繇為界」，這一句話是從彌爾所提出的「傷害原則」（Harm Principle）來的，意指「個人自由應該不受到干涉，除非此自由行為對他人造成傷害」。對嚴復來說，此一意義與中國古代所謂推己及人、守分知禮的「絜矩之道」是相通的。第二，上述精神的具體表現是以法律來保障與約束個人自由，這樣做一方面可以使每一個個人的自我主體受到尊重，自我實現得以發揮，另一方面則使人們不致因為因個人自由而危害他人自由與羣體利益，嚴復顯然同意，就法律保障而言中國則頗為缺乏。

總而言之，嚴復認為西方有一個異於中國的安排社會秩序的方法，同時西洋文化與中國固有文化也有很多一致之處。按照嚴復的看法中西的差異不在於普遍的、根本的道理，因為無論是中國還是西方，人們都希望實現「黜偽而崇真」、「屈私以為公」與國家富強等目標，要避免社會的混亂與失控。再者，西方「人得自繇，而必以他人之自繇為界」的觀念與中國的恕與絜矩之道，在精神上也是相通的。當嚴復說「自由」與「絜矩之道」很類似之時，這似乎反映他認為自由體制是實現固有道德理想的一個有效方法。

在原則上嚴復顯然認為中國應該採取西方這套更有效的方法，然而這是否代表這時他主張要完全放棄中國傳統的三綱、親親、以孝治天下、尊王、一道同風、節流、淳樸、謙屈等呢？還是他認為西方的模式值得參考，而應與中國的一些價值結合在一起？我認為嚴復主張結合中西價值。當嚴復說自由要注意到羣己權界時，這些權界到某程度是由傳統的規範所構成。當他對那些比較保守的讀者保證，他對西方自由觀念的引介，不會摧毀傳統的倫常，這顯然代表他仍肯定儒家傳統的核心價值。當嚴復翻譯西方著作之時，他用的是文言文（桐城古文），而不是那時已開始流行的白話文，這也反映他雖然歡迎一些新的價值，可是同時仍企圖保護並延續傳統文化中一些重要的部分。

然而，對嚴復而言，西方自由的概念還是有異於固有文化，而又有價值的部分。第一，中國人的恕道僅重待人及物、尊重他人，西方人則在待人及物之中強調「所以存我者」，亦即是類似後來人們所說的肯定自我主體與自我實現的獨特價值。第二，西方能以法律，較有效地來保障此一尊重個人的理想。因此嚴復認為西方的個人自由是在法制的架構之下，以平等、眾意的原則來推舉賢能之人出任公職；在此制度下個人能夠追求快樂、抒發情感與表現個性；也能更實際而直接地解決問題與追求利益，所以他說西人「行之而常通」。而且就是因為這些價值與中國文化不同，所以將它們翻譯為中文時有其困難。嚴復對《羣己權界論》的翻譯就是在同時注意到中西文化之差異與相同的背景下，所從事溝通中西的工作。

嚴復的自由主義

具有中國特色的自由思想

除了翻譯《羣己權界論》之外，嚴復也在其他作品之中討論政治與文化的議題。如果將翻譯與論述結合起來看，嚴復的自由思想有何特點？他的自由思想與彌爾那種西方自由主義有何異同？嚴復又是否批判他所了解的彌爾的想法？

我發現嚴復的著作顯示出他對個人自由的重要性有充分的了解，而展現出融會中西、具有中國特色的自由思想。他對思想自由、言論自由與行為自由都有所認識，並將之視為具有終極的價值。這與彌爾的個人主義非常配合。然而對嚴復來說，思想言論自由的意義在於荀子所說的「從道不從君，從義不從父」(《荀子・子道》)，亦即個人是「從道」的主體，其權威是超過君主諭令或父母教誨，這樣一來，自由是指個人決定從道的能力，而且也預設了荀子所謂的「知道」的可能性，亦即人心能夠掌握實然與應然的客觀真理，在此情況之下彌爾所說的 fallibility（易錯性）變成一個不是那麼重要的問題。簡言之，嚴復的自由觀有較強的「樂觀主義的認識論」的意味，彌爾的自由觀則比較是奠基於「悲觀主義的認識論」(懷疑主義）之上。

嚴復雖然了解西方自由概念有其與中國傳統不同的獨特性，強調「存我」、追求「開明自營」(合於公義的私利），與「斯民宜令得享最大自由」，但是同時他也以為中西理想可以會通，所以他進一步地將個人自由與楊朱的「為我」、莊子的「在宥」

（意指自在、寬容，減少干預）、墨子的「兼愛」，以及儒家的「公恕正直」、「修己及人」、「捨身取義」等理想結合在一起（詳見下文），並主張以教育的方式培養民力、民智、民德兼備的國民，以促成自由理想的實現。因此如果我們借用英國學者柏林（Isaiah Berlin）有關「積極自由」（指追尋更佳之自我的自由）與「消極自由」（指以權利保障，而免於受制于他人的自由）的分法，嚴復顯然較強調積極自由的一面，他雖然沒有完全忽略消極自由，然而值得注意的是，柏林所謂的消極自由尤其重視尊重個人品味（taste）、個人隱私（privacy）、自我利益（self-interest）與肯定結社的合法性等，這些西方自由主義、個人主義中較獨特的面向，則較不為嚴復所強調。

嚴復對於自由民主在制度層面的設計，如三權分立、代議制度、國會、多數決、地方自治等方面，也都有所了解。他亦肯定經濟領域中的自由貿易政策。這些想法和彌爾的觀點多半是一致的。

再者，嚴復和彌爾一樣，一貫地重視實施自由制度所需要各種條件，如國內外的安定環境與一定水平之上的國民程度，並主張一個社會應在具備充分的條件之後，再實行自由民主體制。在此之前的過渡階段則應模仿德國、日本，以政治強人實施循名責實的開明專制。

上述的幾點主張都涉及自由與權限的關係。嚴復認為兩者都有其重要性，個人一方面應追求自由，另一方面也要配合羣體的理想，受到管制，在理想的情況下個人自由與羣體管制應取得平衡。對嚴復來說，個人自由有本質上的終極意義，而羣己平衡的所以然就是在於促進個人的福祉，而不是為一個抽象的羣體或國家的理念來服務。極有意義的是，嚴復在近代中國首度將西方的「多數的專制」(the tyranny of the majority)翻譯為中文(「泰半之豪暴」、「時論之劫持」),他對羣體對於個人有形、無形的控制有深刻的體認。所以他不但注意到輿論對個人的箝制,也指出主治者不應以國家之名,要求小己為國家犧牲,而國家要造福人民,就是要造福每一個個人。他在〈天演進化論〉(1913)一文中有一段發人深省的話:

> 斯賓塞曰:生物么匿無覺性,而全體有覺性。至於社會則么匿有覺性,而全體無別具之覺性。是故主國是者,必不能以國利之故,而強使小己為之犧牲。蓋以小己之利而後立羣,而非以羣而有小己。小己無所利,則羣無所為立,非若生物個體,其中一切么匿支部,捨個體苦樂存廢,便無利害可言也。

然而嚴復也體認到自我應該超脫個人關懷,為羣體着想,他不但勸人們「事遇羣己對待之時,須念己輕羣重」,更積極地提倡儒、墨利他的道德理想。這樣一來,他的作品和他的翻譯一樣,注意到自由與管制之間的平衡,以保障個人權利與維繫羣體福祉,這樣的想法是將西方的個人主義與儒、墨思想融合在一起,也隱含着對彌爾主義的一種批判。

嚴復的羣己觀和他所強調依據情勢而適應調整的想法也有關係,換言之,自由與管制孰輕孰重,要依情勢而定。他以為一個理想的文明社會應堅持羣己平衡,但是一個國家在條件不足或危機四伏的情況之下,則應配合過渡時代的權宜措施,以羣體為重。

以上述的想法為基礎,嚴復批判以下幾種觀點:一、極端的個人主義與自私自利。二、中體西用、全盤西化、西學源於中國說，以及結合先秦與西方的文化修改模式。三、守舊派的政治主張與作為、維新派激烈言論促成革命，以及革命党的反滿革命。四、與反對暴力革命密切相關的是嚴復也從理論的層面駁斥盧梭的思想。

嚴復以上的想法是如何形成的呢？我認為他固然受到西方思想家如彌爾、亞當・斯密、赫胥黎、斯賓塞等人的啟發，同時又對這些西方思想做一取捨。嚴復也受到清末民初之時一些普遍流行之觀點的影響，例如他與當時許多思想家一樣，將儒家理想與盧梭「主權在民」的理念結合在一起，以為民主是「合私以為公」，所以他對民主的看法多半（但不完全）合於拙作《自由的所以然》中所謂清末民初民主思想所具有的特點，其中偏離主流思潮的部分則表現出嚴復思想的特色。這一特色與嚴復受到明清以來反理學，重經世、實學與史學的想法密切相關，他又受到以儒家為主的家庭倫理的觀念，以及諸子學興起的影響，因而具有一種比較調適、保守的想法。

總之，我認為嚴復的自由思想和他的翻譯一樣，反映出他對西方自由主義有所認識，亦有所誤解，而嚴復的誤解與他所主動地依賴傳統資源而建構的自由社會的理想有密切的關係。因此嚴復思想表現出兩個重要的面向，一個是被動的角色，他嘗試了解西方，再將之介紹給中國讀者；一個是主動的角色，他企圖融合中西思想而建構出自身的思想體系。

筆者認為嚴復的自由思想顯示他對個人自由與尊嚴有所肯定，但這一種肯定與彌爾主義肯定個人自由的推理並不相同，所以我們可以說嚴復更改了彌爾關於個人自由的「所以然」，而提出另一個具有中國特色的「所以然」。換言之，嚴復對彌爾自由思想的誤解只是一個面向，此一面向與另一面向，亦即嚴復強烈地肯定一個植根於傳統的自由社會之構想，其中對自我的尊重與對真理正道的堅持，是交織在一起的。這樣一來，嚴復對自由的看法既不同於彌爾式自由理念所主張的「己重羣輕」，也不像史華慈所說將個人自由視為是達成具有「浮士德－普羅米修斯精神」之國家主義的工具。他在上述的兩種選擇之外，提出第三種羣己平衡的觀點。所以他對彌爾的誤解同時也是一種對彌爾的批判。而且無論嚴復的觀點是有意地創造的，或是無意間醞釀出來的，都是十分有意義的政治思想。

當代思潮的走向顯然頗為配合嚴復的想法，隨着近年來「告別革命」理念之抬頭，李澤厚、劉再復等人開始放棄二十世紀以來激烈的、烏托邦的革命觀念，嚴復的想法因而受到許多人的肯定。人們不但接受他的愛國思想，企求國家富強；肯定他以繼往開來的精神吸收新知、保存傳統；而且認同他對國家未來的設計，以調適、漸進的方式追求資本主義、民主政治，但要避免西方以個人主義為基礎的自由主義。

在當時的思想界，曾深受嚴復的影響，而思想內涵與之十分類似的人是梁啟超，然而嚴、梁兩人對未來中國的構想在近代思想史上卻成為「一個被放棄的選擇」。整體觀之，嚴復的構想傾向改革派，與清末革命派，乃至後來五四反傳統主義者的觀點大異其趣，反而與後來新儒家思想中尊重傳統，並會通中西的角度較為接近。

當代宣傳新權威主義（亦稱「新保守主義」，支持集權中央政府推進市場改革）的一些學者也在嚴復思想之中發掘出歷史的智慧，如蕭功秦就說：嚴復所代表的「漸進主義在批判激進主義與國粹主義過程中，在深入認識中國現代化的長期性、複雜性和艱鉅性的基礎上，為後人留下了一筆值得重視的思想財富」。

道家思想與自由主義之會通

嚴復是以傳統的心靈架構為基礎，來了解西方思想，同時他也以得自西方的進化論、自由主義、資本主義等觀點來批判、詮釋傳統。這是他一生一以貫之的思想特點。此一中西交融互釋的觀點，在他對道家思想的詮釋之中，充分地反映出來。

在 1906 年所撰《政治講義》第五講，嚴復即談到中國傳統之中，從來沒有「民得自由，即為治道之盛」的說法，而較為接近的，要屬黃老之說了：

> 中國治世，多在綱舉目張，風同道一之時，而黃、老清靜無擾之術，間一用之，非其常道。最可異者，近世新學之士，一邊於西國自由之説，深表同情；一邊於本國黃老之談，痛加詆毀，以矛陷盾，沓不自知。篤而論之，此等論家，於兩義均無所知而已。

嚴復雖然沒有明講，但此處他所批評的「新學之士」正是梁啟超。由此可見嚴復將西方自由的觀念與黃老「清靜無擾」相提並論。這樣的想法在他評點老莊思想時更清楚地表現出來。嚴復評點《老子》始於 1903 年。他的學生熊元鍔（字季廉，1879–1906）在該書〈敍〉中提及：

> 癸卯，余在京師，出所評《老子》，就吾師侯官先生提

正。先生為芟薙十九，而以己意列其眉。久之，丹黃殆遍，以王輔嗣妙得虛無之旨，其説亦間有取焉。受而讀之，大喜過望，南旋，持示義寧陳子。陳子亦絕歎，以為得未曾有，促余刊行，後覆議先生附益千數百言。頃來東瀛，遂鈔付活版公於世。

1905 年 8 月，熊元鍔於日本東京將此書付梓。當時梁啟超在東京主持《新民叢報》，梁任公主張積極進取，反對老子消極的「不為天下先」、守雌無為而缺乏道德責任感的想法，與嚴復的老子觀有所不同。嚴復此書的目的之一即為批判梁任公等新學之士的老子觀，或許因此緣故熊元鍔選擇在東京出版此書。

嚴復評點《莊子》最早是在 1912 年，該書後為友人借去不還，嚴氏因此怏怏不樂；1916 年第二次再批；目前流傳於世的是由曾克耑（1900－1975）印行、嚴氏在馬其昶《莊子故》上的評語，名為《侯官嚴氏評點莊子》。嚴復對老莊的評點具有多方面的意義，然而最突出的一個特點是將老莊思想與西方自由民主理念相會通。

嚴復認為老子崇尚自然、嚮往小國寡民之政治理想的精神，是配合孟德斯鳩所描寫的「古代民主」制度；他又說相對於中國古代專制政體所採用的儒家之術，老子思想是民主的。然而，對嚴復而言，老子哲學與近世哲學亦有其差異，這主要在於老子所追求的簡單淳樸的社會，是反進化的，也不適合目前中國的情況；在現代廣土眾民的國家，要依靠代議民主才能達成國家富強的目標。總之，在老子思想中，嚴復看到類似於西方古代城邦政治那樣民主的萌芽。

嚴復在莊子思想之中，則不只是看到「民主的萌芽」，他認為莊子所談的內容，至少在精神上，與西方的自由、平等、博愛、民權等學說是一致的。他在給熊純如的一封信中談到：

> 平生於《莊子》累讀不厭，因其說理，語語打破後壁，往往至今不能出其範圍。……莊生在古，則言仁義，使生今日，則當言平等、自由、博愛、民權諸學矣。

在評點《莊子》時嚴復更明言，「挽近歐西平等、自由之旨，莊生往往發之，詳玩其說，皆可見也」。

嚴復特別強調《莊子》中的自由精神。他在《莊子》之中所看到的「自由」，用莊子的話來說即是「在宥」。嚴復認為莊子在這方面的想法有兩方面的意思：一是上位者採取自由放任的統治方法，凡是可以放任人民自由之處，即應給予自由；一是下位者應自立自強，成為盡責任與重義務的「國民」，這樣一來就可以期望整個社會逐漸地達到民生進化的目標。此種中西會通式的詮釋是中國歷代評註《莊子》的傳統中所未有，然而與清末康有為註釋《孟子》等書的方式倒很類似（康有《孟子微》一書）。例如在《應帝王》篇的評語中，嚴復說：

> 此篇言治國宜聽民之自由、自化……郭註云，夫無心而任乎自化者，應為帝王也。此解與挽近歐西言治者所主張合。凡國無論其為君主，為民主，其主治行政者，應一切聽其自為自由，而後國民得各盡其天職，各自奮於義務，而民生始有進化之可期。

在〈天道〉篇的評語中嚴復也有類似的看法，以為在一個理想的國家之中，上位者要給予國民自由，而國民則應在此自由的環境中，盡其天職與義務。

上引的兩段文字都是從較廣泛的角度，將莊子的思想與西方自由觀念會通在一起，指出政府自由政策的實施與人民自主精神的培養(「國民」建構)之重要性。然而，嚴復並沒有仔細地討論到底甚麼領域，上位者可以「聽民自為」，以及為甚麼任民自由，即可進化。

就這些問題來說，在《莊子》評點的其他部分，嚴復簡單地提到經濟活動的自由。這個看法顯然是受到亞當・斯密等人的影響，以為最好的政治體制是讓每一個人追求自身的利益，而最後有一隻「看不見的手」會自我調節(自然的經濟秩序)，而促成社會的繁榮與和諧。嚴復在評〈在宥〉篇所謂「故君子不得已而臨蒞天下，莫若無為」一段時說：

> 法蘭西革命之先，其中有數家學說正復如是。如 Laisser Faire et Laisser Passer (譯言：放任放縱)。乃其時自然黨人 Quesnay 契尼 (號歐洲孔子) 及 Gournay 顧爾耐輩之唯一方針可以見矣。

弗朗斯瓦・魁奈(Francois Quesnay, 1694−1774)是一位功利主義的經濟學者，他反對政府干涉經濟法則的自然運作，對他來說，每一個人是他自己利益的最佳仲裁者，所以使人們快樂的最好的方法，是儘量減少對個人自發行為的限制。溫森特・德・古爾內(Vincent de Gournay, 1712−1759)也宣揚自由貿易，反對獨佔，是一位支持自由放任政策的學者。嚴復認為他們的想法與「莊生之論為有合也」。

嚴復對於財富分配的看法顯然是較接近維護私有財產的資本主義，而非講究財產平均與土地國有的社會主義，在評論〈齊物論〉一篇時，他表示「物有本性，不可齊也」；在〈《民約》平議〉一文中也說「孟子曰：『物之不齊，物之情也』，物誠有之，人尤甚焉」。這樣的觀念使他對馬克思主義（與激烈的社會主義）持批判的態度，嚴復對俄國的共產革命中「破壞資產之家，與為均貧而已」的行為深表痛恨，將之比擬為明末的李自成、張獻忠。由此可見，就經濟領域而言，在自由與平等兩者之間，他是較強調自由的。

嚴復不但認為道家「無為」思想與西方自由放任的經濟政策配合，它與個人主義的精神也是一致的。在此則涉及了嚴復對楊朱「為我」思想的推崇。在〈在宥〉篇黃帝問廣成子「敢問治身，奈何而可以長久」之上，嚴復寫道「此乃楊朱為我三摩地正法眼藏」；接着嚴復就懷疑莊周即為楊朱：

> 嘗謂莊子與孟子世當相及，乃二氏從無一言，互為評騭，何耶？頗疑莊與楊為迭韻，周與朱為雙聲，莊周即《孟子》七篇之楊朱。

在〈庚桑楚〉篇也說：「莊周即不為楊朱，而其學說，則真楊氏為我者也」。嚴復並表示孟子將楊朱視為洪水猛獸的批評是很不恰當的，帶有對楊朱思想的一種偏頗與膚淺的認識，他只看到「拔一毛利天下而不為」的一面，卻沒有看到「悉天下奉一生不取」的一面；嚴復強調，如果每個人能像楊朱所說的，做到自修自治，則天下可治。上述肯定楊朱、批評孟子的觀點與清中葉以諸子學的興起有關係，亦即隨着學者對諸子思想的研究，儒家傳統受到動搖，從前受儒者批判的楊朱（以及下面會談到的墨子），因為符合西方的一些理念，被重新挖掘出來而賦予了新的意義。以此例而言，嚴復顯然是要藉着對莊子 / 楊朱的重新詮釋，來強調個人追求自我發展與自我利益的重要性。

嚴復在將楊朱思想作重新評估之時，必須要對傳統觀念中將楊朱說成是自私自利的說法加以駁斥。所以他提出，楊朱的說法雖然強調「為我」，但這並不等於「私」，而是為了針對儒家仁義之說，無法壓制人們追求「利」的熱誠，卻又助長了偽善的風氣，所提出的解救之道。

上述的看法顯示嚴復藉着對莊子 / 楊朱思想的重新評估，而肯定自我的價值，亦即一個人可以一方面「為我」，努力追求自我發展與自身利益，另一方面又能避免自私自利。強調「我」與「私」的分別化，顯示在嚴復思想中，到某程度，追求自我利益與發展是有終極價值的。

總之，對嚴復來說，楊朱的學說即是西方的「個人主義」，相對而言，墨子之道則為西方的社會主義。

嚴復大力肯定楊朱式個人主義可以說明他對西方individualism（個人主義）精神的推崇。然而，同時他又對道家（與楊朱）末流過度環繞着自我的想法感到不滿，認為他們忽略了個人對羣體的責任。嚴復批判的出發點即是筆者多次強調的羣己之間的互動與平衡與「倫理的自由主義」。對他來說，羣己平衡的觀點不但是奠基於儒家傳統，尤其是《大學》修身為治國、平天下之基礎的想法，以及斯賓塞所謂：健全的國家是由德、智、力兼備的個人所構成的；而且也是道家的真精神。他在總評《莊子・內篇》的思想時就開宗明義地表示，莊子並非

「出世之學」，而是講求「羣己之道交亨」（按：「亨」指通達與順利）。嚴復據此而批評：道家思想所產生的流弊是只重視個人「乘物而遊」，卻不負擔應盡的社會責任（嚴復稱之為「天職」、「義務」）；亦即是只重出世，而不重入世。例如魏晉時代的一些道家人物，如王衍、何晏就表現出這種缺點。

再者莊子 / 楊朱思想中與上述流弊類似，而更嚴重的另一個缺陷是：國人只取其「拔一毛以利天下不為」的一部分，卻不顧「悉天下奉一生不取」的一部分，因而自私自利之風非常盛行。嚴復對楊朱式「個人主義」之流弊的批評也與他對墨子思想的讚揚是相關的，他認為要醫治偏頗的楊朱式的個人主義，不能依靠儒家思想，而要依靠墨教，因為上述自私自利的疾病。此處所說墨教的精神主要指其兼愛說，以及「福善禍淫」觀念所具有的宗教制裁力。嚴復在翻譯孟德斯鳩《法意》一書時，也談到對墨子思想的類似看法，在有關斯多噶派所謂「其所皇皇者，以拯救社會為唯一天職已耳」一段後，嚴復有如下的按語：

> 吾譯此章，不覺心怦怦然，汗浹背下沾衣也。夫孟子非至仁者歟，而毀墨，墨何可毀耶，且以其兼愛為無父，又以施由親始為二本，皆吾所至今而不通其說者也。

這是嚴復在清末對所謂革命志士假借「團體」、「運動」之名而追求私利的針砭。

嚴復對於莊子 / 楊朱思想之流弊的批評，和他對墨子思想的推崇，必須要合併考察。他一方面肯定楊朱思想中「為我」的精神，以為人人「自修自治」則天下治；但楊朱思想易於導致的缺點，則是不顧個人對羣體的責任感，又往往被扭曲為只知追求自私自利的想法，所謂「置人於至危所不顧」，因此需要以墨子「兼愛」思想來配合，才能挽救人們熙熙攘攘的追利之風。總之，楊朱與墨子的結合，或所謂的 individualism（個人主義）與 socialism（社會主義）的並重，是嚴復從評註《莊子》所反映出其羣己觀之特點。以上的討論再次地顯示，在羣己關係的課題上，嚴復羣己平衡的思想與彌爾那種比較強調自我的個人主義思想是不同的，而先秦諸子中的道家與墨家思想，則加強了他在這方面的信念。

再者，從嚴復將老莊思想與西方自由主義、個人主義相會通在一起的做法，也再次顯示傳統背景對他認識西方的深刻影響。這樣會通式的了解，無可避免地帶有對「西方」的誤會，特別是模糊了老莊思想與西方自由主義的一些根本差異。張佛泉與柏林都曾區分兩種不同的「自由」的概念。張佛泉說人們所說的自由有兩種指稱：一種是指政治方面的保障，此一指稱的自由又稱為權利；一種是指人類內心的某種狀態，凡是自發的、主動的、內心的自由生活或理論，都包括於其中。柏林則將自由分為「消極自由」與「積極自由」兩類，前者指免於某種型式的約束或壓迫的自由；後者則指個人要成為自己主人的期望。從上述的對照來看，道家所企求的「自由」，是指張佛泉所說的第二種指稱的內心生活的自由，與柏林所說的積極自由；它與這兩人所謂「作為權利的自由」或「消極自由」是不同的。張佛泉很敏銳地指出：

> 我們竟將多年來漢文中的「自由」一詞（只有第二種指稱下的意義）來概括西人的第一指稱和第二指稱下的自由。這便是我們在企圖了解西人第一指稱下的自由時，所遇到的

語意上的極大困難。

嚴復心中顯然並不存在張佛泉與柏林所說的兩種自由概念的區別，在此情況之下，老、莊、楊朱所標舉的內心「自由」的狀態，與西方自由主義、個人主義從權利角度所強調制度保障下的「自繇」和斯密所說的「自由放任」政策，才能會通在一起。這也顯示嚴復對於西方自由主義傳統的一些基本觀念如權利（rights）、自我利益（self-interests）等概念的了解是不充分的。

然而我們也不能說嚴復對這兩類自由的差異全無體會，他在《羣己權界論》一書的〈譯凡例〉之中曾說自由的概念：「視其字依西文規例，本一厶名，非虛乃實。寫為自繇，欲略示區別而已」。其中「非虛乃實」一語顯示嚴復似乎體認到彌爾所說的 liberty 並非抽象的精神方面的狀態，而是具體的、作為實際政治保證的條目。無論如何，嚴復對彌爾自由思想的認識有許多的層面，他將道家思想與自由主義的會通，是為了以一套中國人所熟悉的語言與概念，來增加國人對西方觀念的理解；另外他也是嘗試以西方的觀點來回觀傳統，而挖掘出傳統所具有的新的意義。

嚴復的經濟思想

嚴復的自由思想也包括經濟活動的自由。他在翻譯亞當・斯密的巨著 *The Wealth of the Nations*（《國富論》，1773）之中系統地表達出他的想法，嚴復將此書命名為《原富》，意在凸顯國家應如何由求富而得強。嚴復之所以在晚清（根據嚴復手批英文本，他在 1892 年 4 月購得此書，翻譯時間是從 1896 至 1901 年）翻譯這一本提倡「最小政府」、「自由放任」、「追求個人利益」，反對「重商主義」（十六至十八世紀時的經濟學說，主張國內政府對經濟的干預和控制，使國家富足與強盛）、反對保護主義和專賣獨佔的書，並非「找錯了醫生，開錯了藥方」（賴建誠語），而有其特殊的用意。

當《國富論》盛行的時代，正是英國富強的鼎盛期，此一榜樣對嚴復深具吸引力，並與彌爾所強調的「個人自由」、「羣己權界」的政治理念相互配合。他認為追求國家的富強不應單方面提倡直接促成富強的商業行為（如重商主義的政府干預與保護政策），而應注意到斯密所謂的「看不見的手」定理，以及他的終極關懷，亦即追求最大多數人的最大福祉。斯密認為個人雖無意促進社會的利益，但在市場機制之下，人們各自追求自身的利益，要比主動想促進社會利益的作法，更能有效地促進社會的利益。嚴復很忠實地在有關「看不見的手」一段的譯文之中表達此一觀點：「彼之所各恤者皆己私，而國莫之為，遂享其大利。且國之利，豈以彼之各恤其私而或損哉，惟民恤其私而國以利，其利國乃愈實」，這是對斯密思想的翔實翻譯。

這一套制度是以他所譯介的西方獨特的「開明自營」（enlightened self-assertion）觀念為基礎，亦即肯定個人可以追求自身利益，而此一追求不會與道義與公利發生衝突。嚴復認為這是他從斯密書中所看到「人道絕大公例」，亦即「蓋未有不自損而能損人者，亦未有徒益人而無益於己者」。此一公例為嚴復對羣己關係的深刻體認。

在《天演論》的按語中，嚴復首先辨明東西方固有的價值大抵上都強調「正其誼不牟其利，明其道不計其功」、「以功利為與道義相反，若薰蕕之必不可同器」，但是西方近代以來由於「生學」和「計學」（即經濟學）的發展，一方面了解到「自營」（追求自身利益）是生存的基礎，另一方面隨着民智的提高更產生了「開明自營」的想法：

> 今人則謂生學之理，捨自營無以自存。民智既開之後，則知非明道則無以計功，非正誼則無以謀利，功利何足病，問所以致之之道何如耳。故西人謂此為開明自營，開明自營於道義必不背。復所以謂理財計學，為近世最有功生民之學者，以其明兩利為利，獨利必不利故耳。

嚴復翻譯《原富》一書的動機即源於此。嚴譯此書的目的之一是為了破除儒家「諱言利」、「分義利為二」之習，他說西方舊有的看法與儒家類似，其「用意至美」，結果卻是「於化於道皆淺，幾率天下禍仁義矣」。但是在「天演學」與「計學」興起之後，西方人有一突破，了解到利與義能夠相互配合：

計學者首於亞丹斯密氏者也。其中亦有最大公例焉。曰大利所存，必其兩益，損人利己非也，損己利人亦非；損下益上非也，損上益下亦非。其書五卷數十篇，大抵反覆明此義耳。

泰東西之舊教，莫不分義利為二塗，此其用意至美，然而於化於道皆淺，幾率天下禍仁義矣。自天演學興，而後非誼不利非道無功之理，洞若觀火，而計學之論，為之先聲焉，而斯密之言，其一事耳……庶幾義利合，民樂從善，而治化之進不遠歟。嗚呼，此計學家最偉之功也。

藉着引介西方開明自營的觀念，嚴復其實在強調自我可以追求一種與道義配合的個人利益，這樣的想法與西方自由主義者所謂追求 legitimate self-interest（既合法又合理的個人利益）的想法非常類似。但是兩者之間還有一些十分細緻的區別，嚴復所肯定的「自營」是以道義為前提，並且奠基在羣己平衡，兩者可以攜手並進、不相衝突的觀念之上；而西方自由主義者所肯定在民間社會中，既合法又合理的 self-interest 的追尋是「個人從宗教、倫理以及強制性的政治限制之中解放出來」，具有自我與他人，或自我與羣體之間有重大的利益衝突的預設。這樣一來，嚴復雖然肯定開明自營，他還是無法欣賞與肯定超越公與義的私與利，更談不上以 selfish interests（私利）作為政治理論的起點。這樣的想法與嚴復認為民主是「合私以為公」，以及他對政黨為追求私利的批判，都聯繫在一起。

嚴復認為最能保障此種開明自營之精神的經濟制度是以斯密式的資本主義體制，實行自由貿易之策（此處所說的資本主義指一種多半以市場系統為基礎的現代經濟體系。所謂市場系統是指哈耶克所說的經濟自由，亦即能夠以法律來保障以下的三點：「建立契約的自由，私有財產的絕對保護，以及賠償他人因為自己錯誤而受到傷害的義務……即一種沒有詐欺、騙局與暴力的利伯維爾場」)。這樣的經濟觀念與彌爾對經濟的看法有所不同(彌爾有較強的社會主義之傾向)，但是卻配合自由民主傳統對經濟制度的看法。

嚴復不但在清末翻譯亞當・斯密《原富》一書，鼓吹自由放任思想，認為自由貿易能夠帶來繁榮與穩定。在他晚年評點《莊子》時仍持此一看法。嚴復在《莊子》評語中表示最好的政治體制是讓每一個人追求自身的利益，而最後自然的經濟秩序會自我調節，而促成社會的繁榮與和諧。

從資本主義自由放任的立場出發，嚴復反對追求財產平均與土地國有的社會主義。1919 年 11 月，嚴復在寫給友人熊純如的信中，對俄國十月革命中「破壞資產之家，與為均貧而已」的行為深表痛恨，將之比擬為明末的李自成、張獻忠：

> 歐東過激黨，其宗旨行事，實與百年前革命一派絕然不同，其黨極惡平等、自由之説(按：此處是指他們反對法國革命所揭櫫的自由、平等)，以為明日黄花過時之物。所絕對把持者，破壞資產之家，與為均貧而已。殘虐暴厲，其在鄂得薩(按：指烏克蘭南部的海港 Odessa)所為，報中所言，令人不忍卒讀，方之德卒入比，所為又有過矣(自註：其政體屬少數政治)。足下試思，如此豺狼，豈有終容於光天化日之下者耶？此如中國明季政窳，而有闖、獻，斯俄之專制末流，而結此果，真兩間劫運之所假手，其不能成事，殆可斷言。

由此可見，就經濟領域而言，在自由與平等之間，他較強調斯密主張的自由經濟，而反對以暴力的方法，實現俄國式的、重視平等的社會主義體制。這樣的經濟主張不但受西學影響，也很可能與嚴復所屬士紳階層的社會背景有關係，他對於由社會下層所發動，追求平均財富的社會運動有所疑懼。

然而嚴復並非不重視平等，他所肯定的平等是人們在民力、民智、民德方面的平等（即「其所謂平等者，平於為國民也」），此一看法類似孫中山所說的「立足點的平等」。嚴復也和孫中山一樣，反對齊頭式的平等，他認為一個社會之中很自然地會有些人較富貴，有些人較貧賤，如勉強地追求平等，將會使這個社會喪失掉激發人們追求富與貴的各種精神價值，他預言這樣的國家在世界舞台上必將成為至貧至賤之國：

> 顧平等必有所以為平者，非可強而平之也。必其力平，必其智平，必其德平，使是三者平，則郅治之民主至矣。不然，使未至而強平之，是不肖者不服乎賢，愚者不令於智，而弱者不役於強也。夫有道之君主，其富者非徒富也，以勤業而富，以知趨時而富，以節欲而富。其貴者亦非徒貴也，以有德而貴，以有功勞而貴，以多才能而貴。乃強為平者曰，是皆不道，吾必鏟之以與吾平。夫如是，則無富貴矣，而並亡其所以為富貴者矣。夫國無富貴者可也，無所以為富貴者不可也。無所以為富貴者之民，而立於五洲異種之中，則安能不為其至貧？又安得不為其至賤者乎？

上面的話足可充分反映出嚴復的經濟理念。總之，嚴復理想中的經濟體制是資本主義式的利伯維爾場，這樣的看法與他肯定自由民主的政治體制是相互配合的。

學界對於嚴復的經濟思想有不同的詮釋，並提出批評。其中賴建誠所著的《亞當史密斯與嚴復：國富論與中國》（台北：三民書局，2002）一書是從經濟史的角度對嚴譯《原富》所做的一個深入探討。作者認為斯密的《國富論》在西洋經濟史上有開創性的地位。在近代中國思想啟蒙的階段，嚴復以「譯文雖美，而義轉歧」的節譯與豐富的按語介紹此書具有重要的意義。

根據賴建誠的研究，當時中文在詞彙與概念這兩個層次上，都不足以統攝另一種文化的思想體系；而嚴復所受的專業訓練（英國海軍）也不足以讓他能夠認識並評論《原富》之要旨與學說的內在理路，因而在翻譯《原富》時出現「誤譯與扭曲」。他所舉的例子主要是「名詞和術語」方面，如一些經濟學的概念像 law of diminishing return（報酬遞減法則）嚴復譯為「小還例」；point of maximum return（最大報酬點）則譯為「大還限」。又如一些新的語詞像 bank 譯為「版克」，city 譯為「錫特」，賴氏認為這些譯詞對讀者來說並不容易了解。其次「他未去查明原文中的人名所代表的意義，他只音譯出名字，而未說明此人的重要性」；「他用他的英語發音去發非英國的人名地名」。在按語方面作者認為嚴復依賴簡單供需理論或常識來借題發揮，他的按語是「即興式」，毫無系統與組織，並有「語意膨脹」的傾向。

其次作者針對嚴復在此書中所提出自由經濟政策提出批評。他認為清末在帝國主義壓迫之下的「積弱的經濟」並不適用的斯密的政策，因為「要追求全國富強，所應學習的對象，應該正好是《國富論》要打倒的『重商主義』」，「以當時中國的『病情』，應該去找德國、日本等有過『同病』的醫生，開出『重商、保護』的藥方」，引介德國學者李斯特（Friedrich List, 1789–

1846）所提倡的「國民經濟」說，實施保護關稅，才較合情理，而不是宣揚斯密所主張的自由放任思想。

賴建誠對嚴譯原富的批評與梁啟超的看法很類似。任公在〈紹介新著：原富〉（1902）一文中雖然並不否認嚴復翻譯此書在幫助國人認識西學上有其貢獻，但梁氏對斯密的自由放任政策及其在中國的應用卻不表贊同。他認為斯密自由理論所針對的是重商主義極盛之後的政府干涉政策，此一看法適合當日歐洲，卻不適合二十世紀初年的中國。在他看來適合中國的是一方面國內實行自由企業，放任民間自由發展；另一方面又有很強的政府干預來保護與獎勵商業、維持秩序，以利國際競爭。所以就國家角色而言，他肯定重商主義的保護政策，以為「重商主義……若移植於今日之中國，則誠救時之不二法門」，而不贊成實施斯密的自由放任政策。整體觀之，梁啟超經濟思想的特色是干涉與放任的結合，同時肯定重商主義與自由放任，他明白表示「今日中國之弊，在宜干涉者而放任，宜放任者而干涉。竊計治今日之中國，其當操干涉主義者十之七，當操放任主義者十之三」。

當時中國應該實行何種經濟政策無疑地還有辯論的餘地，因為在今日的學界，亞當・斯密的理論受到許多經濟學者很高的評價，他們以為自由經濟制度是走向富裕的重要方法。例如美國學者馬若孟所編輯的一本《二十世紀的國富論：經濟發展的政策與制度的決定因素》（Ramon H. Myers, ed., *The Wealth of Nations in the Twentieth Century: The Policies and Institutional Determinants of Economic Development*, Stanford: Hoover Institution Press, 1996）強調自由企業（及其他因素）是發展中的國家追求經濟發展的一個重要條件。如果我們接受此一說法，那麼梁啟超與賴建誠對斯密論點不適合中國的論斷或許是可以被質疑的。同時市場的自由度與國家管控之間（亦即梁啟超所說的干涉與放任）如何達到一個平衡也是一個值得思索的問題。

嚴譯斯賓塞之社會演化論

大多數社會學史的研究者都同意，英國社會學家斯賓塞（Herbert Spencer, 1820－1903）是與孔德（Auguste Comte, 1798－1857）、涂爾幹（Émile Durkheim, 1858－1917）、韋伯（Max Weber, 1864－1920）等人齊名的現代社會學奠基人物之一。他在1877年所出版的三卷《社會學原理》，是歷史上首次旗幟鮮明地討論社會學分析的系統性研究。斯賓塞主張，社會學研究的領域包括家庭、政治、宗教、社會控制、工業或職業。此外，還應該研究社羣的結合、分化、階層化等。他也強調社會學須研究社會之整體，以及各種社會要素之關係，並說明個人如何影響社會羣體，又如何反過來受到羣體的影響。

嚴復對於斯賓塞的認識應起於一八七〇年代晚期，他在英國皇家海軍學院讀書之時。返國之後，於1881至1882年間，嚴復開始比較系統地閱讀斯賓塞的著作，深受其啟發而了解到「輒歎得未曾有。生平好為獨往偏至之論，及此始悟其非」。到了1887年底及1888年初時，嚴復以〈斯賓塞爾勸學篇〉為名，翻譯了斯賓塞《社會學研究》（*The Study of Sociology*）的第一章〈我們對它的需要〉（"Our need of it"），發表在天津出版的《國聞彙編》旬刊第一、三、四冊之上，名為「論羣學不可緩」，以彰顯學習斯賓塞學說之重要（即後來出版時《羣學肄言》中〈砭愚第一〉）。1895、1896年間寫〈原強〉一文之時，嚴復又提到《勸學篇》，他說「《勸學篇》者，勸治羣學之書也」，而且「羣學治，而後能修齊治平，用以持世保民以日進於郅治馨香之極盛也」。

「勸學」的觀念，源出自《荀子》，意指學習對個人成長與社會發展的重要性。嚴復徵引《荀子》顯示他在思考勸治羣學時，援引了荀子的思想資源。然而，「勸學篇」此用語，在中國近代學界的聲名卻不是因為嚴復，而是出於福澤諭吉（Fukuzawa Yukichi, 1835－1901）與張之洞（1837－1909）。1880 年，福澤諭吉在日本出版了《勸學篇》鼓勵新思想，並造成極大的反響。1898 年 4 月，張之洞發表了他最著名的作品《勸學篇》，並於其中提出「中體西用」的觀念。其後，此書不但透過官方的管道流傳於各地，還立即被節譯為英文（書名為 *China's Only Hope*《中國唯一的希望》），並在 1900 年的《紐約時報》上受到熱烈推薦，譯者認為「此書的中文版即使不是過去六百年中最傑出的書籍，也是最傑出的書籍之一。」

張之洞《勸學篇》之名稱可能受到嚴復「勸學」觀念之啟發，引導他援用荀子的語彙來闡述其核心理念。事實上，若我們比較嚴復和張之洞的觀點，就可發現嚴復的看法與張之洞著名之「中學為體，西學為用」間頗有相似處。例如，兩人均採取溫和漸進的「調適取向」來實現目標，只是兩人對傳統中學之比重有不同的看法。對嚴復而言，現代中國生活的基礎中，傳統因素有重要價值，然其所佔之範圍卻比張之洞所設想的要為狹窄。

嚴譯〈斯賓塞爾勸學篇〉發表後，嚴復繼續進行斯賓塞《社會學研究》的翻譯工作，直至 1903 年完成，定稿後依照《荀子》「人之貴於禽獸者，以其能羣也」而命名為《羣學肄言》，交由文明書局出版發行。《羣學肄言》首刷即印行了 6000 本，而它受歡迎的程度，也反映在盜版猖獗的情況上。如湖南、廣東與江蘇等地，均出現許多盜版書刊。1908 年，嚴復將版權轉給商務印書館，此後直到1919年，至少發行了10版以上。從這可觀的刊行數量來看，嚴譯《羣學肄言》應曾廣泛流傳於清末民初的知識界。

然而，市場的高銷售量亦使《羣學肄言》受到批評。嚴復的譯作遭時人詬病之處有二：一、書中運用太多難以理解的詞彙，這使得該書「文筆淤漫」，不易閱讀；二、中英習俗不同，讀者「程度」亦異，致使有些人認為，斯賓塞的概念對中國社會來說是不合時宜與不足為法的。不過，若除去這些缺失不論，嚴譯此書的確曾發揮了不小的影響力。

不少讀者即對該書持肯定的態度，表示透過閱讀《羣學肄言》使他們獲知許多有關社會學的新觀念。這些觀念可概括為嚴復社會學思想的四項特點。一、科學方法：嚴復引介了科學方法來探究社會現象，這不僅能幫助人們掌握人類行為的因果關係，還能進而制定出明智的政策。二、線性演化的觀點：進化是社會演變的一種客觀定律，無論自然世界或人類社會的運作皆無法避開如「物競天擇，適者生存」等法則，其主導了人類歷史上的成敗、得失。後來嚴復為了進一步闡述線性進化史觀，又翻譯了甄克斯（Edward Jenks）的《社會通詮》，介紹人類社會發展的三個階段，即蠻夷社會、宗法社會與軍國社會。三、社會有機體論：根據該理論，一個社會是由許多彼此相關之個體所組成的有機體，其中個體素質的高低，決定了其所組成社會整體素質的高低。四、批判傳統並實行新策：例如藉由提出斯賓塞的社會起源論，嚴復的社會學思想對傳統觀念裏的「聖人」在歷史演變中之地位展開批判，並且轉而提倡以漸進調適方式，培養國人的「民德」、「民智」、「民力」，作為中國改革事業的重心。他也藉《社會通詮》的階段論，批評中國自秦以來宗法社會的缺失，如重血統而排外、以種族而分畛域、重家而不重國；並呼籲進入現代的軍國社會，重視領土主權、法治民權與自由平等。

從文本內容與讀者的回饋可見，嚴復在《羣學肄言》的翻譯之中，不但引介原書要旨，也藉機放入諸多不同評論。在這方面我們需要從嚴復對斯賓塞思想，以及修正斯氏的赫胥黎理論之理解談起，就此而言，我們必須同時考察《天演論》與《羣學肄言》乃至《社會通詮》等書，方能了解嚴復對社會演化論的看法。嚴復對西學的理解與其中國傳統思想背景是交織在一起的。嚴復運用中國傳統中的一些觀念，去詮釋赫胥黎與斯賓塞的想法，來了解「天」和「人」的關係，及由此衍生的演化原理、羣體關係、聖王觀念等。其思想根源主要有二：一是《易經》與邵雍（1011–1077）的「運會」觀（邵雍以「運會」來解《易》）。嚴復用《易經》的觀念，理解、詮釋赫胥黎的演化觀。他在《天演論》中說明遞嬗之變遷，即是「世變」或「運會」，「運」指大的發展趨勢，「會」則是面臨的情境，兩者結合即是歷史演變的過程：「運者以明其遷流，會者以指其遭值……物變所趨，皆由簡漸繁，由微知著。運常然矣，會乃大異」。嚴復又指出：「言其要道，皆可一言蔽之，此其道在中國謂之易，在西學謂之天演」。對嚴復來說，社會演化就是《易經》的「翕闢成變」、「質力相推」所形成的「運會」與「世變」。

嚴復的第二個思想資源是荀子思想。《荀子》對嚴復的影響表現在四個方面：一、「羣」與「羣學」的概念；二、「解蔽」的想法；三、天人關係；四、由天人觀念推演而出的新的「聖王觀」。

在味經本《天演論》中，嚴復在譯文中曾多次徵引《荀子》的文句。其後雖因吳汝綸的建議，才刪去了這些內容。現在版本的《天演論》裏，《荀子》的觀點只出現在按語，不在正文之內。

然而，這些被刪除的文字，可被視為譯者對赫胥黎思想最初的想法，並反映《荀子》在嚴復理解西學上的重要性。

首先，嚴復用「羣學」而非日本學界所用的「社會學」來翻譯 sociology（後來社會學取代了羣學成為標準譯名）。嚴復在該書序言開宗明義地說「羣學何，用科學之律令，查民羣之變端，以明既往測方來也」。他從《荀子》所謂「民生有羣，羣也者，人道所不能外也」來理解 society 的意義，而認為「羣有數等，社會者，有法之羣也」，而最大的羣就是「國」。這樣一來「羣」的意涵要比「社會」來得廣，也更配合斯賓塞一書之範圍。

嚴復另一個援引荀子思想之處，是用「解蔽」（指人為何會產生錯誤的認知，以及如何克服這些錯誤）的概念來理解斯賓塞社會學的方法論。斯賓塞在《社會學研究》中，談論社會科學方法論如何來消除個人研究障礙。嚴復對此之翻譯時，採納了荀子「解蔽」的觀點。在《羣學肄言》內，嚴復將斯賓塞「客觀的蔽害」譯作「物蔽」;「主觀的蔽害」譯作「蔽於心習」。嚴復這種連結斯賓塞與荀子關於「個人偏見之蔽害」的作法，社會學家潘光旦（1899－1967）於 1946 年發表一篇〈荀子與斯賓塞論解蔽〉，來闡述其關聯性。潘氏指出，荀、斯二氏，對於如何消除個人偏見之害的看法非常相似。

荀子的觀念也影響了嚴復對赫胥黎談之天人關係的認識。首先，在《天演論》中，赫胥黎有〈演惡〉一章，他說「民有秉彝，而亦天生有欲。道心人心，同時並賦，而不能以獨存。故以天演論化，尚矣。然而善固演也，而惡又未嘗不演」，對於上述的觀點，嚴復認為荀子對人性的看法與此可相互發明，荀子認為人類「為善」不是天性，是「人為」。

由此可見，嚴復所理解的羣學或社會演化論不但有生物方面的基礎，也有人性上、心理上的基礎。在上述人性論基礎下，關於「秩序」的建立，要如何進行呢？就此，嚴復也是在《荀子》基礎上進行論證。此種對天人關係的構想，亦即「治化」與「天行」相對之觀念，深深影響了嚴復對赫胥黎、斯賓塞的取捨和認識。由此可以理解嚴復思想中，揉合斯賓塞「任天為治」與赫胥黎「以人持天」的觀點。

在治化與天行相對下，人能扮演何種角色呢？嚴復在《羣學肄言》中論及的「天人關係」，也與《荀子・天論》中的觀點一致。荀子認為「明於天人之分，制天命而用之」，此即意味，人們必須先明白天人分際後，方能應制天命。嚴復的思想顯示他並未全然接受決定論，其立場是徘徊於決定論和唯意志論之間。換言之，嚴復乃依違於「天行」與「人治」之間。

不過，嚴復雖肯定荀子對天人關係的看法，他卻否定荀子的「聖王觀」。嚴復認為荀子對「聖人」的看法，仍偏向傳統的觀念。聖人之於嚴復，並非全能全知的領袖，而是像一名好的園丁，擅長於管理花園。這在東、西方世界均能發現相同的例子。嚴復對聖王觀念的詮釋，標誌了中國傳統之「聖王」的近代轉變。他在〈辟韓〉一文，最早對傳統聖王觀展開批判。嚴復反對「為之君，為之師」的聖人，轉而從「通功易事，擇其公且賢者，立而為之君」，亦即從分工而合羣的角度，討論君臣之倫的基礎。最後歸結到「國者，斯民之公產也，王侯將相者，通國之公僕奴也」。此文的觀點與《天演論》中「園丁之於花園」的敘述相似，同樣將聖人的角色，從制器尚象、制禮作樂、轉移世運的全知全能者，轉變為一個管理花園的園丁，僅為對抗自然力量的一個角色。嚴復嘗試指出，傳統之聖王其實無法「移風易俗」，須趁近代以來學術逐漸改良之後，「真學之日優」方能給予「聖人」一個新的「濟世」契機。

《天演論》內對「聖王」的詮釋、評斷，和斯賓塞對「偉人」的批評頗有相似處。此即上文所述「世運鑄聖人，而非聖人鑄世運也」的說法。嚴復翻譯斯賓塞《社會學研究》時，有一段為斯賓塞針對歐洲「偉人」（great man）與「英雄史觀」之批評，認為偉人改造社會的前提，其實是社會先提供其改造的基礎。

以上的內容顯示，斯賓塞強調要了解「偉人與其生活環境」能彼此綰合的重要性。嚴復將此觀點譯為「世與人有相成之功」。此外，他還進一步指出，此種「天」和「人」相成之功，即為天演進化之理。綜上所述，受《易經》和《荀子》的影響，嚴復在譯介赫胥黎與斯賓塞思想時展現出張灝所謂「人本意識與演進史觀結合」的概念。以西方演化理論為基底，承認歷史線性發展的潮流，並強調惟有透過人為意識的精神動力，才能向前推進。既然「人」扮演着如此重要之角色，因此，對「個人」的特質的培養、訓練就變得十分重要。從這角度來看，嚴復翻譯《羣學肄言》的目的就清晰可見。他希望透過此書，能對晚清人士說明斯賓塞那種個人主義式、漸進保守的政治思想，同時也認識到羣己之間的密切關係，「小己之得失，其流及上……社會之變象無窮，而一一基於小己之品質」。但另一方面，嚴復對傳統聖王觀的批判，反映他所支持的不是專制，而是以人民為中心，而政治領袖均為「公僕」的自由民主與憲政體制。在《羣學肄言》的前言中，嚴復即揭示「審重」和「諮於學」的重要性。嚴復又說，斯賓塞思想是「每持一義，又必使之無過不及之差，於近世新舊兩家學者，尤為對病之藥」，其意在批評那些過於保守者與盲目破壞的革命家。

此點實為嚴復終其一生所堅持的理念，是為一種「中間路線」。嚴復終其一生都在為溝通中國與西方文化而努力，這是他一生所面對的挑戰，企圖為中國未來擘畫出一張藍圖。他開展出所謂的「中間路線」（middle path），不僅融合了中國與西方文化的特點，更免於陷入保守和激進革命之中的陷阱。從嚴復的思想形式與生活方式來看，這條「中間路線」是和中國傳統之連續性與非連續性交織在一起的。

嚴復相當認同斯賓塞《社會學研究》的理論內容及其政治傾向。他認為此書含括了傳統中國經典《大學》及《中庸》所設定的行為準則，並確立從「格致誠正」起，至「修身」最後到「治平」的進程。能實現此一理想的方法，則是採取一種介乎激進與保守之間的中間道路，亦即嚴復譯文中所謂的「中庸之道」。簡言之，嚴復所譯介的斯賓塞社會學思想，是以「天人相成」的演化理論與羣己關係、荀子「解蔽」的科學理念，配合以保守漸進的慎重手段，來實現民主憲政的政治理想。嚴復因此很自然地將《羣學肄言》視為一方面翔實表達中國傳統經典「格致誠正為治平根本」的「精義」，另一方面也是「真西學正法眼藏」，而「智育之業，舍此莫由」。

第三部分

政治與文化的抉擇

嚴復政治思想的特點

清末民初之際，嚴復面對中國政治危機與文化修改的挑戰，雖然大約自 1902 年以後，他越來越意識到激烈變革是一件很困難的事，而有轉向「保守」的趨向，但是他的思想仍展現出高度的一致性。到底嚴復一貫地堅持哪些理念呢？這些理念有沒有將在文化、政治、經濟方面採取調適取向的主張與西方彌爾式的自由主義、斯密的資本主義、斯賓塞的社會演化論結合在一起？如果沒有的話，嚴復思想的面貌是否可以說是對公共議題的一個整合而獨特的思考，而其特色是一部分是自由主義式的、一部分是非自由主義式的？

筆者認為嚴復思想的主要特點可以從以下三方面來說明。

第一，如哈佛大學教授史華慈在《尋求富強：嚴復與西方》一書所說的，他是一位愛國主義者，有一個國家主義的目標，希望中國能臻於富強。

第二，上述的目標與嚴復所致力追求的一種自由與民主的理想結合在一起。此一理想有一部分是自由主義式的、一部分是具有中國特色的，而包括下面的觀點：強調個人的尊嚴與價值；在「權界」的前提下主張羣己平衡與羣己並進；提倡自由地從道、捨身取義等積極自由，因而忽略某些消極自由；並將積極自由奠基在以教育的方式塑造民力、民智、民德兼備的國民之上；認為教育是由在道德與知識上的先知先覺所領導，至於一般人民「只可使由之，不可使知之」；這些觀念預設了樂觀主義的認識論，亦即認為真理是很明顯的，而人類可以掌握此一真理；因而在某種程度傾向於將道德、知識、個人自由、政治權力融合起來的看法，難怪嚴復樂觀地以為民主制度可以合私以為公、斯密的自由經濟體制則可以合義以為利，因而實現國人長久以來所追求的「公天下」的理想。

這樣一來，嚴復自由思想的面貌與西方彌爾式的自由社會一方面有共同點，尤其是他肯定西方民主所實行的一些制度；但另一方面也有不少歧異之處。嚴復拒絕極端的個人主義；忽略彌爾主義所強調的某些消極自由；也不主張與之相關的，個人自由的範圍應儘可能地廣；因而不了解、也不接受西方自由主義基於悲觀主義認識論的論證（對真理的彷徨），也不夠意識到盧梭將道德、知識、政治權力與個人自由融合起來的做法，有可能危害到個人自由，並有走向專制的危險。同樣地，嚴復更為重視對於公民的道德教育，而不那麼強調：讓很容易犯錯的公民自由地結合在一起，彼此論辯，追求各自的自我利益，因而形成一個能夠對於往往是由不肖之人所形成之「中人政府」（這是與「賢人政府」相對立的一個想法）加以制衡的民間社會。如果藉用金耀基的話，嚴復所求的是一種排除「西方個人主義」、「西方的自由主義」的「民主」。更有甚者，彌爾在經濟生活上為社會主義所吸引，而嚴復卻無此一傾向，他接受資本主義的自由市場、自由貿易。

第三，為了能夠避免完全接受彌爾的自由主義，達成一個基於積極自由與樂觀主義認識論之原則，實施民主與資本主義體制的理想社會，嚴復所採取的是調適性的方法。他強調這些方法要從以歷史經驗為基礎的後驗性知識導引出來，所以嚴復到某種程度和梁啟超一樣，具有張灝所說的「幽暗意識」（人性之中有不可根除的惡的傾向)。嚴復認為民主社會的實現需要一些先決條件,而中國在「過渡時代」應透過威權統治,來培養這些條件。這也就是說,嚴復拒絕依靠先驗性的、烏托邦的思想體系,更反對以暴力方式達成徹底轉變的革命主張。從此立場出發,嚴復大力批評盧梭思想,以及全盤西化論;同時,他所構思的調適性的改革,也超過了洋務運動與張之洞「中體西用」論所許可的範圍。

因為嚴復突破了張之洞以來的改革傳統,他常常被人們視為是中國近代走向現代化的先驅。例如殷海光就非常讚美他。然而經常為人忽略的是他不但突破了張之洞式的改革傳統,也拒絕激烈的轉化思潮(雖然到某一程度這一思潮受到嚴復的啟發與影響)。或許我們可以更精確地說,學者們往往將他對轉化思潮的抵拒認為是他在晚年時變得「落伍」、「保守」的一個徵兆。少有人了解到嚴復反對激烈主義的想法實際上是植根於他融會貫通東西文化之後所創造出來的政治原則,這些原則在他早期的作品之中已經顯現。

上述的嚴復思想的三個特點:一、對國家富強的追求;二、肯定自由、民主與資本主義,但拒絕金耀基所說的以個體為中心的「西方的自由主義」;三、對於改革所採取調適性、重視實際性的策略,構成了具有高度整合性的政治理論或政治哲學。近年來及中國改革開放所帶來的變化,使人們對未來發展逐漸產生一些共識,當我們回觀百年前嚴復所揭櫫的啟蒙方案,大家或許會同意他的思想和激烈的革命主張比起來,不但更具有內在的整合性,也更具有理論上的深刻意涵。上述嚴復的政治主張使他與清末民初其他的啟蒙方案有所不同。

改革抑或革命？
嚴復與孫中山

在清末民初中國有兩大針對時局所提出的解決方案，一是孫中山所領導的「革命派」；一是康有為、梁啟超與嚴復等人所提倡的「改革派」。在嚴復翻譯《羣己權界論》，並開始較深入地了解彌爾式自由民主思想之後，他與堅持盧梭式民主理念的革命派開始產生明顯的歧異。1904 年，亦即《羣己權界論》出版的次年，嚴譯甄克斯（Edward Jenks）的《社會通詮》（*A History of Politics*，最初翻譯的書名為「原政」與「地球民政簡錄」，後來因為該書的主旨在談社會發展的階段而改為「社會通詮」）問世，該書將人類社會依進化程度分為「savage society」（草莽社會，嚴譯「蠻夷社會」）、「patriarchal society」（宗族或酋長社會，嚴譯為「宗法社會」），與「modern (political) society」（現代社會、政治社會，嚴譯為「國家社會」或「軍國社會」）。甄氏以為人類社會是依序而進：草莽社會是古代狉獉未啟之世；宗族社會是以種族（race）為基礎，重視羣體團結，而排斥他種；現代社會則是由於人口、財富的增加，以及軍事技術的進步，因而出現以領土（territory or locality）為基礎，並享有主權（sovereignty）的現代國家，在政治方面，隨着法制的演進，現代社會之中國家的治權轉移到國民之手，而有由代表組成的議院、少數服從多數的選舉，與政黨制度的出現。

嚴復將上面的說法理解為：蠻夷社會以「圖騰」來區別人

我，「凡文明之所享，皆蠻夷之所乏」;「夫宗法社會，以民族主義為合羣者也」,「宗法社會之籍其民也，以人而不以地」；而「軍國社會」則是「一切治權，義由地起，所重者邦域，而種姓為輕」、「期人人自立」、「以一身徑受國家之約束法制者也」(該書以法國「拿破崙法典」公佈之後的國家為代表)。以此標準來看中國社會，嚴復說「支那固宗法之社會，而漸入於軍國者。綜而核之，宗法居其七，而軍國居其三」。所以他大力反駁當時革命黨人所主張的排滿、排外的「民族主義」,明白地說「民族主義，將遂足以強吾種乎？於有以決其必不能者矣」；在他看來，無論是排滿或排外都是落後的宗法時代的做法，不足以「救亡」、「利國」,為了因應新時代的來臨，應宣傳建立「軍國社會」所需要的以(超越種族的、人人平等的)「國民」觀念為中心的認同，並實行地方自治與主權在民的民主制度。後來革命派的章炳麟撰〈《社會通詮》商兑〉一文，嚴厲批評嚴復的觀點。嚴、章之分際可以視為「國民的國家主義」(civil nationalism)與「種族的國家主義」(racial nationalism)之不同。

由上面的例子可見 1903 、 1904 年時嚴復的思想已與革命黨人的看法明顯地分道揚鑣。下面的例子也可以看出此一分歧。1905 年，他因開平煤礦訟事赴倫敦，據記載，嚴復曾與孫中山會面，在會談中嚴復表示:「中國民品之劣，民智之卑，即有改革，害之除於甲者，將見於乙，泯於丙者，將發之於丁，為今之計，惟急從教育上着手，庶幾逐漸更新乎！」孫氏則回答,「俟河之清，人壽幾何，君為思想家，鄙人乃執行家也。」

從以上的兩個例子可見，嚴復雖然翻譯了許多西方民主政治的典籍，也發表過抨擊專制的話，但是就清末改革與革命的議題來說，他顯然與康有為、梁啟超等人類似，傾向改革，主張以漸進的方式培育超越種族界線的國民，而與高舉種族革命之大旗，依靠盧梭思想，主張以激烈方法推翻滿清、建立共和的革命派，如章炳麟、孫中山等人的觀點，有所不同。

與批判革命主張有關的是，嚴復早期肯定「民既合羣，必有羣約」(《天演論》譯語)，然而大約從 1906 年開始，也針對革命派理論的根基——盧梭的思想進行反省，1914 年更撰寫〈《民約》平議〉一文，認為以「社會契約」(social contract)為基礎，強調平等、自治政府、主權在民的想法，其理想雖好，實行起來卻是弊端百出，尤其是由盧梭思想引發出的暴力革命的主張，更會造成無窮的禍害。這樣的看法終其一生都沒有改變。

嚴復、孫中山兩人的差異反映改良派與革命派對國家未來的不同看法。而清末這項改良與革命之爭也不只是手段上的激烈與緩和，以及肯定傳統與否定傳統之別，更牽涉到兩種不同的國家與文化想像。

1905 年是一個轉折點，此後康有為、梁啟超與嚴復所代表的改良主義受到排斥，孫中山等人的革命主張則受到多數人的擁戴。從此這樣的革命精神長時間主導了中國二十世紀的變化，國人的革命熱情一波比一波強，先後有 1911 年的辛亥革命、五四反傳統運動等。

至一九八〇年代，許多治中國史卓然有成的學者如余英時、張朋園、李澤厚等人開始對中國「現代化」的進程有一反省，他們認為在近代救亡圖存急迫感的驅策之下，革命的抉擇較配合人們情緒上的感受，但激情有餘、理性不足，反而造成中國現代史上無數的悲劇，李澤厚因而高喊「要改良不要革命」。李澤厚就十分肯定鄧小平的經濟改革，鄧氏著名的「摸着石子過河」、「不管白貓黑貓，會捉老鼠的就是好貓」的說法，無疑具有高度改良主義的精神。

總之，回顧近百年來中國政治、思想的變化，雖然錯綜複雜，但或許可以說是環繞着嚴復式的改良與孫中山式的革命的抉擇。二十世紀思潮的主流無疑是革命，但是從一九八〇年代以來，逐漸有學者反省到革命雖然痛快，卻帶來無窮的惡果，認為改良才是國家現代化的正途，因而「告別革命」的聲浪蜂湧而起。在二十世紀中國歷史上，革命氣氛高漲的時候，改良被貶為開歷史倒車，當歷史的鐘擺轉到改良之時，革命對有些人來說又成了萬惡不赦的罪人，我們總在震盪之中前進，在困頓中嘗試為中國該往何處去的永恆難題，尋覓一個合適的解答。然而誠如一些學者所說的，在嚴重的國家政治危機之時，有效的文化修改與現代化幾乎是不可能的事。因此只有在政治、社會的安定狀況之下，改良主張才比較容易受到人們的肯定；而動盪的局勢之下，革命精神高漲。在經歷了近百年革命的狂飆之後，中國逐漸安定下來，在此環境下或許我們可以平靜地思索百年來革命與改良的曲折歷程所給我們的啟示。

嚴復、袁世凱與《居仁日覽》

從清末改革派的基本立場出發，嚴復對 1911 年的辛亥革命與其後民主共和的建立，抱持着懷疑與悲觀的態度，以為中國當時國民的程度連採取君主立憲都不夠資格，又怎麼能立刻施行民主共和呢？他預言勉強實行的結果將釀成大亂。1914 年他針對民國成立之後的亂象，撰寫〈《民約》平議〉一文，藉着對盧梭理論的再反省，抨擊「暴民政治」。

這時嚴復不但在政治上主張漸進改革、反對革命，在思想上也更為強調傳統文化的價值。1913 年他支持孔教會，提倡尊孔與讀經，並在「孔教會」所舉行的祭孔大典演講《論語》「民可使由之，不可使知之」。他說此一看法不是「愚民主義」，而是認為「無論何等文明，其中冥昧無所知與程度不及之分子恆居多數」，所以在治理國家之時，對於士君子之外，大多數的「氓庶無所知者」，在道德、宗教與法律三個領域，都是「可使由，不可使知」，「何則，知之轉於亂而近於治遠耳」。由此可見他對人民程度與社會規範之關係的關懷。嚴復的觀點和梁啟超類似，梁啟超認為「言民之文明程度已可者，則使之自由；其未可者，則先之使其開其智也。夫民未知而使之自由，必不能善其後矣。使知之者，正使其由不可而進於可也。」這也反映嚴復與梁啟超抱持着精英主義（elitism）的立場，對他們來說，知識分子與一般老百姓，在智慧方面幾乎有一道永恆的裂痕，人們不能期望一般老百姓對道德、宗教、法律有深入的了解之後，再遵循這些規範。上述「保守」想法為支持五四運動的新青年們所痛恨。

民國成立之後，嚴復因袁世凱的關係而受到重用。清末以來袁、嚴兩人的關係即十分親密。嚴復在任職天津北洋水師學堂時結識了袁世凱，常常和幾個朋友一起「斗室縱橫，放言狂論，靡所羈約」。嚴復的朋友杭辛齋（1869–1924）當時已看到袁世凱具有政治野心：「時君謂項城，他日必做皇帝」，袁則開玩笑地說：「我做皇帝必首殺你」，說完「相與鼓掌笑樂」。後來杭辛齋此一「稱帝」的預言竟然成真。1913 年 10 月嚴復寫給熊純如的信中，對袁世凱有「勵精圖治」的傾向而感到樂觀：「項城於國變日受職，各國同日承認，亦幾天與人歸矣。新組內閣，亦若有厲精圖治之傾向。吾輩處今，所謂得少便足，豈敢更作過分之望。」至 1915 年，兩人相交已「垂三十年」。袁氏任總統之後十分重用嚴復，曾任命他為京師大學堂總監督（後為北大校長），嚴復亦被牽扯到鼓吹洪憲帝制的籌安會（在報刊上嚴復名列第三）。他說這是楊度來說服他參加，他因思想上有共同之處，對實施民主共和有所疑慮，因而「被動」接受，嚴復說：

> 籌安會掛名籍端，頗緣被動。一昔楊晳子來寓，宣佈宗旨，邀共發起，復言吾國之宜有君（二字作眾主解）。而輿尸征凶，此雖三尺童子知之，討論餘地，本屬無多，獨至繼此而言，誰為之主，則爭點發生，竊所疑憚。鄙意頗不欲列名，以避煩聒，楊乃以大義相難，謂：「某既知共和國體無補救亡，即不宜苟安，聽其流變。」又云：「此會宗旨，止於討論國體宜否，不及其餘。」就令反對君主亦成表見，意態勤懇，乃遂聽之。而次日賤名乃登報矣。

後來他在致馮國璋書也為自己辯解，「籌安會發起之時，楊、孫二子實操動機，其列用賤名，原不待鄙人之諾，夕來相商，晨已發佈」。他雖感無奈，然對此亦深自惋惜，認為自己未能當機立斷加以拒絕而惹禍上身：「籌安會之起，楊度強邀，其求達之目的，復所私衷反對者也。然而丈夫行事，既不能當機決絕，登報自明，則今日受罰，即亦無以自解」。陳寶琛在〈墓誌銘〉中也為他澄清此事，說楊度「竄其名」：

> 袁世凱與君雅故……國體既變，聘君長大學，充顧問參政及約法議員。君恆昌言，國人識度不適於共和，而戴袁者欲資之以稱制，竄其名籌安會中，君始終不蒞會，袁又諷君為文辟異議者，則辭以疾，自是亦稀接賓客矣。

這應該是比較公允的論斷。

在袁氏執政時期嚴復參與不少重要的工作。1914–1915 年時嚴復擔任參政院參政，因熟悉國外狀況，奉命翻譯西方報刊，供《居仁日覽》之用。嚴復在 1915 年 4 月 21 日寫給友人熊純如的一封信：「報載復與馬、伍諸公，翻譯進呈之事卻非虛語。日來正辦〈歐戰緣起〉，以示此老也。」此處之「馬、伍」是指馬良（1840–1939）與嚴復的學生伍光建（1866–1943），「此老」乃袁世凱，而〈歐戰緣起〉即是嚴復為《居仁日覽》所翻譯的一篇文章。其次，同年 6 月 19 日，在寫給熊純如的信中，嚴復又說，「復向於報章，舍英文報外，不甚寓目」；8 月 5 日的信又說「復自歐陸開戰以來，於各國勝負進止，最為留神，一日十二時，大抵六時皆看西報及新出雜誌也」。由此可見嚴復此時長期閱讀英文報紙，關注西方情勢，因而被延攬進入《居仁日覽》的編輯團隊。

那麼嚴復究竟翻譯了哪些作品供袁世凱參看呢？這些翻譯是否僅為「交差」性質，而不具重要的意義呢？目前能找到嚴復在《居仁日覽》中的翻譯文字計有以下七篇：

1.〈泰晤士今戰史 —— 歐戰緣起第一〉

2.〈日耳曼開戰兵略第二〉

3.〈倫敦時報書布來斯審查會報告書後〉

4.〈英國軍械大臣來德佐治在滿哲沙勸諭工人演說〉

5.〈英人狄侖論今戰財政〉（其下又細分為 12 個小節，其標題為「德人之金戰」、「法人財政之見絀」、「俄人之倉遽」、「三國協商財政於巴黎」、「俄之酒禁」、「俄國禁酒之效果」、「巴黎三國財政協商之決議」、「英法之所以助俄」、「俄之穀麥能輸出乎」、「俄與瑞典之兵費」、「勃牙力與其政府」、「德人何故而助勃」）

6.〈希臘前相文尼芝祿上希臘王書〉

7.〈美人宣告德國近情〉

上述嚴復所翻譯的文字究竟從何而來？

第一、二篇〈泰晤士今戰史 —— 歐戰緣起第一〉與〈日耳曼開戰兵略第二〉。《泰晤士今戰史》一書的原名為：*The Times Illustrated History of the War*（《泰晤士報戰爭圖史》），嚴復的譯文沒有附圖，他因而把「戰爭圖史」改為「今戰史」。本書是以週刊的型式出版，1914 年 8 月 25 日出刊第一部分，內含兩章，封面是德皇威廉二世的肖像。

首期出版的這兩章就是嚴復所翻譯的〈歐戰緣起第一〉（Chapter 1, "Political Antecedents to the War"）與〈日耳曼開戰兵略第二〉（Chapter 2, "The German Army and German Strategy"）。

在 1914 年 8 月 25 日的《泰晤士報》上有一則新聞報道，說明該書第一部分兩章的主要內容：

> 第一部分有兩章，第一章處理戰爭在政治方面的緣起，第二章則有關軍事方面的情況、德國軍隊與德軍的戰略。第一章討論在德皇威廉統治期間所逐漸形成的世界政策的起源與本質，以及德國與英國對抗的原因。文中還解釋了德國如何在英國面對波耳戰爭的困難中尋找機會；德國如何建立其海軍；法國與俄國如何處置兩者之間的分歧，以及後來它與英國之間的差異。……第二章描寫戰爭的開戰情形，以及造成初次衝突，亦即德國攻擊比利時與法國邊境的各種情況。在說明了德國軍隊組織與實力之後，作者比較了1914年與1870年的戰略情況，以及德軍將帥集中在西線戰事時所可能有的考量。

如果對照嚴復〈歐戰緣起第一〉的開始部分與原書的句子，可以發現嚴復的翻譯非常精確。只是原文中大量的圖片，包括重要人物的肖像、重要地點的照片與地圖等都被嚴復所略去，難以彰顯「圖史」的本來面目。

第三篇譯文〈倫敦時報書布來斯審查會報告書後〉文中註明「見本年五月廿一日《倫敦時報》」。《倫敦時報》即是《泰晤士報》。然而經過筆者查核，1915年5月21日報上並無此篇文章，嚴復所採用的原文應該是 *The Times* 在1915年5月13日第九頁之上的一篇作品，標題是：「A Record of Infamy」(〈一個邪惡的記錄〉)，這一篇文章是在介紹該日報紙第六頁上的一篇長文：「Barbarism in War, German Atrocities, Report of the Bryce Committee, A Terrible Record」(戰爭中的野蠻行為，德軍暴行，布來斯委員會報告，一項可怕的記錄）。換言之，嚴覆沒有翻譯較長的《布來斯委員會報告》，而翻譯了較簡短的對該報告的一則報道。

嚴復因此將該文標題改為〈倫敦時報書布來斯審查會報告書後〉。布來斯的這一篇報告之起源乃是由因為開戰之後德軍入侵比利時，傳出許多戰爭中屠殺比利時人民的殘暴行為。英國政府於是組織了一個委員會，由所謂公正人士加以採訪、調查上千的案例，並在報告中細述德軍所為。該報告於 5 月 12 日公佈，次日即刊於報章之上。嚴復在譯文中表示：「此自有史傳記載以來，所發露之種民凶德，從未有如是之已甚。」文中對暴行的描述如：「幼女洞胸，小男斷腕，婦人割乳，全家支解，以槍刀洞兩週之孩，肩之而去……」。

布來斯的審查報告在西方引起很多的爭論。支持者認為調查是客觀而真實的，同時還發行多種圖像式的明信片，來宣傳德軍的兇殘。

不過也有人認為這些都是政治宣傳而想像出來的內容。當時嚴復只是將英國報紙的報道翻譯出來，並沒有注意到此項報告所具有的主觀性，及其背後複雜的論辯。由此可見嚴復所依據有關第一次世界大戰的報道因來自英文報刊，這就注定了他所採取的支持英、法等協約國的立場。

第四篇譯文〈英國軍械大臣來德佐治在滿哲沙勸諭工人演說〉，這一篇採自 1915 年 6 月 4 日 *The Times* 上的一篇文章，篇名是：「A Workshop War, The Crying Need for Shells, Plain Words from Mr. Lloyd George, Democracy and Compulsion」（工廠的戰爭，亟需炮彈，來自來德佐治的直率之論，民主與強迫）。Lloyd George 是當時英國的 Minister of Munitions（軍械大臣），他在 6

月 3 日訪問曼徹斯特（Manchester）並對一羣工人演說，他指出德國戰場的勝利來自軍需供應的充足，因此戰爭的成敗其實決定在工廠，而非戰地。嚴復在譯文中很精確地翻譯出其旨意：「此後軍事利否，全視爾等盡力之何如……為此，故今日之軍興，惟爾等之諸工廠是賴。」嚴復可能是為了要讓國人了解軍需供應實為戰場成敗之關鍵而翻譯此文。

第五篇譯文〈英人狄侖論今戰財政〉，來源不詳。此文篇幅甚長，仔細地討論戰爭與財政的關係，文中一開始即討論德國財力雄厚，而俄、法等國則顯出「財政之見黜」。

第六篇譯文〈希臘前相文尼芝祿上希臘王書〉。這一篇譯文的開始部分，嚴復曾有所說明：「本年一月，文尼芝祿談歐局趨勢，以謂希臘宜出而與突厥宣戰，則為書上其國王如左。國王德婿也，不能用其言，文乃辭職云」。此處所說的文尼芝祿（Venizelos）曾任希臘首相，希臘王則是君士坦丁（Constantine）。上文所說的「突厥」指 Serbia，即塞爾維亞。

這一篇文章的原文是：「Venizelos's Statement to King Constantine」。根據《紐約時報》的記載，該文的全文於 1915 年 4 月 21 日刊登在倫敦出版的 *The Daily Chronicle*（《每日記事報》）之上。在文章之內文尼芝祿主張放棄中立，並對塞爾維亞宣戰，以對抗德、奧，同時爭取鄰邦保加利亞與羅馬尼亞的合作，而爭取合作的方式是割地（territorial concessions）給上述二國。誠如嚴復在譯文中指出「不幸中立而禍患愈無由解免，惟戰尚有十一二全」。然而此一提議不為希臘王所接受，文尼芝祿認為此乃一大恥辱（insult），因而於 1915 年 3 月 6 日辭職。嚴復翻譯此文可能是為了提供中國面對參戰問題之參考。

第七篇譯文〈美人宣告德國近情〉。本文之原始來源不詳，根據嚴復的說明，「一美人名某，新自德國抵倫敦，英人向詢德國近狀，書其見如左。其言無隱，英人據之以登《孟哲士報》」。由此推測，該文可能是出自 *Manchester Times*，這也顯示當時嚴復除了閱讀英國最重要的《泰晤士報》之外，也注意到地方性的報紙。

嚴復在 1915 年所從事《居仁日覽》的翻譯文字或許不只是「交差」的性質，從上述目前存留的文字來看，因為擔負此一工作，嚴復得以大量閱讀英文報刊，了解世界局勢，同時也讓政治領導者能夠掌握國際上重要形勢的發展。1916－1917 年之際，嚴復駁斥了嚴守中立、反對參戰的說法，提出理性務實的參戰主張，正是依靠長期以來對於歐洲戰局的仔細觀察。

《居仁日覽》之翻譯工作對嚴復累積西方知識上具有重要意義。不過值得注意的是，嚴復所依賴的信息來源全為英國報刊，這也使他難以深入了解同盟國的情況，並因而傾向支持協約國的立場。

其次，對於歐戰的深入考察，包括上述德軍在戰場上的殘暴行為的認識，也激發出嚴復對國內外戰爭的批判與對人道主義的倡導。1917 年，嚴復作有〈歐戰感賦〉一詩，對於戰爭耗費金錢、新武器所造成的重大傷亡，發出無盡的感傷。

1918 年嚴復為何遂（1888－1968）所題《赴歐觀戰紀念冊》題詩時，也深感西方科學的發展，造成殺人利器之日新月異，這正是孟子所說「率鳥獸以食人」。他發出「太息春秋無義戰，羣雄何苦自相殘，歐洲三百年科學，盡作驅禽食肉看」的感歎。在該詩按語中他說：「四年苦戰，死傷總數逾三千萬，宗教用其書之默示錄語，疑世界乃近末日，抑救主有復臨之機，此自人心亂極思治，其然，豈其然歟？」一次大戰造成三千萬人的死傷，幾近世界末日。嚴復同時亦反省到國際之間的戰爭實源於狹隘的民族主義與愛國主義，而感歎地說出「自愛國之說興，而種族之爭彌烈，今之歐戰其結果也。……夫愛國之義，發源於私，誠不足以增進人道……」。從歐戰的反省出發，嚴復對於袁世凱死後中國陷入軍閥混戰、彌天殺機而悲憫不已，在上述批判西方戰爭的文字之後，他語鋒一轉，「隱刺當時國中連兵相殘之武夫」：「然彼之相為屠戮者，猶以種族異耳。顧同種並化之中，獨以予奪奮虐，此真百喙無以自解者矣。」

由此可見，嚴復在歐戰的刺激之下思想有所轉向，他批判西方科學畸形發展、愛國主義與種族之爭所導致的殘酷戰爭，企望回歸中國傳統，因而形成了一個與五四反傳統運動截然不同的思路。尤其值得注意的是，這不只是嚴復個人的觀點。許多的研究都指出歐戰引起國人高度的文化自覺，如梁啟超、梁漱溟等人，一方面看到西方物質文明的過度發展，導致毀滅性的戰爭，另一方面則引起對自身文化的信心，希望在東方的精神文明之中尋找出路。梁啟超與梁漱溟的看法與嚴復的觀點相互呼應。不過梁啟超的《歐遊心影錄》是在 1920 年 3 月初由《時事新報》發表，梁漱溟在北大演講《東西文化及其哲學》則在 1920 年秋天，在時間上均晚於嚴復。這樣一來，嚴復無疑地得風氣之先，《居仁日覽》的翻譯工作與他的翻譯文字，不但對嚴復個人思想來說深具意義，也推動了民初五四運動前後思想界的一個重要發展，在中國近代思想發展上有不容忽略的重要性。

嚴復論中西文化

自近代西力東漸以來，中國知識分子最感困惑，而亟待解決的中心問題是：中學和西學的異同及其互相關係。嚴復畢生努力的目標就是思索並嘗試解決這個問題。他了解在結合中西之前，要明瞭中西文明之歧異，方可站穩腳根，吸融新說，建立立場。同時對此議題的正確理解，將可作為國民教育之基礎。這樣一來，配合他思想中的精英主義，以及當時盛行的「藉思想文化以解決問題的途徑」（林毓生語）之想法，嚴復認為中國問題的解決必須針對中西文化如何交融之議題，並駁斥錯誤思想，建立正確典範。

當然嚴復的努力，亦有可議之處。當時「文化」的概念還沒有在中國思想界普遍流行（「文化」作為英文 culture 的對譯語要到 1908 年顏惠慶的《英華大辭典》才出現），更不用說後來所發展出社會科學，尤其是文化人類學對「文化」的看法。嚴復並不嚴格區別描寫性的討論與規範性的討論。同時他也不了解他所讚賞的西方自由民主傳統，在認識論與人性觀上具有「悲觀主義認識論」（epistemological pessimism）與「幽暗意識」等重要預設。然而針對今日仍然存在的中西溝通或所謂文化的分流與合流的嚴肅議題，他無疑是一個敏銳的思想先驅。

（1）中西文明的分流與合流

嚴復了解在中西之間因為歷史、政治、學術的差異，西方產生了中國所沒有的「自由」理念，他指出中國傳統從來沒有所謂「政界自由之義」，「未聞有持民得自由，即為治道之盛者」。由於此一區別，中西文明之間幾乎存在着系統性的歧異，用他的話來說，中西各有其體用。然而，嚴復也看到兩者的合流：例如儒家「絜矩之道」與自由觀念相通、楊朱哲學與西方個人主義是一致的、中西學界均了解到公私可以兩立、斯賓塞的社會學與《大學》格致誠正修齊治平之道可相互發明，以及「中國以學為明善復初，而西人以學為修身事帝，意本同也」。

在上述對比與合流的交織之下，嚴復對中西的結合感到樂觀。早在 1895 年他就說：在了解西學之後，再反觀吾聖人之言，「而後有以窺其精微，而服其為不可易也」。1902 年，他與吳汝綸討論此一議題時亦表示：「新學愈進則舊學愈益昌明，蓋他山之石可以攻玉也」。同時，他在討論教育時也說「必將闊視遠想，統新故而視其通，苞中外而計其全，而後得之」。以上「統新故、苞中外」的想法在他的晚年變得更為重要，1917 年，他在一封信中表示：對於中西文化，人們應觀其「會通」，以新式機器開發《四書》、《五經》之礦藏。

會通中西的想法在現代中國思想史上，特別是新儒家（如唐君毅、牟宗三、徐復觀、錢穆等）思想之中，變得非常重要。這樣一來，嚴復闡釋了一個至今仍具重要性的文化融合的典範。根據此一典範，創造性地結合部分中國與部分西方理念，再摶成一個新的文化是可能成功的，這不僅是因為有一些有價值的中西觀念早已會通；還因為中國能夠藉採取她所缺乏的一些西方觀念而得益。此一規範性的典範與當時流行的一些理論有明顯的不同。

（2）嚴復反對中體西用、全盤西化與西學源於中國說

嚴復反對張之洞所提出的中體西用論，或「主中學而以西學輔所不足」、「仿其末節」等觀點。嚴復也反對「政本藝末」的說法，認為西方的技藝與西方的政治有十分密切的關係，互相輔助，並非一本一末，是以對於西方文化「其人既不通科學，足其政論必多不根」。

由此可見，嚴復雖然也用「體用」、「本末」等與宋明理學密切相關的語彙，但他根本上卻反對將「體用」、「主輔」、「本末」等概念，應用到對東西方文化的理解，以及文化交流時所應實行的策略。嚴復強調文化的整體性與有機性，他以生物體來作比喻，指出「一國之政教學術，其如具官之物體歟？有其元首脊腹，而後有其六腑四肢；有其質幹根荄，而後有其支葉華實」。換言之，無論中西，其精神、制度與物質方面的狀況都相互配合，不可任意割裂。

上述的觀點影響到嚴復對於文化間相互採借的態度。他反對不顧東西文化的內在差異而作的無根的移植。他用一個非常生動的比喻：「去驥之四蹄，以附牛之項領，從而責千里焉，固不可得，而田隴之功，又以廢也」，因此一個不適當的文化採借，不僅對本身無益，甚至有害。

這樣一來，嚴復關於文化修改問題的看法不容易偏到像五四時期的學者那樣的全盤西化論。他不但在晚年反傳統浪潮之中，提倡尊孔、讀經，即使在嚴復早年積極提倡西方文化之時，他也不曾主張要完全放棄中國文化，認為中國政教仍有其是處，他所反對的僅是中國文化中負面的部分。

嚴復的思想顯然是處於「中體西用」與「全盤西化」之間，

然而他所構想的文化修改的方式和清末「西學源於中國說」，或所謂「引中國古事以證西政，謂彼之所長，皆我所有」，也不相同。嚴復一直批評西學源於中國說。早在一八七〇年代，嚴復還在英國時，在與郭嵩燾的討論之中，他就批評張自牧的〈瀛海論〉。此書正是最早倡導西學源於中國的一本著作。他也反對一些人（如梁啟超）認為西方議院、憲法等中國古已有之。

（3）整體主義與有機主義

嚴復的想法與他所反駁的理論都預設了在面對西方文化之時，不應僅限於零碎地引介一些想法，而應建立一個理論。嚴復與當時的知識分子有無建立這樣的理論？如果有的話，其內涵為何？

上文曾指出嚴復強調文化的整體性與有機性，此一想法與全盤西化論者所持的有機論的觀點類似，卻又不同。林毓生曾指出全盤西化的反傳統主義是奠基於以下的一個理論或預設：他們認為一個社會或文化是一個有機體，它的形式或本質受到一些基本觀念的影響，而且這些基本觀念的角色有如生物體之基因，在此情況之下，整體與部分緊密地聯繫在一起，換言之，部分的本質與形式是取決於整體。

林毓生在此處所指出的想法是將文化視為一個整體，因此只能全盤接受或全盤拒絕。例如，我們無法選取儒家思想的一部分，而捨棄其他的部分。但是這種整體主義只是當時針對以下兩個議題所提出的諸多理論之一種，這兩個議題是：企圖改變之社會的本質為何；改變此一社會的方法又為何。

第一種觀點是當時林毓生所謂反傳統主義者的「有機整體」的想法。雖然我們不能忽略，反傳統主義者不但預設了文化有如一有機整體，而且悖論式地認為這一個文化系統中的成員，具有批判此一整體的能力，能脫離或創造一個有機的文化整體。換言之，這種一元式的文化觀念，與其成員具有批判意識和理性力量的預設結合在一起。

這二種觀點將社會視為各個部分拼湊而成的東西，而非一個有機體，因此只能以零碎的方式來作調整。此一觀念很類似波普（Karl R. Popper）在《開放社會及其敵人》之中所謂的「細部工程學」（piecemeal engineering）。此外，胡適所謂「多談些問題，少談些主義」的想法與此一觀念也有關係。

第三種觀點是像鄭觀應、張之洞那樣，將要改變的對象分為體與用，或道與器。他們認為前者應繼續受到維護，而後者則是能夠被調整、改變的。

第四種觀點認為不同文化之間有取捨的可能，因此文化修改不是零碎的調整，也不是體用概念所規範、允諾的，而是基於主體的批判意識，追求如何才能形成一個結合本土與外來觀念之有機整體。

嚴復對文化修改的看法顯然較接近第四種，但他還會堅持社會是一個有機體。同時，在斯賓塞的影響之下，他不斷地強調有機體的整體表現，要依賴組成此一有機體成員的質量，這樣的成員當然包括像嚴復那樣具有批評意識與思考能力的「自由」人。嚴復說：

> 一羣之成，其體用功能，無異生物之一體，小大雖異，官治相準。知吾身之所生，則知羣之所以立矣；知壽命之所以彌永，則知國脈之所以靈長矣。一身之內，形神相資；一羣之中，力德相備。身貴自由，國貴自主。

這樣一來，斯賓塞的有機體理論讓嚴復可以將中國想像為一個國羣，但是並不妨礙文化採借的可能性。換言之，嚴復認為人們可以針對文化遺產作一取捨，以形成一個新的有機體，在這方面，他堅持中西文化的交融。此一觀點與林毓生所討論的一元論的反傳統思想是有所不同的。這兩個觀點均視國家社會有如一有機體，但是嚴復並沒有將此整體變成一個只能完全接受，或完全拋棄的對象。當然，我們不應忽略，嚴復所構想的有機體與他對社會中自由與利他可以並重、公私利益可以不相衝突的道德視野，是相互配合的。

（4）結合中西之長的典範

對嚴復來說，創造性地摶成一新的有機整體，需要基於現有合流之趨向，並採取西方的長處。此一想法與當時流行的一種結合先秦與西方之典範有類似之處。這種說法以為中國傳統之中先秦的政治與文化遺產是具有正面價值的，然而後來因為秦朝的專制與焚書，造成斷裂。例如梁啟超戊戌前在湖南時（約1897年）就提出應結合先秦與西方而創造一個新的文明，他說：「我們當時認為，中國自漢以後的學問全要不得的，外來的學問都是好的。」嚴復對此看法有所懷疑，他似乎比較傾向一元式、演化式的歷史觀，雖然肯定鑒往知來的價值，認為從固有文化中可以「披沙見金」，但是並不認為歷史上有一個黃金時代可以為後代取法。

雖然如此，嚴復在中國文化之中所特別欣賞的還是《四書》、《老子》、《莊子》等先秦作品，他又堅持使用「與晚周諸子相上下」的文字，這樣一來，嚴復的觀點與梁啟超所揭櫫的典範之間還有某種程度的親近性。其精神也與任公在《新民說》中所謂「淬厲其所本有而新之」、「採補其所本無而新之」，「二者缺一，時乃無功」的想法，是一致的。

總之，嚴復（和梁啟超）的文化修改方式與張之洞的「中體西用」和五四的「全盤西化論」均不相同。他們不但強調先秦學說的意義，而且主張中國有關內在世界（倫理與形上智能）的知識，與西方有關外在世界（主要是科學與民主）的知識要結合為一，同時外在世界還要維繫中國五倫的秩序，而內在世界也要肯定西方如「所以存我」、「開明自營」的精神。這種會通中西的觀念使他的思想成為當代新儒家的先驅，而此一文化理想仍是當前國人努力的目標。

嚴復對「國性」的思考

隨着帝國主義的侵略與社會達爾文主義在中國的傳播，近代中國知識分子反覆討論的幾個問題包括：「東西文化孰得孰失，孰優孰劣？」、「中國究竟會不會亡國？」，以及「國人應如何救國保種？」等。對於上述的問題，清末以來的思想界有兩種主要的答案，一類是主張徹底改變的轉化式的看法，認為「方死方生」，中國人只有拋棄舊傳統、擁抱新文明，中國國家、文化才能獲得新生。例如陳獨秀認為中西之間是對立的，接受西方就得唾棄中國。這時放棄傳統仍是一個尚未完成的目標（即所謂「主觀願望」）。至 1933 年，胡適在芝加哥大學演講「儒教的使命」（"The Task of Confucianism"）時曾說：「何鐸斯博士在演說的末尾說：『儒教已經死了，儒教萬歲！』，我聽了這兩個宣告，才漸漸明白 —— 儒教已死了 —— 我現在大概是一個儒教徒了。」他所要強調的是儒學已亡，而儒學的死亡是使儒學具有新生命的開始。平心而論，這還是一種主觀願望，但對胡適來說，儒教的死亡顯然已經不是目標，而是「事實」。此一中國近代思想史上的轉化路向，錢穆描寫得最好。他說：這些學者「好為概括的斷制。見一事之弊，一習之陋，則曰吾四萬萬國民之根性然也，一制之壞，一說之誤，則曰吾二千年民族思想積疊然也」，「於是轉而疑及於我全民族數千年文化本源，而惟求全變故常以為快」。反傳統主義者、全盤西化論者與科學主義者多半抱持這種觀點。此一觀點也配合美國學者列文森（Joseph Levenson）所謂儒教已死、中國傳統只具有博物館中的典藏價值。

第二類答案則是調適性的「繼往開來」，或稱為「更生之變」（「更生」指復活或新生）的主張。他們也看到中國文化缺失，卻希望從傳統之中，去蕪存菁，融入西方文化的優點，走出一條再造文明的路。清末民初採取「調適性」思路的知識分子，與轉化型學者一樣，面對民族、文化存亡的生死戰，而企望有所作為。如果借用余英時描寫錢穆思想時所用的字眼，他們一方面相信傳統文化不死，而且即使如反傳統者所宣稱的傳統已經衰亡，他們仍鍥而不捨地要「為故國招魂」，並期盼讓「舊魂引生新魂」。這一思路源於晚清梁啟超求索「中國魂」，與《新民說》中「採補」、「淬厲」並重的想法，以及民國以後嚴復的「國性」說、「立國精神議」與「會通中西」的理論。他們都嘗試將儒、釋、道的生活哲學，與西方自由、民主的生活方式與進化論的宇宙觀、歷史觀等結合在一起。上述「會通」的思路從清末士人追索「國魂」開始，至民國初年發展為學界挖掘「國性」、「國粹」、「立國精神」或「民族精神」，並追求中國的精神文明與西方物質文明的結合。

嚴復提倡「國性」說，此處之國性即為「民族精神」、「國魂」，或說一國之「靈魂」，在 1913 年在中央教育會與孔教會有關〈讀經當積極提倡〉的演講中，他說：

> 大凡一國存立，必以其國性為之基。國性國各不同，而皆成於特別之教化，往往經數千年之漸摩浸漬，而後大著。但使國性長存，則雖被他種之制服，其國、其天下尚非真亡。

他從中國歷史上的「易代」與外國之「亡國」有所不同來做說明：

此在前史，如魏晉以降五胡之亂華、宋之入元、明之為清，此雖易代，顧其彝倫法制，大抵猶前，而入主之族，無異歸化，故曰非真亡也。獨若美之墨西、秘魯，歐之希臘、羅馬，亞之印度，非之埃及，時移世異，舊之聲明文物，澌然無餘。夷考其國，雖未易主，蓋已真亡。今之所謂墨西、秘魯、希臘、羅馬、印度、埃及，雖名存天壤之間，問其國性，無有存者，此猶練形家所謂奪舍軀殼，形體依然，而靈魂大異。莊生有言：「哀莫大於心死。」莊生之所謂心，即吾所謂靈魂也。人有如此，國尤甚焉。

嚴復認為中國「國性」存於孔子之教化，而其教化又有賴於儒家經典而傳承至今：

嗟呼諸公！中國之特別國性，所賴以結合二十二行省，五大民族於以成今日莊嚴之民國，以特立於五洲之中，不若羅馬、希臘、波斯各天下之雲散煙消，泯然俱亡者，豈非恃孔子之教化為之耶！孔子生世去今二千四百餘年，而其教化尚有行於今者，豈非其所刪修之羣經，所謂垂空文以詔來世者，尚存故耶！

1914年，嚴復在參政院提出〈導揚中華民國立國精神議〉，該議案不但抽象地指出「忠孝節義」等作為「立國精神」之價值，也提出具體的導揚此一精神的制度性安排。包括將中外先賢、名人的言行編入學校教科書，並以通俗歌曲、戲劇、圖畫的形式，或祭典、廟會的方法廣泛宣傳。在同一年，嚴復又翻譯了衛西琴（Alfred Westharp）所著《中國教育議》（原名為 *Chinese*

Education: How East and West Meet），該書的主旨也是結合中西而回歸中國傳統。該文先刊登於梁任公所主辦的《庸言》之上，再發行單行本。

嚴復不但主張「國性」、「中國不亡」等觀念，又倡導尊孔、讀經，他也追求中西學術的會通。陳寶琛（1848–1935）評嚴復學術曾說：「君於學無所不窺，舉中外治術學理，彌不究極原委，抉其得失，證明而會通之。」上文中的「會通」二字，正是嚴復學術思想的核心。他一身即結合了中學與西學、傳統與現代，以及科學與宗教、倫理等。

值得注意的是，針對中西文化分歧、合流的歷史處境與會通中西的目標，嚴復思想在理論層面並不具有美國學者史華慈所說的「兩面性」（史華慈在《尋求富強：嚴復與西方》中所說的「Janus-faced」），亦即其思想之中的兩個範疇是彼此不相關的，這個兩面無論是指中與西、體與用、形上與形下、「價值理性」與「工具性理性」（韋伯意義之下），或科學與哲學。對嚴復來說，中國倫理價值與涉及「不可思議」和「幽冥之端」的形而上世界，同時這些價值可以配合西方有關追求富強與民主的技術和制度安排。對他而言，這幾方面可以互補、融合，也都是建立一個理想的自由國度所不可或缺的。此一會通的信念也使他們不具有列文森所強調的近代中國知識分子理智與情感的分裂或所謂精神迷失、茫無歸着。嚴復是以國性觀念為基礎來吸收西方之長處，從而描繪中國啟蒙的藍圖。

嚴復論教育

精英領導、德育優先

嚴復啟蒙思想的核心觀念是以教育來「瘉愚」，這一構想不但受到斯賓塞《論教育》一書的影響，也源於他本身成長經驗，而體現了他有關中西文化交融的典範。他晚年號稱「瘉壄老人」、「瘉壄堂主人」，他的詩集稱為《瘉壄堂詩集》就可以反映此一志向（壄即「野」，指蒙昧未開）。斯賓塞在《論教育》之中首先提出民德、民智與民力的重要性，嚴復因而揭櫫鼓民力、開民智、新民德的政治理想。為實現此一理想，嚴復將教育分為體育、智育、德育三個部分。他認為三者之中以德育最為重要，其次是智育，再其次是體育。他說體育的基礎是「衞生之理」，「是以言智育而體育之事固已舉矣」，所以智育比體育來得重要；而科學的成果可以為善人所用，亦可以為惡人所用，如為惡人所用，則貽害匪淺，所以德育又比智育來得重要。嚴復強調：社會、國家的基礎是「天理」、「人倫」，「未有國民好義，君不暴虐，吏不貪污，而其國以亡，而為他族所奴隸者……故曰德育尤重智育也」。

就內容而言，嚴復指出體育與智育，隨時代有所進步而產生變化，尤其是智育方面，西人有重要的進步，應努力學習。但是德育方面，西人「進於古者」非常有限，所以德育要以同有的「經常之道」為基礎，再配合其他方面。嚴復說德育要教導儒家的「忠信廉貞，公恕正直，本之修己以為及人」。更具體地說，嚴復認為德育的基礎是儒家的「五倫」。

嚴復對儒家倫理的基本條目，如絜矩之道、恕，與《大學》八綱目等的肯定顯然是不曾改變。不容諱言，嚴復德育思想的焦點在前後期有所不同，早年較重視「新民德」，亦即是強調公民資格的建立（和梁啟超的《新民說》旨趣相同）；1906 年以後則較為提倡以傳統德目為中心的「德育」（此處則類似梁啟超在《新民說》後期對儒家傳統與「私德」的強調）。

嚴復對傳統道德條目的肯定至晚年變得更為強烈，1921 年他在死前曾將一生經歷總結為以下的遺言，供後代子孫參考：一、中國必不滅，舊法可損益，而必不可叛。二、新知無盡，真理無窮，人生一世，宜勵業益知。三、兩害相權，己輕羣重。由此可見他在修身方面秉持的各項基本原則，包括肯定傳統，重視合羣，追求知識、鍛煉身體、安平度世等，和他一貫對德、智、體諸育的看法相配合。

嚴復對教育的態度直接影響到他對於教學的看法。他認為針對不同的學生與學科，有不同的教學方式。在教科書方面，就學科來說，嚴復認為「教科書於智育不必有，於德育則不可無」，就學生而言，則是「高等之學校不必有」，「中學以下，不僅德育，即智育亦不可無教科書也」。由此可見嚴復認為國人在智育方面，可發明創新，有較多的自由；德育方面則應固守規範；而大學、高中生有較多的自由，中、小學生有較少的自由。

再者，智德二育的教學方法也有所不同。智育要讓學生明白其「所以然」，德育方面則要先使學生遵循紀律、實行道德條目，等到年歲增長，再慢慢地啟發其所以然。其中對於德育的看法與嚴復徵引《論語》「民可使由之，不可使知之」的觀點是一致的。

嚴復對教育與教學的想法顯示：他認為中國要成為一個富強與自由的國家，必須以教育方式，培養出德智力兼備的現代國民，而道德方面的重要基礎是儒家倫理，以此為根基，吸收西方思想、制度與科技成就。在此理念之下，他強調中西學應分而治之，並在每一個個體之上完成融合。

1902 年，嚴復在〈與《外交報》主人書〉中清楚地揭示此一想法，「中學有中學之體用，西學有西學之體用，分之則並立，合之則兩亡」。在此文之中，他一方面表示：中國應實行的教育絕非「盡去吾國之舊，以謀西人之新」，因此舊有之「經籍典章」不應廢除；另一方面他則強調西學為當務之急，而「治西學，自必用西文西語，而後得其真」。

他所設計的教育體制如下：在小學時，教學以中學為主，減少記誦，增加講解，中學堂的學生需錄取「中學有根柢者」，「此後便當課以西學，且一切用洋文授課。課中洋文功課，居十之七，中文功課，居十之三」。四、五年之後升入高等學堂的預科，三、四年之後再分治專門學科。同時他也主張公派留學。在出國之前要對學生施以三年的訓練，前兩年專治語文，第三年研習科學。嚴復的根本想法是：

> 吾聞學術之事，必求之初地而後得其真，自奮耳目心思之力，以得之於兩間之見象（按：「見象」語出佛典，指得其全體）者，上之上者也。其次則乞靈於簡策之所流傳，師友之所授業。然是二者，必資之其本用之文字無疑也。最下乃求之翻譯，其隔塵彌多，其去真滋遠。

1912 年，嚴復任北京大學校長，他將此一中西學分而治之，再追求兼容並蓄的理念付諸實施。他在 1912 年 4 月 19 日寫給熊純如的一封信中表示：

> 比者，欲將大學經、文兩科合併為一，以為完全講治舊學之區，用以保持吾國四、五千載聖聖相傳之綱紀、彝倫、道德、文章於不墜……今立斯科，竊欲盡從吾舊，而勿雜以新。

嚴復屬意由義寧陳三立（1853－1937）與桐城姚永概（1866－1923）來主其事。後陳三立堅持不就；姚永概則出任北京大學文科教務長，1913 年辭職，由曾留學日本的夏錫祺（1877－1938）接替。

此段史料被許多學者解釋為嚴復轉向保守、不再主張融合中西文化。這樣的說法是值得懷疑的。

第一，在上一封信之中，他向熊純如強調，除了文科想請陳三立與姚永概主持之外，「本校餘科監督、提調，必用出洋畢業優等生，即管理員亦求由學校出身有經驗者」，顯示他對西學仍然十分重視。

第二，嚴復所謂「盡從吾舊，而勿雜以新」、「為之不已，其終且至於兩亡」，其實與他在 1902 年所提出的中西學各有其體用，而新舊學分而治之的想法是一貫的。這時他並不忽略西學。相反地，根據北京大學檔案，嚴復當時曾向教育部提出〈文科大學改良辦法說帖〉，主張中西學要「兼治始能有益」、「兼收並蓄，廣納眾流，以成其大」。

第三、嚴復在北京大學時所面臨最大的問題是經費短缺，他所謂專治舊學的想法與此亦有關連。在上述的說帖之中，嚴復也談到學校的財務危機，並表示等到經費稍為充裕，即可「覓有相當宿學，徐立專門，以待來者」。很可惜目前找不到 1912–1913 年的史料，但根據 1914 年出版的《北京大學規程》，在此之前北京大學文科設有三個學門：中國哲學、中國文學與英國文學。這似乎顯示當時經費窘困，只能選擇性地分治中學或西學。

第四，這一次將經文兩科合併，其實是呼應蔡元培在同時所提倡的大學廢除經科的構想。將儒家經典的學習分攤到哲學、史學、文學等分科之中。其中具有很強烈的脫離傳統、開創新局的意義。

第五，嚴復所說的舊學實際上並非所有傳統的學問，主要是他所支持的桐城派的學術路徑，主張「文以載道」與「經世致用」，而反對訓詁考據。陳三立、姚永概所代表的即為此一學風。姚去職後，由夏錫祺接替。夏引進了大批章炳麟的弟子，如黃侃、馬裕藻、沈兼士、錢玄同、康寶忠、朱希祖等人，北京大學文科之學風轉向考據。這些人正是嚴復所批評的「今日號治舊學者，特訓詁文章之士已耳。故學雖成，其於社會人羣無裨力也」。

總之，從以上的分析可見嚴復在 1912 年寫給熊純如的信，仍清楚地顯示他在思想上的一貫性。換言之，以中西學分治，在個人身上結合為一的方法，來尋求中西文化的兼容並包，達到明道致用，仍是他所追求的目標。嚴復甚至將此一方法用在家庭教育之中。

嚴復對教育與教學的觀念，與他結合傳統道德與西方價值的政治理論完全配合，兩者均為「自由秩序二者」並重。這也顯示出在嚴復心目中，個人在一個自由社會中自由成長的情狀。

嚴復認為一個自由社會有如一個學校，由精英分子設定教育目標與教學內容，培養學生的德、智、力，使之不斷追尋以成就一更佳之個體。此一由精英分子自上到下，培育人民之積極自由的啟蒙方案，在現代中國自由傳統之中，仍扮演重要的角色。

嚴復與靈學

科學、宗教與迷信之關係的再思考

「靈學」即「心靈學」或「靈魂之學」，是指探討靈魂、心靈溝通、特異功能、死後世界等議題的學問。一八五〇、一八六〇年代，英國學者開始從事所謂「靈學研究」（psychical research），1882 年 2 月 20 日「靈學研究會」（Society for Psychical Research）在英國倫敦正式成立，這一派的學者研究心理感通或靈魂之間的溝通，認為人在死後靈魂繼續存在，而且可以透過各種方式降臨人世。這樣一來，靈學被認為是研究靈魂之間的溝通，以及探索死後世界、鬼神等現象的一門學問。

一八八〇年代以後，歐美的靈學研究傳入日本，日人將 psychical research 譯為「靈學」、「靈魂之學」或「心靈研究」。靈學（包括催眠術、千里眼等）在日本也有很蓬勃的發展，並引起許多辯論。中國的留日學生與旅日華僑對此也深感興趣，曾在橫濱組織「中國心靈俱樂部」（1908）、在神戶成立「中國精神研究會」（1911），研究催眠術。清末民初日本的靈學研究又從不同管道傳入中國。當時傳入中國的靈學，其內容非常複雜，大致約有以下五類：一、「心靈感通」，認為人與人可以透過心靈感應，交流思想；二、催眠術；三、特異功能，宣揚有些人具有遙視、透視的能力，如千里眼、天眼通；四、妖怪學，研究妖怪與鬼物；五、「降神術」，宣傳人的靈魂可與鬼神溝通，代鬼神宣言。這幾項又與中國傳統中的降仙童、迎紫姑、扶乩、討亡術、祝由科等結合在一起，而深深吸引國人之注意。在中國各地成立的一些有關催眠術、靈學研究的團體有：「上海靈學會」、「靈學研究社」、「預知研究會」、「中國心靈研究會」、「催眠協會」、「變態心理學會」、「催眠養成所」、「中國精神研究會」等。其中上海靈學會最有名。

上海靈學會成立於 1917 年的秋天，1918 年發行《靈學叢誌》，以宣揚靈學研究為其宗旨。《靈學叢誌》於 1918 年出版了十期，1919、1920 年各出版了四期，至 1921 年改為季刊，出版了一期。因此從 1917 至 1920 年可謂上海靈學會的全盛時期；1921 年之後該會性質有所轉變，學術研究之性格轉弱，再度恢復到一個以扶乩、施藥與慈善工作為主的團體，一直延續到一九四〇年代的中、後期方才結束。

上海靈學會一方面受到西方靈學研究影響，另一方面也有傳統的根源。清末民初時隨着西方靈學、精神研究與催眠術的傳入，許多人發現扶乩與此密切相關。徐珂就說，「新學家往往斥扶乩之術為迷信，其實精神作用，神與會合，自爾通靈，無足奇也。」上海靈學會之參與者即秉持着此一觀點，企圖將扶乩與西方的精神、靈魂之說結合在一起。該會的代表人物有陸費逵、俞復等。

嚴復為近代中國引介西學的重要人物，對於新觀念在中國的傳播有重大的影響。曾經留學英國，並擔任北大首屆校長的嚴復是少數在《靈學叢誌》上公開支持靈學研究的新知識分子。

嚴復對靈學的態度與陸費逵、俞復等人類似，然更為深刻。要了解嚴復對靈學的看法，首先要了解他的宗教背景。嚴復所生長的福建福州地區，其宗教氣氛一直很濃厚。他的友人陳寶琛和沈曾植均篤信扶乩、鄭孝胥相信靈魂之說，陳衍的《石遺室詩話》也談到當時福建士人所作的許多「乩詩」等。嚴復即生長於此一環境，而自幼受到佛教、道教與其他民間宗教的影響（參見上文有關「嚴復與尚書祖廟」一節）。

嚴復的宗教觀念不完全受到傳統影響，也與他對科學與靈學的思考有關係。嚴復在 1918 年 1 月所寫的〈與俞復書〉（刊於《靈學叢誌》）中，很詳細地介紹了西方靈學研究的進展與中西之間相互發明之處。他首先說明為何神秘之事會成為研究的對象：「世間之大、現象之多，實有發生非科學公例所能作解者。何得以不合吾例，憪然遂指為虛？此數十年來神秘所以漸成專科」。

其次，嚴復指出有三個有關力、光、聲而難以解答的科學問題：第一，「大力常住，則一切動法，力為之先；今則見動不知力主」；第二、「光浪發生，恆由化合；今則神光煥發，不識由來」；第三，「聲浪由於震顫；今則但有聲浪，而不知顫者為何」。嚴復又舉了兩個有關哲學、心理學的難題：「事見於遠，同時可知。變起後來，預言先決」。這些問題雖有一些研究，卻尚未「明白解決」，因此有待探索。

嚴復則對俞復發起上海靈學會來解決未知之難題深表敬佩。他說：「先生以先覺之姿，發起斯事，敍述詳慎，不妄增損，入手已自不差，令人景仰無已。《叢誌》拾冊，分俵知交，半日而盡。則可知此事研究，為人人之所贊成明矣。」最後，嚴復為了呼應上海靈學會的「盛德壇」所從事的扶乩是可信的，他舉了陳寶琛在 1887 年從事扶乩且預言十分準確的經驗，來證明「孰謂冥冥中無鬼神哉」！

1918 年 2 月，嚴復收到第二期雜誌之後，又寫了一封信給侯毅，此一封信亦刊於《靈學叢誌》。這一封信則詳述英國 1882 年所創設的英國靈學會。他認為該會研究成果豐碩，「會員紀載、論說、見聞，至今已不下數十巨冊……會中鉅子，不過五、六公，皆科哲名家，而於靈學皆有著述行世」。根據這些作品所述「離奇弔詭，有必不可以科學原則公例通者，縷指難罄」。他並寫到皇家學會高級會員、曾任英國靈學會之會長的巴威廉（Sir William Barrett, 1844－1925，曾任都柏林大學〔University College Dublin〕物理學教授），在英國的一個刊物 *Contemporary Review*（《當代評論》）上寫了一篇介紹靈學研究的文章。這一篇文章原名：「The Deeper Issues of Psychical Research」（〈心靈研究之進境〉），《東方雜誌》也在 1918 年由羅羅翻譯了這一篇文章，文中強調「物質的平面，非宇宙之全體。外部意識的自我，亦非人格之全體」。嚴復詳細地介紹該文所闡釋靈學之內容，又說靈學並非「左道」：

> 會中所為，不涉左道，其所研究六事：一、心靈感通之事。二、催眠術所發現者。三、眼通之能事。四、出神離魂之事。五、六塵之變，非科學所可解說者。六、歷史紀載關於上項者。所言皆極有價值。終言一大事，證明人生靈明，必不與形體同盡。又人心大用，存乎感通，無孤立之境。

嚴復接着將西方靈學之中「靈魂感通」的觀念與傳統看法作一比較：「其言乃與《大易》『精氣為魂，感而遂通』，及《老子》『知常』、佛氏『性海』諸說悉合。而嵇叔夜形神相待為存立，與近世物質家腦海神囿之談，皆墮地矣。」

其中《易經》的觀念是指《易經・繫辭上傳》所謂：「原始反終，故知死生之說。精氣為物，遊魂為變，是故知鬼神之情狀。……易無思也，無為也，寂然不動，感而遂通天下之故。」

「知常」出自《老子》「致虛極，守靜篤，萬物並作，吾以觀復：夫物芸芸，各復歸其根。歸根曰靜，是曰覆命，覆命曰常。知常曰明，不知常，妄作凶」（第16章）。「性海」為佛教語，指真如之理性深廣如海。由此可見嚴復將西方靈學與《易經》、《老子》與佛法等相提並論。嚴復的想法並不例外，當時有一些類似的觀點。如清末舉人、工詩詞書畫的余覺（1868－1951）在寫給陸費逵的信中說：「靈學者，實為凡百科學之冠，可以浚智慧，增道德，養精神，通天人。《易》言知鬼神之情狀，其惟聖人乎！則靈學者，即謂之聖學可也。」

嚴復又介紹了人鬼交際現象，在中國數千年以來是靠巫覡，國外則用中人（medium），如英國的霍蒙（D. D. Home）與摩瑟思（S. Moses）。在西方為了通靈採取的方法類似中國的扶乩，即是：

> 西人則以圍坐撫几法，於室中置圓几一，三人以上同坐。齊足閉目，兩首平按几上。數夕（此字疑有誤，或為「分」）之後，几忽旋轉，或自傾側，及於室中牆壁、地板作種種聲響。乃與靈約，用字母號碼，如電報然，而問答之事遂起。

文中所述即是西方所謂的「轉桌術」。嚴復指出無論是扶乩或轉桌術，參與者必須「以沖虛請願之誠相向，而後種種靈異從而發生」，就此而言，西方的轉桌術似乎要比中國的扶乩更能避免「人意干涉」：

> 愚意謂以扶乩與圍坐相持並論，似我法待人者為多，不若圍坐之較能放任。即如乩中文字，往往以通人扶之，則亦

明妙通達；而下者不能。此不必鸞手有意主張，而果效之見於乩盤者，往往如是。其減損價值，亦不少也。

上文顯示嚴復很謹慎地指出許多降靈之事涉及了人們心中有意或無意之干預，導致影響其結果。但是他仍然相信以虔誠的態度來祈求，會發生靈異之事。

嚴復並根據巴威廉的文章介紹了西方轉桌術的一個故事，來說明靈魂在生前亦可脫離軀殼而獨立作用：

遊魂為變之事，不必死後乃然，亦不必羸病之軀而後有此。嘗有少年，在家與其父彈球，罷後困卧。夢至舊遊人家，值其圍坐，乃報名説事，告以一日所為。後時查詢，一一符合。由此而言，則入乩者政（按：原文如此）不必已死之神鬼。

在介紹了上述的故事之後，嚴復從兩方面來解釋此一現象。首先他接受巴威廉的解釋，認為「此等事不關形質，全屬心腦作用」，但另一方面「吾身神靈無窮，而心腦之所發現有限」。同時，嚴復也採用巴威廉文章之中所用的光學與電學的比喻來說明目前人們無法了解的靈魂之感通：

譬如彩虹七光，其動浪長短，存於碧前赤後者，亦皆無盡；而為功於大地者，較之七光所為，尤為極巨。惟限於六塵者，自不足以見之耳。雖世變日蕃，脱有偶合，則亦循業發現，此如無線電、戀佔光線，其已事也。

嚴復在此闡述一套理論，將人分為腦、心、靈魂等層次，腦所能控制的是軀殼，心靈則能脫離軀殼。扶乩或轉桌術即是生人或死人的靈魂佔入他人軀體而產生之現象。簡單地說，嚴復接受英國靈學會會長巴威廉的想法，在《靈學叢誌》之上肯定有一個脫離物質的腦之外的心靈世界，且此一心靈在死後繼續存在，故死亡不是生命的終點。

嚴復不但介紹西方靈學之理論，而且認為這一套理論與中國傳統的許多觀點是相配合的。在扶乩或轉桌術的過程中，所起的作用包括：「吾國向有元神會合之說」、「古所謂離魂，與修煉家所謂出神，皆可離軀殼而有獨立之作用……此事皆吾先德所已言」、「如莊子所謂官知止而神欲行，及薪盡火傳諸說」。

最後嚴復談到以往他對「靈魂不死」的學說原來存有懷疑，他本來採取的是赫胥黎所秉持的「不可知論」(agnosticism)，亦即「於出世間事存而不論」的立場；但隨着年齡的增長，他開始接受「靈魂不死」之說。嚴復接受靈學的觀點顯然不是無跡可循。其實，早在1898年，他翻譯赫胥黎《天演論》之時，他即用佛教的「不可思議」的觀點來說明「涅槃」。對他來說，靈學所研究的課題正是屬佛教所謂「不可思議」之範疇。

總之，嚴復依據本身的宗教經驗、他對西方靈學與科學之認識，來重新界定宗教、迷信與科學之關係。他早在1912年教育部舉辦的一個題為「進化天演」的演講之中，強調以下的看法：

一、宗教是人類社會一定存在之現象。「有社會必有宗教，其程度高下不同，而其有之也則一。然則宗教者，固民生所不可須臾離者歟」。宗教起源於初民社會，當時開始出現宗教家，肯定神與死後的存在，「有篤信主宰，謂世間一切皆有神權，即至生民，其身雖亡，必有魂魄，以為長存之精氣者」。

二、隨着演化，社會中也出現了「研究物情，深求理數之人」，稱為「學術家」，此亦象徵着科學的進步。

三、學術的擴張（包括科學的進步）會導致宗教範圍之縮小，乃至兩者之間的衝突。嚴復指出：「宗教、學術二者同出於古初，當進化程度較淺之時（按：應指宗教）範圍極廣，而學術之事亦多雜以宗教觀念，無純粹之宗風，必至進化程度日高，於是學術之疆界日漲，宗教之範圍日縮。兩者互為消長，甚至或至於衝突，此至今而實然者也。」

四、雖然宗教、學術兩者在發展過程中必然會起衝突，不過學術擴張所導致的其實不是宗教範圍的縮小，而是宗教之中迷信部分的縮小，而使宗教之內容「日精」。嚴復說：「學術日隆，所必日消者特迷信耳，而真宗教則儼然不動」；「宗教日精，由迷信之日寡也，宗教、迷信二者之不可混如此也」。

五、這樣一來，學術與宗教並無根本的矛盾，反而可以互相補足、相互提升。嚴復認為學術無論如何進步，都有無法完全解釋之處，而學術所無法解釋之處，即是宗教所以產生之處。換言之，所有的社會之中只要有「不可知者」的領域存在，就會透過宗教來解釋不可知的現象，那麼宗教就不會被人們所放棄。嚴復說：「蓋學術任何進步，而世間必有不可知者存。不可知長存，則宗教終不廢。學術之所以窮，則宗教之所由起。」（按：此一觀念在英文也有類似的表述：Where science ends, religion begins.）

六、從以上的理論來推論，科學、宗教、迷信三者的關係即是「由是而知必科學日明，而後宗教日精，宗教日精由迷信之日寡也」。

嚴復所提出科學、宗教、迷信之關係的看法與《新青年》作者如胡適、陳獨秀等人所強調宗教即是迷信，而科學與迷信兩不兼容的知識觀是很不相同的。嚴復肯定宗教的意義，並賦予宗教與科學不相矛盾、宗教與迷信相互排斥的界定，在近代思想史上代表了五四主流論述之外的另一個聲音，許多宗教界人士無疑地較支持他的說法，而後來「科玄論戰」中玄學派所秉持的觀點，亦與此一思路有密切的關係。

嚴復對五四時期新舊學人之影響

對清末民初許多讀書人來說，嚴復是一位西學的導師，他從 1895 年開始撰寫文章與翻譯西書，「在文學上的優越性使他廣泛地影響士人階層及其思想，因而有效地為國人接受西學導其先路」。誠如王世杰（1891－1981）所說，他對當時的新舊人物均有很大的影響：「在清末民初，確能了解西洋政治及社會思想之人，曾作直接譯介工作而不假手於日人之轉述者，余意以嚴復為最。此人譯作對於吾國當時新舊學人具有甚大之影響力」。

五四時代活躍於中國思想界的趨新人物，如梁啟超、魯迅、胡適、陳獨秀、吳虞、蔡元培、孫寶瑄、錢玄同等人幾乎無人不受其影響。嚴復的影響首先在《天演論》的翻譯促成新一代科學宇宙觀的建立，以及介紹當時西方最流行的社會科學、哲學作品。梁啟超、胡適、魯迅與蔡元培等人接受西方的科學觀念，尤其是演化理論，都受到嚴復譯作之啟迪。梁啟超在 1897 年所撰寫的〈與嚴又陵先生書〉表示：「知天下之愛我者，舍父師之外，無如嚴先生；天下之知我，而能教我者，舍父師之外，無如嚴先生」。在嚴復的介紹下，梁認識到「為數百年來學術界開一新國土者，實倍根與笛卡兒」。史華慈認為：「嚴復對於梁啟超後來發展的影響遠比其師康有為對他的影響來得深刻。」張朋園則指出，「嚴譯《天演論》及所撰四篇傳誦一時的文章，對『筆端常帶感情』的梁啟超有所影響，後來梁氏在日本廣泛接觸此一學說，其個人所撰文字，多以進化論為理論架構，社會達爾文主義才在中國社會發生了重大的影響」。由此可見嚴復對梁啟超之影響，而梁氏的著作又影響了許多人。

胡適也是一個很好的例子，他從中學開始就閱讀嚴復的譯作，「幾年之中，這種思想像野火一樣，延燒着許多少年的心和血。『天演』、『物競』、『淘汰』、『天擇』等等術語都漸漸成了報紙文章的熟語，漸漸成了一般愛國志士的『口頭禪』。……我自己的名字也是這種風氣底下的紀念品」。魯迅也佩服嚴復「究竟是『做』過赫胥黎《天演論》的，的確與眾不同：是一個十九世紀末中國感覺敏銳的人」。他在閒暇之時喜歡和朋友一起吃花生米，比賽背誦《天演論》的篇章。後來魯迅又接受了日人丘淺次郎（1868－1944）所譯介的「進化論」，使他懂得了甚麼是真正的生物進化論及此一理論的適用範圍，不過丘淺次郎雖影響了魯迅對進化論的認識，然並未改變魯迅進化論之倫理內核（亦即反對「任天為治」、「有強權而無公理」的叢林法則），這一點和嚴復在翻譯赫胥黎《天演論》一書時的立場是一致的。

蔡元培（1868－1940）在 1899 年 1 月 28 日的日記記載「讀嚴復所譯赫胥黎《天演論》二卷」，他並精確地摘述書中的要旨「大意謂物莫不始於物競，而存於天擇，而人則能以保羣之術爭勝天行……是故天行、人治，終古相消長也。然而近日名數質力之學已精，而身心性命道德治平之業，尚不過略窺大意，則推暨之程，不容自阻，而勝天為治之說，終無以易也」。《天演論》一書對蔡元培有重要的影響，使他了解「練心之要，進化之義」，並進而貫通中西學說，「豁然撥雲霧而睹青天」。蔡元培又說他對西方哲學的認識也是受到嚴復、譚嗣同等「先覺」的影響。他說：「五十年來介紹西洋哲學的，要推侯官嚴復為第一」：

他譯的最早、而且在社會上最有影響的，是赫胥黎的《天演論》(Huxley: *Evolution and Ethics and Other Essays*)。自此書出後，「物競」、「爭存」、「優勝劣敗」等詞，成為人人的口頭禪。嚴氏在按語裏面很引了「人各自由，而以他人之自由為界」。「大利所在，必其兩利」等格言。又也引了斯賓塞爾最樂觀的學說。大家都不很注意。

當時和蔡元培一樣在日記中記載細讀《天演論》，又寫下讀後心得的人是孫寶瑄（1874−1924），浙江錢塘人，學者、書法家、官僚，為孫寶琦（1867−1931）的弟弟，家中有兩萬多卷藏書。他在友人介紹下從 1897 年夏天開始得知嚴譯《天演論》，12 月初第一次見到《治功天演論》一書，初四日開始閱讀，記下「《天演論》宗旨，要在以人勝天」，其後陸續閱讀，而開始質疑佛典中「化身度世」的觀念，寫到「執天演無魂之說，則無託生，亦無佛，安有度之者？」由此可見一種相信「無鬼神」的、新的宇宙觀開始在孫寶瑄思想中萌芽。

另一位清朝的藏書家賀葆真（1878−1949），為桐城派古文家賀濤之子，也喜愛閱讀嚴復的翻譯。他在 1900 年 7 月 8 日「為吾父……說《天演論》」。1905 年 8 月 11 日記載「為吾父說《社会通詮》。」9 月 11 日的日記之中又提到，「讀《社會通詮》畢。此書英國政治大家甄克思最近之著也，嚴幼陵新譯。甄氏以哲理闡發人羣演進之蹤跡，而政治所由以發生，與天演學、羣學相發明，其理想既為吾國所創，聞其書實為歐洲所新得，今又獲嚴氏譯之，是以其書始出，即風行海內，未一年而再板矣。書凡十餘萬言。嚴氏近又譯法人孟德斯鳩氏書，曰《法意》，歐洲大家名著，殆非嚴氏莫克任翻譯之責也。」由此可見他了解《社會通詮》與「天演學」與「羣學」的關聯，並對思考政治的演變有幫助。同時，他不但自己閱讀嚴復譯作，還為喜歡桐城古文的父親賀濤解說他所了解的新知識。1907 年 7 月 11 日，他又讀了嚴復的《政治講義》。

五四新文化運動的支持者、《新青年》的編輯之一的錢玄同（1887–1939）與嚴復的想法頗不相符。他一方面大力批評「桐城謬種」（評林紓），並受章太炎影響，認為嚴譯「其有顛倒原文，淆亂真意之處」，但他也廣泛地閱讀嚴復譯作，並受其影響。1906 年，錢玄同讀到嚴復在《中外日報》所撰寫的〈有強權無公理此語信歟〉，認為其觀點是「暮鼓晨鐘」，同時他又透過嚴復所著《英文漢詁》學習英文文法，後來他在書店購買「嚴譯《天演論》初刻本」；並購買嚴復的文集《侯官嚴氏三種》、兩次購買《侯官嚴氏叢刻》，「兩本相配，始成全璧」。

除了趨新人物之外，一些地方上的小知識分子或思想上較為守舊之人也讀嚴譯，而認識新知。溫州讀書人張棡（1860–1942）在光緒二十七年（1901）四月十五日的日記寫到友人戴小泉「本日午後，忽遣傭來，送到嚴復新譯《原富》甲部二冊與余，中多新理新義，閱之不覺耳目一擴，即手書覆謝，並囑其向南洋公學代買《天演論》及《原富》乙、丙部也。南洋公學小泉次令郎在彼處肄業，故可就之代購耳」。另一位溫州讀書人劉紹寬（1867–1942）在 1902–1903 年的日記則記載他閱讀嚴復的《原強》、《穆勒名學》與《羣學肄言》等作品。他談到與友人討論《羣學肄言》：「子蕃謂《羣學肄言》英斯賓塞爾著，侯官嚴復譯。理不甚新，惟多用科學語，故覺其新耳。余謂不覺其新者，以其所言皆切理饜心也。夫切理饜心，皆為人人心中應有之言，而不覺其生厭者，正為其新耳」（光緒二十九年十一月初十日）。劉紹寬和他的朋友一方面開始接觸到新的科學語彙，同時也為其所說服，而採納了新的觀點。

江蘇無錫的錢穆也是此類的地方性的邊緣知識分子，他提到 1911 年他到秦家水渠三兼小學任教，該校教師秦仲立介紹他閱讀嚴復翻譯的《羣學肄言》、《穆勒名學》，兩人並交換讀後感想，「余自讀此兩書，遂遍讀嚴氏所譯各書，然終以此兩書受感最深，得益匪淺」。

嚴復著作之所以吸引讀者的目光，主要就是因為《天演論》等作品文字典雅，同時帶來新的科學宇宙觀，使他們以一種新的眼光面對未來。清末民初之時無論改革派或革命派均從「天演公例」、「進化公理」來鼓吹自己的主張。改良派的康有為與梁啟超將天演觀念與「公羊三世說」結合，主張階段性的「三世進化」。鄒容（1885－1905）在《革命軍》（1903）中說：「革命者，天演之公例也；革命者，世界之公理也；革命者，爭存爭亡過渡時代之要義也：革命者，順乎天而應乎人者也；革命者，去腐敗而存良善者也；革命者，由野蠻而進文明者也；革命者，除奴隸而為主人者也。」

以「天演公例」為基礎的思維模式也帶來一種全球性的視野，看到世界各種族、各國家之間的競爭與比較。嚴復最早從中西文化對比之方式，揭示中國的落後與西方的進步，而開始鼓吹民主與科學的核心價值，奠定了五四以來中國現代文化發展之基調。他在 1895 年的〈論世變之亟〉寫道：

> 中國最重三綱，而西人首明平等；中國親親，而西人尚賢；中國以孝治天下，而西人以公治天下；中國尊主，而西人隆民；中國貴一道而同風，而西人喜黨居而州處……

嚴復指出西方文化的強盛在於其系統性，其命脈不是表面上的「汽機兵械」、「天算格致」，而是內在的一種精神：

> 苟扼要而談，不外於學術則黜偽而崇真，於刑政則屈私以為公而已。斯二者，與中國理道初無異也。顧彼行之而常通，吾行之而常病者，則自由不自由異耳。

嚴復上文中所謂的「黜偽而崇真」即是五四時期所謂的「賽先生」（science），而「屈私以為公」則是「德先生」（democracy）。

在科學方面，嚴復認為其主旨即是「黜偽而崇真」，亦即追求真理，而此一真理是否合乎道德則不在考慮之範圍，他明確表示「科學之事，主於所明之誠妄而已，其合於仁義與否，非所容心也」。

他注意到中西雙方都有「即物窮理」、「格物致知」的學術傳統，然而西方近代以來：

> 言學則先物理而後文詞，重達用而薄藻飾。且其教子弟也，尤必使自竭其耳目，自致其心思，貴自得而賤因人，喜善疑而慎信古。其名數諸學，則藉以教致思窮理之術；其力質諸學，則假以導觀物察變之方，而其本事，則筌蹄之於魚兔而已矣。故赫胥黎曰：「讀書得智，是第二手事，唯能以宇宙為我簡編，民物為我文字者，斯真學耳」。此西洋教民要術也。

相對來說，中國研究學問則強調上述的「讀書得智」或「讀書窮理」，尤其是專注於以古書為準的詞章考據之學。

中國又以這種學術標準來選拔人才，因而出現科舉制度所選拔之人才「十九鶻突於人情物理」，而不切實用。嚴復的結論是「是故欲開民智，非講西學不可；欲講實學，非另立選舉之法，別開用人之塗，而廢八股、試帖、策論諸制科不可」。同時，為了「開民智」需要提倡科學教育，「中國此後教育，在在宜着意科學，使學者之心慮沉潛浸漬於因果實證之間，庶他日學成，有療病起弱之實力，能破舊學之拘攣，而其於圖新也審，則真中國之幸福矣」。

此一體認也讓嚴復注意到學術與政治乃彼此相關，亦即西方的學術進步是以一套政治體制為背景，而歸結到「以自由為體，以民主為用」的政治架構與價值觀念。他又翻譯彌爾的《羣己權界論》，介紹自由主義的政治哲學。這一種對西方體制精髓的深入認識超越了同時代的許多學者，「中國西學第一人」（康有為語）的美名並非浪得虛名。

從西方自由、民主理念出發，嚴復對中國君主專制提出嚴厲的批評，他認為此制「正所謂大盜竊國者耳。國誰竊？轉相竊之於民而已」。嚴復所提出政權合法性之來源一是孟子的「民貴君輕」，一是「民之自由，天之所畀也」、「國者，斯民之公產也，王侯將相者，通國之公僕隸也」的「公僕說」、天賦人權論與社會契約論。

上述強調民主、科學、反專制的想法是清末民初國人「走向共和」的重要精神支柱。嚴復思想的衝擊力與他所採取的全球性的視野，以及中西文化對比的手法有關，他一方面頌揚西方的優點「西之人以日進無疆，既盛不可復衰，既治不可復亂，為學術政化之極則」，另一方面則抨擊中國制度與文化的落後，只能陷入「一治一亂、一盛一衰」的困局。林毓生認為嚴復於 1895

年所發表的〈論世變之亟〉、〈救亡決論〉、〈辟韓〉等文：「這種以 —— 不是黑的就是白的 —— 二分法來衡量中西制度與文化的價值與功效的方式，已經隱含着極強的反傳統的信息 —— 它事實上是現代激進反傳統主義的濫觴。（這樣的對比，發展到了極端，自然要認為西方文明全是好的，中國文明全是壞的，自然要變成整體主義的反傳統主義與全盤西化論了。）」的確，五四時期思想家對傳統的批判，常常採取二元對立的模式。例如陳獨秀在 1915 年所撰寫的〈東西民族根本思想之差異〉即以二元對立的論述方式，來討論東西方思想的主要差異：西洋民族以個人為本位，東洋民族以家族為本位；西洋民族以法治為本位，東洋民族以感情為本位；西洋民族以實力為本位，東洋民族以虛文為本位；西洋民族以科學為本位，東洋民族以想像為本位等。陳獨秀在 1919 年《新青年》所撰寫的〈本志罪案之答辯書〉指出：

> 本志同仁本來無罪只因為擁護那德莫克拉西（Democracy）和賽因斯（Science）兩位先生，才犯了這幾條滔天的大罪，要擁護那德先生，便不得不反對孔教、禮法、貞節、舊倫理、舊政治；要擁護那賽先生，便不得不反對舊藝術、舊宗教；要擁護德先生又要擁護賽先生，便不得不反對國粹和舊文學。大家平心細想，本志除了擁護德、賽兩先生之外，還有別項罪案沒有呢？若是沒有，請你們不用專門非難本志，要有氣力有膽量來反對德、賽兩先生，才算是好漢，才算是根本的辦法。

1916 年李大釗在《新青年》發表〈青春〉一文，主張面對老朽、瀕滅之「支那」，希望追求民族國家之「回春」，也用相同的邏輯，「由歷史考之，新興之國族與陳腐之國族遇，陳腐者必敗，朝氣橫溢之生命力與死灰沉滯之生命力遇，死灰沉滯者必敗。青春之國民與白首之國民遇，白首者必敗，此殆天演之公例，莫或能逃者也」。此種藉着「天演公例」來討論中西文化優劣的論述方式，認為生物固然有生死，國家或文明之興亡，亦如有機體之有生死，再由此提出反傳統之主張，可以追溯的嚴復的著作。換言之，五四時期將民主、科學與反傳統三者結合在一起，作為建設新中國之藍圖，是由嚴復的作品開其端，而至五四時期由《新青年》等雜誌的撰稿人繼承並發揚光大。由此可見嚴復思想與五四新文化運動之關連。

嚴復與五四新文化運動的思想分歧

嚴復一方面雖是五四啟蒙論述的開創者，然另一方面他的看法與五四啟蒙論述有所不同。這樣的觀點在早期階段即已存在，而至第一次世界大戰之後更為強化。筆者在此要特別強調儒家倫理與宗教信仰兩方面。

首先要談到嚴復對傳統儒家倫理抱持着尊崇與肯定態度，此一觀點與五四時期對傳統的激烈抨擊，尤其對傳統的家庭組織、家長權威與孝行抱持着批判的態度，截然不同。如上所述，嚴復在 1895 年的文章中曾批評「三綱」或「以孝治天下」為基礎的專制體制，然而他畢生均肯定儒家倫理，尤其是孝道。1866 年冬天，12 歲的嚴復參加了馬尾福州船政學堂的入學考試。其中的筆試考作文，題目出自《孟子・萬章》的「大孝終身慕父母論」，當時嚴復的父親剛去世，使他對此一題目深有感觸，因而能發抒內心情感，「成文數百言以進，為沈公（沈葆楨）所賞，遂錄取第一」。在進入船政學堂之後，嚴復與其他的學生除了學習西學，還必須以部分時間來學習古文，並研讀《孝經》與《聖諭廣訓》等教材，「以明義理」。嚴復對「孝道」的肯定應該是植根於幼年時的家庭生活與學校教育。

嚴復對於「孝」在中國文化中的重要性深有體認。一八九〇年代後期，他奉李鴻章之命，將宓克（Alexander Michie, 1833–1902）的 *Missionaries in China*（1891）一書翻譯為中文，以解決當時十分棘手的「教案」問題。嚴復的譯本稱為《支那教案論》

（由南洋公學譯書院在 1899 年出版）。宓克為英國蘇格蘭人，根據倫敦大學亞非學院檔案館的資料，他是一位作家、探險者與洋行商人，並擔任倫敦《泰晤士報》駐中國的通訊員，以及天津 *The Chinese Times* 的編者，1893 年返回倫敦。他是嚴復的朋友，「於中國絕愛護之」。他批評當時傳教士的傳教方法，「深憂夫民教不和，終必禍延兩國」，引發國際糾紛，「而又憫西人之來華傳教者，膠執成見，罕知變通，徒是己而非人，絕不為解嫌釋怨之計，故著是書以諷之」。可見作者寫作的意圖是希望通過對傳教士的開導，來緩解日益激烈的教民衝突。嚴復同意宓克的觀點，認為傳教士的活動應以法律來規範，並奠基於宗教自由的原則。宓克也強調傳教士必須了解淵遠流長的中國文化有其「好處」，如將之抹殺「正自棄其納約自牖之資，而將景教流傳之機，自行斷絕」（按：「納約自牖」出自《易經・坎》，意指誠意相接，導人於善）。他指出：「華人所以齊家，所以治國，皆以孝為大經，自天子至於庶人，皆以孝為制行之本。」嚴復在此段之下加上評語，肯定作者之觀察，認為「孝」類似西方的基督教那樣的信仰，是中國真正的宗教，並影響到人們生活的各個方面。

史華慈很精確地指出嚴復不但了解孝道為儒家的核心價值，而且他「發現孝道在中國社會所起的作用，相當於基督教在西方社會所起的作用……孝道與西方意義的宗教若合符節」。史華慈進一步追問孝道如何與嚴復所追求的國家富強配合？他認「嚴復始終對孝道寄予希望，他相信孝道所內含的自我犧牲和自我克制精神，也許會像西方基督教如英國清教徒的情況那樣，給中國民眾中民族主義的自我犧牲精神以道德上的支持」，甚至可能像日本那樣，以傳統的孝道所培養出克己與服從的觀念，轉化為服從權威、盡忠職守的精神力量，用來推進富強的進程。

嚴復不但在思想上肯定孝道的重要性，他也肯定好友之孝行。呂增祥過世後，他在詩中多次言及其仰慕之情，而肯定其至孝的行為：「蓋代循良宰，吾思呂太微。臨財如觸熱，好善惄輖饑。至孝神應泣，論文瑟已希。墓田今宿草，黃鳥繞林飛。」

除了孝道之外，嚴復也肯定儒家倫理的其他面向。例如，由於他的性格、生活經驗，以及對「國情」的考慮，他從不提倡一夫一妻（他曾二度娶妻，並有一妾），也一直反對婚姻自由，對於儒家所強調的倫理道德，如恕道、忠孝、節義，「女必貞，男必勇」等則堅守不移。

嚴復在德育方面的看法基本上跟着傳統。他說西人之德育「進於古者」非常有限，所以德育要以中國固有的「經常之道」為基礎，再配合其他的方面。嚴復說德育要教導儒家的「忠信廉貞，公恕正直，本之修己以為及人」。更具體地說，嚴復認為德育的基礎是儒家的「五倫」。

當然，以上嚴復強調儒家倫理的例子並非寫於激烈反傳統的一八九〇年代，然而他對儒家倫理的基本條目，如孝、忠恕、絜矩之道，與《大學》八綱目等的肯定顯然是不曾改變的。

對嚴復來說，儒家的價值不僅是個人的修身，也與建立新的政治社會秩序有密切的關係。嚴復認為「自由」即是儒家的恕與絜矩之道，「自入羣而後，我自繇者人亦自繇，使無限制約束，便入強權世界，而相衝突。故曰人得自繇，而必以他人之自繇為界，此則《大學》絜矩之道，君子所恃以平天下者矣」。他又說人們表現出推己及人的「恕」與「絜矩之道」，就能夠實現西方自治、自由、自利等理想，也就能達成富強的目標，換言之「恕」、「絜矩」、「自治」、「自由」、「利民」、「富強」六者貫通在嚴復的理想之下：「是故富強者，不外利民之政也，而必自民之能自利始；能自利自能自由始；能自由自能自治始，能自治者，必其能恕、能用絜矩之道者也」。這樣一來，儒家的道德理想對於治國平天下有重要的意義。

不容諱言，嚴復德育思想的焦點在前後期有所不同，早年較重視「新民德」，亦即是強調公民資格的建立，1906 年以後則較為提倡以傳統德目，尤其是「孝」為中心的「德育」。至晚年，尤其是歐戰後，在嚴復與熊純如的通信之中他對儒家的肯定又提升到更高的地位。整體來說，嚴復對儒家倫理之態度以及會通中西的理想使他與五四新文化運動之支持者有根本的分歧。

嚴復與五四新文化運動支持者的第二個分歧是有關宗教。嚴復一生都不排斥宗教經驗，曾說「世間之大、現象之多，實有發生非科學公例所能作解者」，他也勸他的孩子：「人生閱歷，實有許多不可純以科學通者，更不敢將幽冥之端，一概抹殺。」一般人多注意到嚴復提倡西方科學，然而對他而言科學與宗教並不相衝突。

嚴復的宗教信仰受到早年生活的影響，他的妻子王氏是一位虔誠的佛教徒，她過世之後嚴復及其子女均以禮佛或手抄《金剛經》的方式來紀念她。嚴復在一封寫給兒子們的信中說：「老病之夫，固無地可期舒適耳。然尚勉強寫得《金剛經》一部，以資汝亡過嫡母冥福。」

他晚年在故鄉籌建「尚書祖廟」、支持靈學會之事上文曾有所討論。筆者在此擬強調，他的宗教信仰除了源自早年生活之外，也有西學之根基。此點可以從他以傳統語彙「不可思議」來翻譯赫胥黎與斯賓塞的 unknowable、agnostic 的觀念來做說明。

「不可思議」是佛教術語，也作「不思議」、「摩訶不思議」、「摩訶不可思議」等。佛經的《維摩詰所說經・不思議品》之中認為佛陀有凡人無法想像思惟(「思」)、無法言說表達(「議」)的微妙境界，用現代話來說就是「超驗」的智慧和神通。至於「不可知論」(Agnosticism)，是赫胥黎於 1869 年所發明的一個詞，用來形容自己的哲學觀點。此一觀點認為形上學的一些問題，例如是否有來世、鬼神、天主是否存在等，是不為人知或者根本無法知道的想法或理論。不可知論包含着宗教懷疑主義，他們不像無神論者一樣否認神的存在，只是認為人不能知道或確認其存在。對不可知論者來說，人類沒辦法能得知世上的某些真理，他們並批評無神論者過於武斷和魯莽。在此要略為說明赫胥黎對基督教的態度，赫胥黎對基督教無疑地有摧毀性的打擊，然而他對基督教本身並不反感，而且他對《聖經》的內容十分熟悉，甚至很肯定閱讀《聖經》在教育上的重要性。他所攻擊的是基督教中玄學、迷信與傳說(靈異、靈跡)的部分，希望能建立科學的神學。

當嚴復用「不可思議」來翻譯「不可知論」時，他一方面接受赫胥黎對無神論的批判，肯定人類有知覺之外不可知的領域，但另一方面他又肯定佛教對於「真理」，亦即一種超驗智慧的掌握。換言之，嚴復認為佛教能從「名言之域」進入「超名言之域」，「能說說不得的東西」(即道家所謂「道可道非常道」)。就此而言，嚴復以「不可思議」來翻譯「不可知論」時具有改寫、挪用的特點，是在認識論上的「升級」。在這一方面胡適也有類似之處，根據江勇振的分析，胡適將赫胥黎的「不可知論」翻譯為「存疑主義」，用來宣揚他自己的「無神論」。嚴復顯然比胡適更清楚地了解赫胥黎的「不可知論」並非「無神論」，然而他比赫胥黎更傾向於肯定宗教與超越的一面，相信人類能夠掌握「超名言之域」之「不可思議」(例如「靈學」即為其中的一種方法)。

嚴復著作之中最早提及「不可思議」是在《天演論》〈論九：真幻〉，此處為了說明赫胥黎對「物之本體」的想法乃「思議所不可及」。在〈導言十八：新反〉的按語之中，嚴復寫到：「然則郅治極休，如斯賓塞所云云者，固無有乎？曰：難言也。大抵宇宙究竟與其元始，同於不可思議。不可思議云者，謂不可以名理論證也」。此處指宇宙究竟或其起源或人類未來最後能達到的境界究竟如何是「不可以名理論證」的，此即「不可思議」。在〈論五：天刑〉「復案」之中，他表示此一觀念源於斯賓塞，「斯賓塞爾著《天演公例》，謂教、學二宗，皆以不可思議為起點，即竺乾所謂不二法門者也。其言至為奧博，可與前論參觀」。

嚴復對「不可思議」的認識不但受到赫胥黎、斯賓塞理論之影響，也保留了佛教原來的意涵。在〈論十：佛法〉之中，赫胥黎在介紹「涅槃」一概念時表示：「顧世尊一大事因緣，正為超出生死，所謂廓然空寂，無有聖人，而後為幻夢之大覺。大覺非他，涅槃是已。然涅槃究義云何？學者至今莫為定論，不可思議，而後成不二門也。若取其粗者詮之，則以無欲無為，無識無相，湛然寂靜，而又能仁為歸，必入無餘涅槃而滅度之。而後羯摩不受輪轉，而愛河苦海，永息迷波。此釋道究竟也。」按語之中，嚴復指出「不可思議」是指「寂不真寂，滅不真滅」，乃「諸理會歸最上之一理」。

由此可見嚴復用「不可思議」來描寫「諸理會歸最上之一理」、「寂不真寂，滅不真滅」。至嚴復翻譯《穆勒名學》（1900–1902 年間翻譯），他對「思議」、「不可思議」的意義有更為深入的認識，他了解到「名學者，思議之學」（the science of reasoning）。名學所處理的是相對的概念，而不可思議的「物本體」是「無對」（佛教用語，指沒有相反的對比）。嚴復精確地翻譯出彌爾有關康德（Immanuel Kant, 1724－1804）對於現象與本體之區別。嚴復認為如佛教的真如與基督教的上帝即為「不可思議」:「釋氏嘗以真如為無對矣，而景教……則以上帝為無對矣。顧其說推之至盡，未有不自相違反者。是以不二之門，文字言語道斷，而為不可思議也」。老子所謂的「道」、《周易》所謂的「太極」亦為「不可思議」。

總之，嚴復並不像赫胥黎那樣對於「不可知」的「出世間事」完全存而不論，而是認為「可知」與「不可知」在歷史上是會變動的，隨着科學的發展，「可知」之範圍可能會越來越廣。這樣一來，「不可思議」的存在顯示嚴復看到「科學」的局限，以及未來可能面對的挑戰，如此「乃有進步」。故不宜將一切目前科學無法解釋的現象完全歸之於「迷信」或虛幻。他在給俞復的一封信中說「世間之大、現象之多，實有發生非科學公例所能作解者。何得以不合吾例，憪然遂指為虛？」

其次，嚴復的「不可思議」、「不可知論」更積極地給予「宗教」或「超越智慧」、「死後世界」、「靈魂不死」等想法的一個合理的、可以存在的範疇。對他來說，佛教的「涅槃」或老子的「道」，都是在邏輯性的、感觀經驗之外的境界。這一觀念也使他批評「物質主義」或「唯物論」:「若一概不信，則立地成Materialism（物質主義），最下乘法，此其不可一也」。史華慈認為嚴復肯定「神秘主義」，而拒絕彌爾那樣的實證主義。其實對嚴復來說，他對超越名理論證的形上的「本體」世界的興趣並非耽溺於抽象之玄思，而是像許多二十世紀中國哲學家一樣，認為「作為道德之基礎（包括嚴復所強調的儒家倫理，如『孝』）與痛苦之避難所的內在生活，必須奠基於某種形上的本體論之上。……這種對『物質主義』的拒絕和後來新儒『感覺到支離割裂、茫無歸着』的恐懼，也有類似之處」。

嚴復「不可思議」的觀念配合了他本身的宗教信仰，他積極地肯定其意義與價值，認為會通了儒、釋、道與基督教對最高真理之探究，並顯示科學的局限。嚴復的想法不但與赫胥黎的「不可知論」不相同，更與五四新文化運動支持者（如胡適）的「無神論」有很大的差距。

嚴復對五四新文化運動之批判

兼論嚴復與「學衡派」

嚴復對中西文化的態度在歐戰之後有更大的轉變。如前所述，歐戰期間嚴復曾協助袁世凱將西方報刊對戰爭的報道翻譯為中文，以《居仁日覽》之名進呈，提供袁氏參考。嚴復對於歐戰的深入考察，包括德軍在戰場上的殘暴行為的認識，激發出他對國內外戰爭的批判與對人道主義的倡導。1917 年，嚴復作〈歐戰感賦〉一詩，對於戰爭耗費金錢、新武器造成的重大傷亡發出感傷。他感歎西方科學的發展造成殺人利器之日新月異，此乃孟子所謂「率鳥獸以食人」。嚴復同時亦反省到國際之間的戰爭實源於狹隘的民族主義與愛國主義，而感歎地說出「自愛國之說興，而種族之爭彌烈，今之歐戰其結果也。……夫愛國之義，發源於私，誠不足以增進人道……」。從反省歐戰出發，嚴復對於西方科學畸形發展、愛國主義與種族之爭所導致的殘酷戰爭深有所感，企望更進一步地回歸中國傳統。

他此時也對五四時期的學生愛國運動、批判傳統、反宗教、支持白話文等主張有所不滿，認為是一場「舉國趨之，如飲狂泉」的災難。1919 年時，五四羣眾運動正在各地正如火如荼地展開，嚴復在寫給熊純如的信中說：「世事紛紜已極。和會散後，又益以青島問題，集矢章（章宗祥）、曹（曹汝霖），縱火傷人，繼以罷學，牽率罷市……他所學商界合，而閩則學商界分……咄咄學生，救國良苦，顧中國之可救與否不可知，而他日決非此種學生所能濟事者，則可決也」;「學生須勸其心勿向外為主，從古學生干預國政，自東漢太學，南宋陳東，皆無良好效果，況今日耶」（1919 年 6 月 20 日）。

此時四子嚴璿在唐山工業學校讀書，嚴璿來信告知其活動，嚴復回覆:「唐校學生起鬨及汝捐錢五元，以此受人揚譽極不相宜，並結團抵制日貨。」嚴復對此表示「吾心深為不悅」，他勸四子應專心課業，不要過問政治，「如此等事斷斷非十五、六歲學生，如吾兒所當問也」、「隨俗遷流，如此直不類嚴氏家兒，可悲孰逾於此」、「北京章、曹或亦有罪，而學生橫厲如此，誰復敢立異，而正理從此不可見矣。嗟夫！多歧亡羊，吾見汝信，恨不即叫兒回家，從此不在各校求學也」。他寫了一首詩來勸戒他，「舉國方飲狂，昌披等桀紂。慎勿三年學，歸來便名母。內政與外交，主者所宿留。就言匹夫責，事豈關童幼。……不勝舐犢情，為兒進苦口」。

1921 年他又訓示諸兒不必反對「同善社」:「璿年尚稚，現在科學學校，學些算數形學之類，以為天下事理，除卻耳目可接，理數可通之外，餘皆迷信無稽，此真大錯。……吾所不解者：你們何必苦苦與同善社靜坐法反對？你們不信，自是與之無緣，置之不論不議之列可爾：他人相信，資以修養，有何害事？……汝等此後，於此等事，總以少談為佳，亦不必自矜高明，動輒斥人迷信也。」

他又批評接續他擔任北京大學校長的蔡元培與其他國民黨要人，均為「神經病」，不但於世事無補反而有害，「蔡孑民人格甚高，然於世事，往往如莊生所云:『知其過，而不知其所以過。』偏喜新理，而不識其時之未至，則人雖良士，亦與汪精衞、李石曾、王儒堂（正廷）、章枚叔（炳麟）諸公同歸於神經病一流而已，於世事不但無補，且有害也」。

他對於北大胡適、陳獨秀的「文白合一」，亦即以文字來配合語言，感到十分不滿：

> 北京大學陳（獨秀）、胡（適）諸教員主張文白合一，在京久已聞之，彼之為此，意謂西國然也。不知西國為此，乃以語言合之文字，而彼則反是，以文字合之語言。今夫文字語言之所以為優美者，以其名辭富有，着之手口，有以導達要妙精深之理想，狀寫奇異美麗之物態耳。如劉勰云：「情在詞外曰隱，狀溢目前曰秀。」梅聖俞（堯臣）云：「含不盡之意，見於言外，狀難寫之景，如在目前。」又沈隱侯（約）云：「相如工為形似之言，二班長於情理之說。」今試問欲為此者，將於文言求之呼？抑於白話求之乎？詩之善述情者，無若杜子美（杜甫）之〈北征〉；能狀物者，無如韓吏部（韓愈）之〈南山〉。設用白話，則高者不過《水滸》、《紅樓》；下者將同戲曲中簧皮之腳本。就令以此教育，易於普及，而斡棄周鼎，寶此康匏，正無如退化何耳。

嚴復更斷言白話文運動無法長久「須知此事，全屬天演，革命時代學說萬千，然而施之人間，優者自存，劣者自敗，雖千陳獨秀、萬胡適、錢玄同，豈能劫持其柄，則亦如春鳥秋蟲，聽其自鳴自止可耳。林琴南輩與之較論，亦可笑也」。

嚴復上文所談到「林琴南輩與之較論」主要指《新青年》與林紓的「罵戰」。文學革命初起，林紓就感到十分地不滿，遂在1917年2月8日的《國民日報》發表〈論古文之不當廢〉予以批駁，認為「白話鄙俚淺陋，不值識者一哂」，他從西方文化中尋找論據，「知臘丁之不可廢，則馬班韓柳亦自有其不宜廢者」。林紓認為西方變革並未廢棄拉丁文，而是從中吸取養分，中國的古文亦當同理。《新青年》作者立刻跳出來批判他的觀點，錢玄同在《新青年》上痛斥「選學妖孽、桐城謬種」，隨即在自編自導的「王靜軒來信」中，錢氏模仿舊派文人的風格，挑起戰鬥，由劉半農出面，借駁斥「王靜軒」，兩人演了一齣雙簧，將林紓的翻譯與舊學大大嘲笑了一番。林紓受到年輕人如此羞辱，心有不甘，因此接連寫了兩篇文言小說，將陳獨秀、錢玄同、胡適，連同北大校長蔡元培等影射了一圈。1919 年 2 月，他在《新申報》寫下〈荊生〉和〈妖夢〉兩篇滑稽小說。〈荊生〉寫「皖人田其美」(影射陳獨秀)、「浙人金心異」(影射錢玄同)和「不知何許人」的「狄莫」(影射胡適)三人相聚陶然亭，大罵孔夫子，討論白話文，被一個「偉丈夫」荊生胖揍一頓。〈妖夢〉則是寫田恆(影射陳獨秀)、秦二世(影射胡適)二人，提倡白話，反對古文，得到「白話大學堂」校長(影射蔡元培)的支持，結果三人被妖魔張口吃掉。《新青年》諸將見此嘲諷一擁而上，集體圍剿林紓，連蔡元培也親自撰文回應林紓。隨後林紓的〈論古文白話之相消長〉一文中，他辯解自己並非「桐城謬種」，而是寫白話文的先行者，他並非反對白話文，反對的不過是盡廢古文。

這一場混戰，是舊式文人士大夫與新式文人知識分子的正面較量，充滿了文人之間的意氣用事和輕蔑態度。陳獨秀公開回答：對於林紓這種「妄人尚復閉眼胡說，則唯有痛罵之一法」，「到了辯論真理的時候，本志同人大半氣量狹小，性情直率，就不免聲色俱厲；寧肯旁人罵我們是暴徒、是流氓，卻不願意裝出那紳士的腔調，出言吞吐，至使是非不明於天下」。

正如論者所言，林紓譯作其實是「中國新文學運動所從而發生的不祧之祖」，胡適、陳獨秀、魯迅、周作人等都深受林譯小說的影響。林紓也很支持白話文。這樣一來，《新青年》對林紓的攻擊其實是「弒父」之戰。意氣風發的《新青年》諸人天真地以為只有「弒父」，只有徹底打倒舊文化、舊思想，才能建立新文化、新思想，而開闢一個新時代。嚴復、林紓成為白話文運動之中的逆流，今日白話文並未像嚴復所預測的「如春鳥秋蟲，聽其自鳴自止」，反而大獲全勝。不過嚴、林提倡「不盡廢古文」，並呼籲不應從文言、白話二元對立的觀點來看文字演變問題，而且白話應從文言之中汲取養分等觀點，的確是饒有深意。

嚴復對白話文之批評主要出於他對典雅之文言文的熱愛。他受到桐城派大師吳汝綸的影響，以「信達雅」三者兼備的桐城古文翻譯西書。吳汝綸一方面高度讚賞他的文采，另一方面則擔憂其文風與時人「舛馳而不相入」:「今學者方以時文、公牘、說部為學，而嚴子乃欲進之以可久之詞，與晚周諸子相上下之書，吾懼其舛馳而不相入也。雖然，嚴子之意，蓋將有待也。待而得其人，則吾民之智瀹矣」。嚴復將古文與西學相結合，很形象地表達了他對中西文化的基本態度。

民國初年以後，嚴復的文字雖受到許多白話文支持者的批評，至一九二〇年代之時，他對於中國傳統態度與融通中西之主張，以及在語言文字上支持文言文的觀點卻與「學衡派」也十分契合。學衡派高舉「論究學術，闡明真理，昌明國粹，融化新知」之宗旨，他們肯定傳統、會通中西的文化觀念並非單純復古，而是受到白璧德（Irving Babbitt, 1865－1933）新人文主義與希臘羅馬的古典文明之影響，有很深的西學的根基。這些地方和嚴復的觀點十分類似（嚴復的文化保守主義亦有很深的西學之基礎）。對學衡派諸君而言，嚴復是「貶抑白話，崇揚文言」的一代宗師，也是他們攻擊五四新文化運動的一個重要的思想資源。

學衡派的主要人物如柳詒徵（1880–1956）、胡先驌（1894–1968，江西新建人）都公開地讚揚嚴復的翻譯文字。柳詒徵說嚴譯合乎「信雅達」三原則，對引進西學有很大的貢獻。胡先驌則一方面批評胡適的白話文，另一方面則肯定桐城古文之價值。他在《學衡》一、二期刊登〈評《嘗試集》〉，批判胡適的白話詩，「以白話新詩號召於眾，自以為得未有之秘，甚而武斷文言為死文字，白話為活文字，而自命為活文學家。實則對於中外詩人之精髓，從未有深刻之研究，徒為膚淺之改革談而已」、「物之將死，必精神失其常度，言動出於常軌。胡君輩之詩之鹵莽滅裂趨於極端，正其必死之徵耳」。刊出之後引來吳式芬與魯迅的評議。胡先驌又在《學衡》第18期撰寫了〈評胡適《五十年來中國之文學》〉。在此文中他再度指斥胡適「死文字」之說不當，反對近五十年來的發展為「桐城文之衰落與語體文之成功」。他認為文言、白話之別不在古今，而是同一文字的雅俗之別。他極力為桐城派古文辯護，「不為浮誕誇張之語，不為溢美溢惡之評，一字一句，銖兩恰稱，不逾其分」。最好的作法是以古文之良好工具來傳播新思想。胡先驌說嚴復、林紓、章士釗的作品即是如此，「嚴復林紓之翻譯與夫章士釗之政論之所以有價值，正能運用古文之方法，以為他種著述之用耳」。其中嚴復「文之佳處，在其殫思竭慮，一字不苟，『一名之立，旬月踟躕』，故其譯筆，信雅達三善俱備。吾嘗取《羣己權界論》、《社會通詮》與原文對觀，見其義無不達，句無剩義。其用心之苦，惟昔日六朝與唐譯經諸大師為能及之。以不刊之文，譯不刊之書，不但其一人獨自擅場，要為從事翻譯事業者永久之模範也」。

1922–1923年出版的《學衡》第6至20期，曾連續刊載了

〈嚴幾道與熊純如書劄節抄〉，共 80 封，約五萬餘字。甚至還配合書劄節鈔，在刊物上刊登了「嚴幾道書劄真跡」。這些書劄是胡先驌根據熊純如所藏嚴復於 1912－1921 年間給他的書信而加以節錄的（胡、熊兩人為江西同鄉），對於嚴復思想的傳播發揮了重要的作用，並解釋了關於嚴復與籌安會、「共和國體不適吾國國情」等方面的誤會。胡先驌在〈壽熊純如丈六十〉一詩中曾記述此事，「大哲有侯官，瓣香事何度，公弟信英彥，而公獨沉潛。嚴門號多士，惟公得薪傳，書簡百十通，揚搉通人天」。1927 年，學衡雜誌社又將《嚴幾道與熊純如書劄節鈔》單獨印行，列為「學衡社叢書」第一種。

後來有一些讀者因為閱讀此一書劄而更為深入地認識嚴復之理念。例如「學衡派」之一員郭斌龢（1900－1987），1927 年考取庚款，赴哈佛大學投入白璧德的門下，研究希臘文學。他曾說，「余幼讀先生所譯書，即心嚮往之。其後於《學衡》雜誌中，讀先生與熊純如書劄，益歎其卓識遠慮為不可及」。他在《國風》（1932－1936 年間發行，由中央大學教授羣創辦，風格與《學衡》雜誌相同，反新文化、新文學）上所發表的〈嚴幾道〉一文特別強調嚴復一生雖有變化，然「苦心彌縫於新舊之間」的精神「始終一貫」。他又多方徵引《學衡》上《書劄》，說明「先生對於教育之主張，簡言之，即尊重本國文化，研究西洋科學而已」，尤其強調「中國目前危難，全由人心之非，而異日一線命根，仍是數千年來先王教化之澤」（〈書劄〉四十九）。他的結論是嚴復屬英國之「自由保守派」。在此文之中嚴復儼然成為「學衡派」的代言人。

嚴復的歷史意義

嚴復為清末民初第一代接受新式教育而培育出來的新「知識分子」，是近代中國著名的翻譯家、啟蒙家、思想家與教育家。他的重要性不在政治場域或他所長期從事的海軍教育，而在於他對十九世紀末葉以來，中國思想與文化發展的深刻影響。他所引介的西學，以及他對中西文化的思考，成為中國現代思想的重要源頭。誠如美國哈佛大學史華慈教授所說，「嚴復的關懷……是有意義的關懷，他因應這些關懷所做的努力，是有意義的努力」。

他的好友陳寶琛在為他撰寫墓誌銘時曾說：「君於學無所不窺，舉中外治術學理，彌不究極原委，抉其得失，證明而會通之。」文中的「會通」二字，正是嚴復一生思想的核心。他本身即結合了中學與西學、傳統與現代，以及科學、宗教與倫理等。他一生均以典雅的桐城古文翻譯西方新知，討論古今學問，此舉形象地展現其會通中西的思想特徵。

這種對中西學的態度，亦即一方面認為中西文化有所不同，另一方面兩者卻是部分相合而可以會通為一更圓融之思想體系，則是嚴復畢生追求的目標。嚴復有關「中學和西學的異同及其互相關係」的看法在清末民初具有獨特的意義。在一八九〇年代末期，嚴復集中火力攻擊「西學中源論」；到了一九〇〇年代，他又把焦點放在攻擊張之洞的「中體西用論」，在這方面，1902 年所撰寫的〈與《外交報》主人書〉一文最具代表性；而民國成立之後他再將矛頭對準魯迅、陳獨秀、胡適等五四健將的「全盤西化論」。嚴復與清末民初三種最具影響力之文化理論之對壘，足以映現他本身「舉中外治術學理，靡不究極原委，抉其失得，證明而會通之」，或所謂「繹新籀古折以中」的理想。

在清末民初中國思想文化轉型的過程之中，嚴復思想扮演了重要的角色。在清末時，嚴復是引介西學的啟蒙先驅，他的作品一方面開啟了五四新文化運動，孕育了批判傳統、追求民主、科學的精神，另一方面，他也展開對於此一啟蒙論述（以胡適、陳獨秀、魯迅等《新青年》作者為中心論述）的反思，探索科學、民主、愛國、反傳統等觀念的局限或缺失。嚴復思想與五四啟蒙論述的分歧在於嚴復畢生均肯定儒家傳統，尤其是孝道，五四啟蒙論述則批孔、非孝；再者，嚴復雖接受了赫胥黎、斯賓塞的「不可知論」，並以佛經語彙「不可思議」來翻譯此一概念，但他卻比赫、斯二人更肯定人類對「超名言之域」的掌握，也因而認識到科學與宗教不相矛盾、科學有其限制、宗教有其價值。嚴復思想中啟蒙的一面對胡適、魯迅、陳獨秀等人均有所啟發，而反思啟蒙的一面，則與「學衡派」、五十年代以後的港台新儒家思想有連續性的關係，而構成另一條思想發展之脈絡。整體觀之，嚴復所代表中國現代性的方案顯示出內在的強烈張力，也蘊含了融通中西、創造新文化的諸多可能。

然而嚴復的啟蒙思想不但有學術意義，也具有政治意涵，因而表現出學術與政治一以貫之的精神。他所引介的理論環繞着自由主義、資本主義、社會演化論與邏輯學，此四者是一套具有整合觀點的國家構想，並與二十世紀末至二十一世紀海峽兩岸所追求的政治目標十分契合。此一學術政治一以貫之的精神充分表現在他家中懸掛的兩副對聯上：一是「隨時縱論古今事，盡日放懷天地間」；一是「有王者興必來取法，雖聖人起不易吾言」。前者顯示出「縱論古今、放懷天地」的恢弘氣魄；後者則凸顯了學以致用、經世濟民的一貫目標，以及對自身理念的高度自信。

嚴復結合中西的努力和他的成長經歷有密切的關係，他出生於中醫世家，幼年時代研讀中國典籍，進入福州船政學堂與赴英留學期間，開始接觸西學，致力吸收西方知識，同時，卻未拋下對中國傳統古典價值的信念。返國後，嚴復師事吳汝綸，學習桐城古文，又研習八股制藝，繼而系統地閱讀西書，奠定中西學問的基礎。他不但用這種態度培養他的子女，後來在主持幾個教育機構時，更將中西合璧的構想付諸實際，來教育學生。他一生秉持的理念是：「中國必不滅，舊法可損益，而必不可叛」、「新知無盡，真理無窮，人生一世，宜勵業益知」。

然而身處中西文化接軌之關鍵時刻，也讓嚴復一生充滿了衝突與挫折，使他在中國與西方、傳統與現代、理想與現實之間衝撞、拉扯。嚴復深深感受到悲傷與苦痛是人生所難以避免的經歷，在遺囑之中他說：「做人分量，不易圓滿」，人生的智慧不在於達到完美的境地，而是在體認人生的不圓滿之中，超越現實的痛苦。他幼年喪父；留學期間即表現出狂傲的個性；返國之後不受李鴻章、張之洞等人重用；任職北洋期間與同僚、下屬相處不佳；四次參加科舉考試均名落孫山；他於安慶高等學堂、復旦公學、北京大學等任職，時間很短而少有建樹；他與妾室之間的情感不甚融洽；他深知煙癮害人，自身又無法戒除；更重要的是，他雖能「坐而言」，卻無法「起而行」，像日本的伊藤博文那樣返國之後「得君行道」而有益於時。他曾自我反省：

間嘗自數生平得天不為不厚，而終無補於時者，正緣少壯之時太主難進易退主義，不肯努力進取，雖浮名滿世，而資力淺薄，終無以為左右時世之資，袖手窮居，坐觀沉陸，是可歎也！

在文化方面，他的調適、穩健的「繼往開來」的主張，在五四以後「激進化」的反傳統時代中被國人譏為保守、落後。在人們禮讚他為「引介西學的第一人」之時，很多人忽略了嚴復一生其實充滿了矛盾、失敗與挫折。他的好友林紓感歎地說，「君著述滿天下而生平不能一試其長，此可哀也」。林氏並說，嚴復有如《莊子》書中所說的大鵬鳥，它無法展翅高飛，不是因為翅膀太小、能力不足，而是因為沒有時代的支持，缺乏「厚風之積」，使之扶搖而上。不過嚴復個性上的缺失也不容忽略，他恃才傲物的性格，在某些關鍵時刻卻又無法堅持原則，反因軟弱與搖擺而蒙受他人要挾利用，進而成為眾人不滿與批評的焦點，使其始終無法得意於政界。然而，就是因為官場上的不得意，才促使嚴復轉而投身翻譯事業，系統地引進西方學術，替近代中國學術開創一個新的局面，而他的學術成就時至今日仍深具意義。

歷史與記憶
嚴氏一門三代的命運

嚴復死於軍閥混戰的1921年，他在死後很長的一段時期，都被視為「保守與反動」，是支持袁世凱、張勳的帝制與復辟、肯定「尊孔復古」、反對白話文的一股「逆流」，簡單地說是不合時宜的。至1980年之後，隨着「改革開放」、「發展經濟」、「告別革命」，嚴復的命運才逐漸有所改善。改革開放之後中國思想界出現的「新權威主義」、「國學熱」、「文化熱」等觀點，與百年前嚴復所提倡的開明專制、強人政治與肯定傳統、會通中西的主張若合符節，嚴復再次受人注意，變成超越時代的先知先覺。曾任福建省嚴復學術研究會會長鄭重（1924–2003，曾任福州市副市長）在1997年「嚴復與中國近代化研討會」（筆者躬逢其盛）上開幕詞的一些話，多多少少反映了這樣的一個新視角：

> 嚴復經濟理論的核心是經濟自由主義……嚴復的經濟學思想，不僅為落後國家發展經濟提供了理論指導，在許多具體的經濟政策策略上，諸如發展對外貿易、引進外資、中外合資、農工商並重，發展近代化規模農業生產、聯營、控股等等一系列近代化經濟發展的重大問題上，都有精闢的見解。嚴復揭示了經濟建設的共同規律……當我們為發展現代化社會主義經濟重新認真研究經濟學時，一向被認為「不合時宜」的嚴復，他的許多理論卻是那樣適合百年後的今天的

時宜，這不能不引起人們的驚歎和高度的重視。

在此之前，嚴氏宗親嚴以振（嚴復姪孫、福建省委黨校教授）在 1994 年會議上的發言，也可以看出在經濟層面之外，嚴復精神與未來中國理想圖像之間的關聯：

> 今天我們紀念先祖嚴復就是要繼承和發揚先祖的偉大愛國主義精神；就是要學習他革創開闢、發展科學、技術教育的偉大精神；就是要發揚他的宏圖大略，建設國家造福人民的精神……紀念他，就是為了更好地激勵我們前進，早日實現祖國的和平統一，早日實現祖國的富強、民主和文明。

一九九〇年代開始，嚴復受到人們的關注也與福建地區經濟上的繁榮有關，伴隨着經濟發展而萌生的區域文化想像，使地方上一些以往被人遺忘或被人貶抑的歷史人物，重現於現實舞台，走進人們記憶的世界。嚴復就在這種情況之下展現出新的面貌。一九九〇年代在台江建了一座「天演公園」，在鼓山山腳下立了嚴復塑像，為學生們舉辦「天演之路夏令營」，播放了一個敍述嚴復一生的廣播劇，出版了一本為年輕人寫的少年嚴復傳，也修整與嚴復相關的古跡、文物，並開闢一間陽岐故居的「嚴復陳列室」等。福州地區在「福建省嚴復研究會」主持下舉辦了多次嚴復思想研討會，其中一場與清華大學合辦，是 2000 年習近平任福建省省長之時。論文集於次年出版，名為《科學與愛國——嚴復思想新探》，由習近平主編、作序，凸顯了嚴復思想的兩大核心。2001 年，上海大唐李玉棠先生捐贈了一百萬人民幣，修復郎官巷的嚴復故居，並於 2003 年 1 月 8 日，嚴復誕辰時正式開放，成為一個重要的文化景點與愛國主義教育基地。2012 年開始，鄭志宇先生在三坊七巷里開創「嚴復翰墨藝術館」，展示兩百多件嚴復的書法作品，並辦各種活動推廣嚴復思想，銷售各種與「嚴校長」相關的文創作品。2017 年 5 月，在鄭志宇先生的努力下，在北大圖書館舉辦了「嚴復與北大」的展覽。這一次展覽以「必有海權，乃安國勢 —— 海軍先驅」、「兼收並蓄，廣納眾流，以成其大 —— 首掌北大」、「說實話，求真理 —— 筆醒山河」為三大主題，輔以「嚴氏一門，傳奇家史」的嚴復家族介紹，以真跡、圖片、實物方式展示了嚴復的學術與教育生涯全貌。

在影視方面，2017 年拍攝了《筆醒山河》的電視劇，分為「原強」、「經世」、「變法」、「天演」和「脈動」五集，單集 25 分鐘，由福建廣播影視集團海峽衛視出品，2018 年完成製作，在央視和海峽衛視播出。《筆醒山河 —— 嚴復》是一部以「科學與愛國」為主題的大型紀錄片。片中展現這位中國近代傑出的思想家、教育家、翻譯家、卓越的西方文明觀察家，如何高舉「科學與愛國」大旗，以「開民智」、「鼓民力」、「新民德」為己任，以高度的愛國熱忱，針砭時弊，抨擊封建專制，呼籲變法維新等為主要內容。影片以嚴復這位中國近代里程碑式人物的一生為軸線展開，貫穿了整個中國近代歷史。官方則期許該片能「展現出文化自信和實現中國夢的自信」。嚴復身後的聲望又達到一個新的高峯。

嚴復兒子嚴叔夏（1897－1962）的命運不如他的父親。嚴叔夏出生於天津，名琥，別名普賢，以字行。他的一生也深受時代的衝擊，而飽經苦難。他受父師薰陶，才氣縱橫，曾先後入北京清華學校和唐山工業專門學校，熟稔經史、詩詞、金石，尤長於佛學。在嚴復過世前兩年，嚴琥在父親的好友陳寶琛的協助下訂了一門親事，與台灣板橋富戶林本源家族林爾康的女兒林慕蘭成親（按：林慕蘭的母親為陳寶琛的胞妹）。據說其起因是叔夏寫了一首詠梅詩，陳寶琛見詩大加讚賞，向先生提出婚議，以其甥女許配給叔夏。兩家因而聯姻。在一九二〇、一九三〇年代，嚴叔夏曾在私立福州中學和私立福建學院教書，還經常應邀到鼓山湧泉寺等地登壇講經，為福州知名的佛學居士。1937 年抗日戰爭爆發，他在教會所辦的協和大學（後改為福州大學）中文系任教（曾任中文系系主任、文學院院長等職位），第二年隨校遷到邵武，以後還到過閩清、南平等地。林慕蘭則與部分子女寄居上海。他的學生說：「他講授兩門功課：一門是文字學，讀生硬乏味的《說文解字》；一門是《歷代詩選》，老師本為詩人，講起來總令人心思飛越。」在課堂之外，叔夏則平易近人：

> 先生居室座上客常滿，他平易近人，從不道貌岸然；他談笑風生，從古詩、書法到民情風俗，從康德、黑格爾到佛學老莊，從英國學壇風習到京師文人軼事，妙語連珠，聽者如坐春風，流連忘返。

抗日戰爭勝利後，他的妻林慕蘭曾勸他與家人一起遷居台灣，但他決定獨自留在福州，並繼續在協和大學中文系任教。1946 年底，林慕蘭的長兄林熊徵（1888－1946，板橋林家的代表人物）過世，她帶着子女返台奔喪，因局勢混亂，暫留台灣，夫妻兩人自此分隔，終生未再見面。就在這一段期間，嚴叔夏開始閱讀愛德加・史諾（Edgar Snow）的《西行漫記》與艾思奇的《大眾哲學》等書，「他與密友談論晚上收聽解放區廣播的消息，也熱心為學生導演話劇，並與進步同學結成友誼」，此時他「已與居士心境、名士風度告別了」。1947 年，他在林植夫、周問蒼介紹之下參加「中國民主同盟」，此後則更積極地參與左傾的「進步活動」。次年，他代表協和大學師生專程拜訪福建省主席李良榮（1906–1967），提出省府不要抓人、殺人和對學生運動要取寬容態度等意見。

1949 年中國共產黨革命成功之後，嚴叔夏先後擔任協和大學校務委員會副主任等職，並被選為民盟福建省委常委、民盟福州市委主委；又被聘為福建省人民代表大會代表、福州市人民代表大會代表，省、市政協委員等。1952 年，他以民主黨派負責人的身份調任福州市副市長，掌管文教、衞生工作。當時和他同時擔任副市長的鄭重先生回憶此時他對叔夏的印象：

> 他工作十分認真負責，作風嚴謹。每天上班，他是最準時的一個，從不遲到、不早退。他認真執行着福州人民託付給他的任務，學習政策、研究文件、處理政務總是一絲不苟……他不愧是繼承了嚴復先生愛國精神的「神州健者」。

1957 年，嚴叔夏在「反右運動」中被劃為右派，受盡折磨。他的學生說：「有一次專門批判他的會上，我遠遠地坐在後排，看到老師表情嚴峻，這是我見到他的最後一面。雖然同在一個城市，但師生間隔着一堵無形的鐵壁，遺憾的我竟不敢越雷池一步。」1961 年，在鄭重的協助下，市委確認「錯劃嚴叔夏副市長為右派的事」，「摘除了右派的帽子」，後來他在福建教育學院任職，1962 年 9 月病逝福州，葬於文林山革命公墓。福建師大教授黃壽祺先生為他寫的挽聯是「學博才高，無愧名父之子，神存骨化，常與烈士為鄰」。

他的學生、已故福建師大中文系教授俞元桂在一篇〈憶叔夏師〉中寫道：「業師嚴叔夏教授，是嚴復先生第三子，師母是台灣望族林家的女兒。」他說嚴叔夏「精於佛學，廣涉文學哲學，才氣縱橫。只是生不逢時，他未能充分發揮才能；其書藝手跡多付劫灰；其詩詞，著述散落，尚未結集；其從政抱負，也僅曇花一現」。「我想，他可能帶着惶惑、淒苦的心情離開塵宇的，身邊沒有親友，也許他的佛學能夠幫助他」。

1994 年 11 月 22 日，在福州召開了「福建省紀念嚴叔夏先生大會」，當年與他同時擔任福州市副市長的鄭重在會中敘述了先生的生平，表示「叔夏，我們不會忘記的」，又說了一段感人的講話。他說：嚴復父子兩代曲折的人生歷程，其意義決不止於嚴氏一門一姓；嚴氏一門的境遇，可以說得上是一部中國近代史的縮影。

鄭重的話的確意味深長。如果我們把嚴叔夏的兒子嚴以僑（嚴僑，1920–1974，妻子林倩為林熊祥之女）的命運一併考察，那麼歷史「縮影」的內涵就更完整了。嚴叔夏婚後不久，妻子即懷孕，叔夏立刻寫信向父親報告，「新婦……已動喜脈」。嚴復對長孫的即將來臨，感到樂不可支。1920 年元旦，為慶祝嚴僑的誕生，嚴復寫了四首詩，其中一首的開頭是：「名爾為僑肸，心儀到古賢」，「僑肸」指春秋鄭大夫公孫僑（子產）和晉大夫羊舌肸，後用以借稱哲人賢士，可見嚴復對長孫的期望。嚴僑有兩個妹妹，一位妹妹是嚴倬雲（1920–2025），後來嫁給了商界名人辜振甫（1917–2005）。另一位妹妹叫做嚴停雲（1922–2022，筆名華嚴），嫁給了政界、新聞界名人葉明勳（1913–2009），他適之先生：

老年人總愛把青年人当毛頭小孩子，所以我們心眼兒的話都不跟他們說。但在這方面非常開明，所以「李敖先生」願意請你聽聽他的故事。

我不喜歡假惺惺地謙虛，我自覺我的身世很有代表性，我覺得我個人的歷史很可以代表現代中國的某一些青年人，——他們怎樣在長成，在選擇，在迷亂，最後怎樣在制式教育底下做了叛徒。這一段辛苦的過程中，多少青年人倒下去了，我是運氣較好的一個，因此我還能自由地活着，活着[illegible]我的故事。

我的祖父十幾歲起，就在山东做叫花子，後来替人赶馬車，流浪到關外去，二百六十行中至少幹过十分之一，还有「外一章」，做过土匪，一次負了傷，躺在土坑裏哼哼哼，一位大姑娘救了他，他就討了她做老婆。我爺爺也是卜卜丁，從此洗手從良，幾十年後，居然被他熬出一家銀樓。我奶奶真能生，她生了十二个（六男六女，成双成对），她是热河人，我爺爺一生氣就罵她「窮山惡水醜婦刁民」。可是「醜婦」頗有眼光，至少她說動了我那目不識丁的土匪爺爺，叫他送「老二」（我老子）上了京師大学堂。

李敖致胡適函（部分），1961 年 10 月 10 日

們的女兒葉文心任教於加州大學柏克萊分校，是著名的中國近代史學者。

嚴僑天資聰穎、勤奮好學，考入協和大學的生物系。當時在中文系的俞元桂說「他的長子嚴僑也來協大生物系讀書，此人性格直爽，口若懸河，是個奇人，很快地成為我們的好友」。在 1949 年之前的經歷，外人不甚清楚。我們對嚴僑的了解主要是來自他的學生李敖（1935–2018）。1961 年 10 月 10 日，李敖寫了一封信給胡適，敘述自己成長的歷程（該信現藏台北中研院近代史研究所胡適紀念館）。其中特別指出他進入高中之後，受到當時在中學教書的數學老師、嚴復之孫嚴僑的影響，生命才發生「突變」。嚴僑於 1950 年 8 月乘小木船私渡到台灣，住台中市北區育才街 5 號，在台中一中任教。李敖說嚴僑：「初到學校來的時候立刻使我們傾倒，他的熱情與犀利，文科理科的知識，英日文的熟練，都不是那些混飯吃的教員比得上的。」嚴僑平日喜歡喝酒，因為沒錢，只能喝公賣局出品的最劣質的米酒。李敖很快地和他建立友誼而發現：「我知道了他為甚麼整天買醉 —— 原來他是共產黨」。在李敖的

筆下，嚴僑「身材瘦高、頭生密髮、兩眼又大又有神」，是一位博學多才、思維敏捷，既熱情又犀利的數學老師。他對國民黨統治非常不滿，而自己又在自由主義與共產理想之間拉扯。據說嚴僑曾向李敖自白：

我不相信國民黨會把中國救活，他們不論怎樣改造，也是無可救藥，他們的根兒爛了。十多年來，我把自己投入一個新運動，我和一些青年人冒險、吃苦，為了給國家帶來一個新遠景，所以我做了共產黨，我志願偷渡過來，為我的信仰做那最難做的一部分。

但是來台灣之後，他有所改變：

我的精神好像飛向那自由主義的神像，可是我的身體卻永遠被一個黨鎖住，被另外一個黨監視，這是我最大的痛苦。雖然這樣，我還是想回大陸去，那裏雖然不滿意，可是總有一點「新」的氣味，有朝氣，對國民黨我是始終看不起的……

他甚至想帶李敖一同前往大陸。他說：

我想帶你回去，帶你去共同參加新嘗試的大運動，這個大運動是成功是失敗不敢確定，但它至少犧牲了我們這一代而為了另一個遠景（多像丁文江！）至少比在死巷裏打滾的國民黨痛快多了。

不久之後（1953 年），他就被逮捕入獄，李敖說「半夜裏五個大漢驚破了他的夢和我的夢，他被捕了」。李敖一度以為他死於獄中，後來他從胡適經台大教授姚從吾處得知嚴僑由葉明勳保釋，於 1961 年底出獄。他前前後後在綠島（當時稱為火燒島）關了七年，據說是因為「託嚴復之孫等原因之福」，判得較輕。出獄後，嚴僑又回到中學教書，不久皈依了宗教，相信佛教的密宗，家中有不少的佛像、法器。1974 年 7 月因心肺衰竭，病死於台北市崇仁醫院，享年 54 歲。2005 年，他的妹夫葉明勳隨着李敖拜訪中國大陸，嚴僑由中國共產黨追認為「烈士」，證實他的地下黨員身份（他的兒子嚴正作為烈士家屬獲得撫恤金二萬美元）。李敖說他「生不逢時，死不逢地」。嚴正以撫恤金二萬美元，自己再支付四萬美元，申請成立嚴僑基金，資助貧困學生，以此紀念先父——「在並不太平的民國時期誕生、在烽火戰亂中成熟、在牢獄煎熬後死去、在異鄉的蒼涼中被遺忘」。

嚴復是近代中國第一位系統譯介自由主義、資本主義的思想家，他在上述為慶祝長孫誕生所寫那首詩的後半段表示，「震旦方沉陸，何年得解懸？太平如有象，莫忘告重泉」。嚴復過世前他所渴望的「太平有象」的理想一直未能被實現。他的兒子嚴叔夏與長孫嚴僑都沒有跟着他走的啟蒙道路，也沒有機會看到「震旦」的「太平」之象。在近代中國歷史的浪潮中，他們都變得左傾。無奈的是嚴叔夏留在大陸，被共產黨判為「右派」，在批鬥大會中，他的學生也因為「一語不發」，而受牽連；嚴僑在台灣更與國民黨格格不入，因為共產黨員的罪名而鋃鐺入獄，嘗盡人間冷暖，思想上他在社會主義與自由主義之間彷徨，找不到出路而鬱鬱以終。李敖總結三人的經歷：「我總覺得嚴氏一門，正是中國現代史上最好的家傳資料。第一代嚴復，身逢帝制不絕，志在引進新潮，賫志以沒了；第二代嚴琥，身逢新舊交替，志在富國強兵，家破人亡了；第三代嚴僑，身逢國共鬥爭，志在建國大業，自己報廢了。」這一幕幕的歷史情節確實讓人感到造化弄人，也印證了殷海光所謂嚴復畢生所譯介的政治、經濟理念在近代中國「左右夾攻」下所面臨的歷史困境。不過近年來對嚴復思想的重新評估與讚許，或許預示了他的構想對中國未來仍有重要的啟示意義。

嚴復簡譜

1854 年（清咸豐四年 甲寅） 生

1 月 8 日，先生出生於福州南台蒼霞洲（現今台江）。福建侯官陽岐（今福州市）人。譜名傳初。

1859 年（清咸豐九年 己未） 五歲

開始入私塾讀書。

1861 年（清咸豐十一年 辛酉） 七歲

童年時先後從師數人，於是年回陽岐，隨五叔父嚴厚甫讀書習字。

1862 年（清同治元年 壬戌） 八歲

仍從嚴厚甫讀書。

1863 年（清同治二年 癸亥） 九歲

從陽岐鄉下來省垣蒼霞洲，進入家塾，師從父親所聘之黃宗彝（肖岩）。黃為閩地宿儒，其為學漢宋並重。在黃肖岩帶領下，先生開始讀經書。

1865（清同治四年 乙丑） 十一歲

從黃孟修讀書。

1866（清同治五年 丙寅） 十二歲

春天，先生與同邑王氏結婚。

8 月 4 日，父親則因搶救霍亂病人，受感染不治死亡。不久，全家便搬回陽岐居住，家境貧窮。

同年冬，沈葆楨創設「馬尾船政學堂」（初名為求是堂藝局），始招考子弟入學堂習海軍。當年入學作文試題為「大孝終身慕父母論」，先生剛蒙喪父之痛，其文文情並茂，為沈葆楨賞識，遂以第一名錄取。

1867（清同治七年 丁卯） 十三歲

1 月 6 日，先生進入船政學堂的後學堂學習駕駛，計四年而卒業。

1871（清同治十年 辛未） 十七歲

5 月，先生以優等的成績，畢業於船政學堂。旋與同學劉步蟾、林泰曾、何心川、葉祖珪等人登「建威號」練習船實習。

1874（清同治十三年 甲戌） 二十歲

12 月 16 日，長子嚴璩生。

1877（清光緒三年 丁丑） 二十三歲

李鴻章、沈葆楨奏請選派船政學堂學生，分赴英法留學。

3 月 31 日，先生隨監督李鳳苞，學生劉步蟾、林泰曾、薩鎮冰等人赴英留學。5 月 11 日抵達普茲茅斯港。5 月 13 日往見郭嵩燾。先生與郭嵩燾「結為忘年交」。並於 9 月通過入學考試，進入格林威治皇家海軍學院。

1978（清光緒四年 戊寅） 二十四歲

7 月 1 日，赴法國巴黎遊歷，至 8 月上旬返英。

1879（清光緒五年 己卯） 二十五歲

1 月 31 日，郭嵩燾返國。

2 月 2 日，先生往見曾紀澤。

7 月，以優異成績完成格林威治海軍學院的學業，隨即回國。

8 月，離英返國，結束留學生涯。回國後，船政大臣吳贊誠聘先生為船政學堂教習。

1880（清光緒六年 庚辰） 二十六歲

李鴻章奏設北洋水師學堂，並調前船政大臣吳贊誠主持籌辦事宜。

8 月，李鴻章電召先生任北洋水師學堂「洋文正教習」，26 日抵達天津，謁李鴻章。

與呂增祥定交。

1880–1881 年間閱讀斯賓塞著作，認為「真西學正法眼藏」，而「智育之業，舍此莫由」。

1882（清光緒八年，壬午） 二十八歲

任職天津水師學堂，至 1901 年。

1883（清光緒九年，癸未） 二十九歲

將母親、妻子與長子接到天津共同生活。

1885（清光緒十一年 乙酉） 三十一歲

9 月 17 日，先生首次赴閩應鄉試，不第而歸。其後，於 1888 年、1889 年、 1893 年應鄉試，仍不第。

1889（清光緒十二年 己丑） 三十五歲

報捐同知，任水師學堂會辦。

1890（清光緒十六年 庚寅） 三十六歲

先生已染吸食鴉片之習慣，李鴻章亦知，希其革去。

1892（清光緒十八年 壬辰） 三十八歲

10 月 23 日，王夫人病逝於天津。

納江鶯娘為妾。

1893（清光緒十九年 癸巳） 三十九歲

任水師學堂總辦。

是年，次子嚴瓛生。

1894（清光緒二十年 甲午） 四十歲

7 月，中日戰爭爆發。

1895（清光緒二十一年 乙未） 四十一歲

2 月至 5 月，因受甲午戰敗刺激，先生發表〈論世變之亟〉、〈原強〉、〈辟韓〉、〈救亡決論〉等文於天津《直報》上，提出「鼓民力、開民智、新民德」的救國方策。

1896（清光緒二十二年 丙申） 四十二歲

夏季，先生始譯《天演論》，至 10 月 15 日，完成初稿及序言。

7 月，先生在天津創辦俄文館，並自任總辦，親自擬定課程，聘請教員，此俄文館暫時以「北洋水師學堂空房」為學生肄業之所。

8 月，梁啟超主持之《時務報》在上海創刊。

10 月，始譯《原富》。

1897（清光緒二十三年 丁酉） 四十三歲

2 月至 3 月，請吳汝綸為《天演論》做序。

4 月 12 日，所撰〈辟韓〉一文轉載於《時務報》第 23 冊，時任湖廣總督張之洞見之大怒，命屠仁守撰文反駁。

7 月 6 日，三子嚴琥生。

10 月 26 日，與王修植、夏曾佑創辦《國聞報》於天津。模仿英國《泰晤士報》，在日報之後，以旬報繼之。

12 月 8 日，《國聞報》之旬刊 ——《國聞彙編》，刊載先生所譯〈斯賓塞爾勸學篇〉於第一、三、四冊，《天演論懸疏》則刊於第二、四、五、六冊。

1898（清光緒二十四年 戊戌） 四十四歲

1 月 27 日至 2 月 4 日，作〈擬上皇帝書〉，提出「聯各國之歡」、「結百姓之心」、「破把持之局」三項建議。

6 月，戊戌變法。

6 月 8 日，《天演論》慎始基齋樣本校閱完畢，再經增訂〈譯例言〉後，旋於是月正式雕版刊行。

9 月 14 日，蒙光緒皇帝召見於乾清宮。

1899（光緒二十五年 己亥） 四十五歲

2 月間，《國聞報》於戊戌政變後屢遭嚴劾，先生將之賣給日本人。
是年，譯成彌爾（John Stuart Mill）的《自由釋義》，後更名為《羣己權界論》。而另譯之《支那教案論》則由南洋公學譯書院出版發行。
9 月 15 日，日人內藤虎次郎於天津訪問先生。
長女嚴璸生。

1900（光緒二十六年 庚子） 四十六歲

3 月底，先生南下上海，與朱明麗結婚，義和團之亂起。6 月，學校被毀。7 月，先生攜全家赴滬避難，次子嚴瓛於途中染疾過世。
7 月 26 日，在上海參加唐才常召開的「中國國會」，容閎為會長，先生為副會長。
7、8 月間，在上海創建中國第一個「名學會」，擔任會長，系統地講述名學（邏輯學）。
9 月，先生在上海重拾譯筆，繼續翻譯《原富》。
10 月至 11 月間，受金粟齋譯書局蒯光典請託，翻譯《穆勒名學》。

1901（清光緒二十七年 辛丑） 四十七歲

1、2 月間，完成《原富》的譯稿。
5 月上旬，應開平礦務局督辦張翼之邀，北上就任開平礦務有限公司華部總辦。
次女嚴璆生。

1902（清光緒二十八年 壬寅） 四十八歲

3 月 4 日，應管學大臣張百熙之聘，出任京師大學堂編譯局總辦。
5 月，發表〈與《外交報》主人書〉，表示不贊成「文明排外」說，並駁斥「中體西用論」，提出系統式的教育方案，以及「統新故而視其通，苞中外而計其全」的文化觀。
6 月 6 日，京師大學堂編譯局「開局」。
歲暮，翻譯斯賓塞著之《羣學肄言》完稿。

1903（光緒二十九年 癸卯） 四十九歲

1 月，《穆勒名學》部甲由南京金粟齋木刻出版。

3 月，先生辭去京師大學堂編譯局總辦職，出都赴上海。

5 月，《羣學肄言》四冊由上海文明譯書局出版。

7 月，應弟子熊元鍔之請，先生開始編寫英文文法書《英文漢詁》。

10 月，喜獲遺失之譯稿《羣己權界論》，交上海商務印書館出版。

11 月，翻譯甄克斯（Edward Jenks）之《社會通詮》完稿。

1904（清光緒三十年 甲辰） 五十歲

2、3 月間，辭去京師大學堂譯書局總辦一職，擬赴上海。所譯《社會通詮》，由上海商務印書館出版。

6、7 月間，編寫之《英文漢詁》，由上海商務印書館出版。

是年，孟德斯鳩之《法意》前三冊由上海商務印書館出版。

四子嚴璿生。

1905（清光緒三十一年 乙巳） 五十一歲

1 月 6 日，隨張翼抵達倫敦，助其興訟開平礦務一案。先生於倫敦與孫文會面，兩人立場不同，會談不得結果。

5 月，返抵上海。夏時，應上海青年會之邀，講演西方政治學，鼓吹君主立憲。其講演內容，後輯成《政治講義》一書。

8 月，《法意》第四冊由上海商務印書館出版。

夏至秋時，擔任復旦公學校董，制定《復旦公學章程》。

10 月，被安徽巡撫聘為安徽高等學堂監督。

冬時，所譯《穆勒名學》上半部（八冊）由南京金粟齋木刻出版。

12 月，《侯官嚴氏評點老子》於東京印刷發行。

三女嚴瓏生。

1906（清光緒三十二年 丙午） 五十二歲

4 月 5 日，由上海赴安慶擔任安徽高等學堂監督，10 日就任。

6 月，《寰球中國學生報》在上海創刊，先生與李登輝、唐介臣、曾子安共同擔任主編，曾先後發表〈述黑格兒唯心論〉等文。

9、10 月間，《法意》第五冊由上海商務印書館出版。

12 月 17 日，在安徽高等學堂演說〈憲法大義〉。

1907（清光緒三十三年 丁未）五十三歲

1 月，任復旦公學校長。

3 月，《民報》登載章太炎所撰〈社會通詮商兌〉一文，反駁先生《社會通詮》一書之言。

6 月，辭職離開安慶。

1908（清光緒三十四年 戊申） 五十四歲

4、5 月間，辭去復旦公學校長職。

8 月，由上海到天津，被聘為新政顧問官。

10 月，《訂正羣學肄言》由上海商務印書館出版。

四女嚴頊生。

1909（清宣統元年 己酉） 五十五歲

2 月，所譯耶芳斯（William Jevons）之《名學淺說》，由上海商務印書館出版。

5 月 25 日，被派為憲政編查館二等諮議官，又被學部聘為審定名詞館總纂。

1910（清宣統二年 庚戌） 五十六歲

1 月 17 日，朝旨賜先生文科進士出身。

5 月 9 日，資政院成立，先生以「碩學通儒」充任議員。

五子嚴玷生。

1911（清宣統三年 辛亥） 五十七歲

學部審定名詞館供職。

6 月 20 日，被派為中央教育會成員。

8 月 12 日，先生與張元濟、楊度等聯名發表〈中國教育會章程草案〉。

10 月，武昌起義。

12 月，被袁世凱派為南下議和代表。先生「續辮言志，反對共和」。

1912（民國元年 壬子） 五十八歲

2 月，清宣統帝下詔遜位，袁世凱被選為臨時大總統。先生被派為京師大學堂總監督，接管大學堂事務。

10 月 7 日，辭北京大學校長職務。

11 月 11 日，受聘為海軍部編譯處總纂，處理翻譯外國海軍圖籍。

12 月，發表〈論國民責望政府不宜過深〉、〈砭時〉，聲援袁世凱政府，對中國當時實行之共和制深表憂慮。

1913（民國二年 癸丑） 五十九歲

3 月，去年夏期演講會稿〈進化天演〉一文發表於《今聞類鈔》。

6 月，與梁啟超、林紓等二百餘人，發起組織「孔教會」。又在中央教育會發表演說，積極提倡讀經。

10 月，國會選舉袁世凱為正式大總統，上任後便下令解散國民黨。

1914（民國三年 甲寅） 六十歲

1 月 10 日，翻譯衞西琴（Alfred Westharp）的《中國教育議》，呈中國教育會。

2 月，於《庸言》發表〈《民約》平議〉質疑盧梭的《民約論》。

5 月 26 日，被袁世凱任命為參政院參政。

1915（民國四年 乙卯） 六十一歲

4 月，與伍光建、馬相伯編譯〈歐戰緣起〉，作為《居仁日覽》的一部分，進呈袁世凱。

7 月 3 日，被參政院推舉為中華民國憲法起草委員。

8 月 14 日，「籌安會」宣言發表，先生未能當機決斷，其名與楊度、孫毓筠、劉師培、李燮和、胡瑛等名列宣言中。

12 月，袁世凱宣佈承受帝位，先生「未入場」參與朝賀。

1916（民國五年 丙辰） 六十二歲

3 月 22 日，袁世凱被迫宣佈取消帝制，但仍為大總統。

3 月至 6 月，先生與學生熊純如的書信，以及幾首詩文中，透露出他對於辛亥革命、共和政府、袁世凱帝制等事的看法，表露出先生支持穩健、改革的想法。

6 月，黎元洪繼任大總統，發表懲辦帝制禍首令，如楊度、孫毓筠等人列名其中，但先生不在名單內。此段時期，先生赴津寓居，避免災禍。

8 月 24 日，由天津回京居。

9 月，批閱《莊子》。

12 月，用英文撰寫的「A Historical Account of Ancient Political Societies in China」(〈中國古代政治結社小史〉)發表於英文雜誌《中國社會與政治科學學報》(*The Chinese Social and Political Science Review*)第 1 卷第 4 期。

1917(民國六年 丁巳) 六十三歲

閒居北京。

5 月，作〈歐戰感賦〉一詩，感歎戰爭傷亡之重。

7 月，張勳擁立廢帝溥儀復辟，以失敗告終。先生與熊純如書信論「復辟」一事，以為「一線生機，僅存復辟」。並表示張勳溺於酒色，又恆縱兵擾民，其缺失世所共知。惟其復辟一舉，「則確是血性男兒所為，大仁大勇之事，不容埋沒者也」。

12 月，張元濟函請先生續譯《穆勒名學》。先生氣喘發作，入北京東郊民巷法國醫院診治。

1918(民國七年 戊午) 六十四歲

1 月，覆書上海靈學會長俞復，討論靈學。

2 月 23 日，致侯毅書，討論靈學。

7 月間，與熊純如討論歐戰問題。

7 月間，三子嚴琥由陳寶琛做媒，與其甥女台灣板橋林本源家族的林慕蘭訂婚。

8 月 14 日，長女嚴璸與熊正瑾(熊純如姪)訂婚。

11 月 4 日，陪嚴琥回閩完婚。

12 月 9 日，回到故鄉陽岐。

12 月 17 日，到尚書廟行香。

12 月 24 日，三子嚴琥娶妻安牀之日。

1919（民國八年 己未） 六十五歲

6 月 6 日，入上海紅十字醫院治病，至 8 月 9 日方得出院。期間，曾覆熊純如書，討論五四運動；以及對白話文運動提出反對意見。另先生四子嚴璿在唐山工業學校參與五四運動，捐款五元支持被捕學生，先生聞訊去信斥責其之所為。

11 月 6 日，徐世昌總統任命先生為總統府顧問。

12 月 15 日，入協和醫院治療。月底出院，遷入東城大院府胡同新寓，先生號為「瘉壄草堂」。

1920（民國九年 庚申） 六十六歲

1 月 1 日 長孫嚴以僑誕生於福州，題詩〈元旦觀祖生〉四首。

1 月 7 日，陽岐尚書廟上樑。

10 月 19 日，離京返閩，於 30 日定居於福州城內郎官巷住宅。

11 月 29 日，孫女嚴倬雲出生。

1921（民國十年 辛酉） 六十七歲

夏，尚書祖廟修建完工。

10 月 3 日，先生手書遺囑，中云：「（一）中國必不亡。舊法可損益，必不可叛；（二）新知無盡，真理無窮。人生一世，宜勵業益知；（三）兩害相權：己輕，羣重。」

10 月 27 日，於福州郎官巷寓所逝世。

12 月 20 日，與原配王氏合葬于陽岐鰲頭山。

1962

9 月，子嚴琥病逝於福州。

1974

7 月，孫嚴以僑病逝於台灣。

主要參考書目

一、嚴復基本史料

1. 嚴復著，王栻編：《嚴復集》，北京：中華書局，1986。
2. 嚴復著，王慶成、葉文心、林載爵編：《嚴復合集》，台北：辜公亮文教基金會，1998。
3. 黃克武編：《中國近代思想家文庫：嚴復卷》，北京：中國人民大學出版社，2014。
4. 嚴復著，汪征魯、方寶川、馬勇主編：《嚴復全集》，福州：福建教育出版社，2014。
5. 嚴復著，羅耀九、林平漢、葉文心主編：《嚴復全集》，天津：天津天津教育出版社，2014–2017。
6. 嚴復著，華東師範大學圖書館編：《華東師範大學圖書館藏：嚴復批校本》，上海：上海書店出版社，2019。
7. 中國嘉德古籍善本部編：《嚴復〈社會通詮〉稿本》，上海：上海書畫出版社，2024。
8. 孫應祥：《嚴復年譜》，福州：福建人民出版社，2014。

二、本書作者相關著作

1. 黃克武：《自由的所以然：嚴復對約翰彌爾自由思想的認識與批判》，台北：允晨文化公司，1998；簡體版，上海：上海書店出版社，2000；簡體修訂版，杭州：浙江古籍出版社，2021。
2. 黃克武：《一個被放棄的選擇：梁啟超調適思想之研究》，台北：中研院近史所，1994；簡體版，北京：新星出版社，2006。
3. Max K. W. Huang, *The Meaning of Freedom: Yan Fu and the Origins of*

Chinese Liberalism. Hong Kong: The Chinese University Press, 2008.

4. 黃克武：《惟適之安：嚴復與近代中國的文化轉型》，台北：聯經出版公司，2010；簡體版，北京：社會科學文獻出版社，2012。
5. 黃克武：《近代中國的思潮與人物》，北京：九州出版社，2013。
6. 黃克武：《反思現代：近代中國歷史書寫之重構》，成都：四川人民出版社，2021。
7. 黃克武：《胡適的頓挫：自由與威權衝撞下的政治抉擇》，台北：台灣商務印書館，2021。
8. 黃克武：《開啟民智 會通中西：嚴復譯著與清末民初的思想變遷》，香港：三聯書店，2022。
9. 黃克武：《文字奇功：梁啟超與中國學術思想的現代詮釋》，桂林：廣西師範大學出版社，2024。
10. 黃克武：〈嚴復晚年思想的一個側面：道家思想與自由主義之會通〉，《思與言》，卷34期3（1996），頁19–44；亦載劉桂生、林啟彥、王憲明編：《嚴復思想新論》，北京：清華大學出版社，1999，頁261–283。
11. 黃克武：〈嚴復的翻譯：近百年來中西學者的評論〉，載福建省嚴復學術研究會編：《嚴復與中國近代化學術研討會論文集》，福州：海峽文藝出版社，1998，頁605–616。
12. 黃克武：〈思議與不可思議：嚴復的知識觀〉，載習近平主編：《科學與愛國：嚴復思想新探》，北京：清華大學出版社，2001，頁247–257。
13. 黃克武：〈嚴復的異性情緣與思想境界〉，《福建論壇》，期122（2001），頁84–91。
14. 黃克武：〈嚴復的終極追尋：自由主義與文化交融〉，載劉青峯、岑國良編：《自由主義與中國近代傳統》，香港：香港中文大學出版社，2002，頁201–218；縮節版刊《二十一世紀》，期67（2001），頁71–76。
15. 黃克武：〈嚴復與梁啟超〉，載張廣敏主編：《嚴復與中國近代文化》，福州：海風出版社，2003，頁237–271。
16. 黃克武：〈「個人主義」的翻譯問題：從嚴復談起〉，《二十一世紀》，期 84（2004），頁 40－51 。

17. 黃克武：〈魂歸何處？ —— 梁啟超與儒教中國及其現代命運的再思考〉，載鄭大華、鄒小站主編：《思想家與近代中國思想》，北京：社會科學文獻出版社， 2005 ，頁 91－114 。
18. 黃克武：〈嚴復與《居仁日覽》〉，載黃瑞霖主編：《嚴復思想與中國現代化》，福州：海峽文藝出版社， 2008 ，頁 166－176 。
19. 黃克武：〈張謇與嚴復：清末改革派士人之異同〉，載崔之青主編：《張謇與海門：早期現代化思想與實踐》，南京：南京大學出版社， 2010 ，頁 624－628 。
20. 黃克武：〈翻譯、啟蒙與中國現代性〉，《知識饗宴 6》，台北：中研院， 2010 ，頁 155－182 。
21. 黃克武：〈嚴復與近代中國的文化轉型〉，《華東師範大學學報（哲學社會科學版）》， 2011 年第 1 期，頁 83－89 。
22. 黃克武：〈開民國西方之智、會通中西之慧 —— 嚴復〉，載張作錦、高希均編：《百年仰望：20 位名人心目中的民國人物》，台北：天下文化， 2011 ，頁 5－19 。
23. 黃克武：〈晚清社會學的翻譯及其影響：以嚴復與章炳麟的譯作為例〉（與韓承樺合撰），載沙培德、張哲嘉編：《近代中國新知識的建構》，台北：中研院近史所， 2013 ，頁 111－177 。
24. 黃克武：〈何謂天演？嚴復「天演之學」的內涵與意義〉，《中研院近代史研究所集刊》，期 85（2014），頁 129－187 。
25. 黃克武：〈民初知識分子對科學、宗教與迷信的再思考〉，載張壽安編：《晚清民初的知識轉型與知識傳播》，北京：北京師範大學出版社， 2018 ，頁 40－96 。
26. 黃克武：〈近代中國文化轉型的內在張力：嚴復與五四新文化運動〉，載歐陽哲生主編：《百年回看五四運動：北京大學紀念五四運動 100 週年人文學術論壇論文集》，北京：社會科學文獻出版社， 2020 ，頁 586－616 。
27. 黃克武：〈天演與佛法：《天演論》對清末民初佛學思想的衝擊〉，載《翻譯史研究（2018）》，上海：復旦大學出版社， 2020 ，頁 199－222 。

28. 黃克武：〈嚴復與清末民初中國士人的現代轉向〉，《福建論壇》，2024 年第 3 期，頁 5－14。

三、其他二手研究

1. Schwartz, Benjamin I., *In Search of Wealth and Power: Yen Fu and the West*. Cambridge: The Belknap Press of Harvard University Press, 1964.（中譯版，史華慈：《尋求富強：嚴復與西方》，南京：江蘇人民出版社，1995）
2. 牛仰山、孫鴻霓：《嚴復研究資料》，福州：海峽文藝出版社，1990。
3. 王中江：《嚴復》，台北：東大圖書公司，1997。
4. 王憲明：《語言、翻譯與政治：嚴復譯〈社會通詮〉研究》，北京：北京大學出版社，2005。
5. 皮后鋒：《嚴復大傳》，福州：福建人民出版社，2003。
6. 汪榮祖：《走向世界的挫折：郭嵩燾與道咸同光時代》，台北：東大圖書公司，1993。
7. 汪榮祖：〈嚴復的翻譯〉，《中國文化》，期 9（1994），頁 117－123。
8. 沈國威：《一名之立 旬月踟躕：嚴復譯詞研究》，北京：社會科學文獻出版社，2019。
9. 沈國威：《嚴復與科學》，南京：鳳凰出版社，2017。
10. 張仲民：《葉落知秋：清末民初的史事與人物》，上海：上海人民出版社，2020。
11. 戚學民：《嚴復〈政治講義〉研究》，北京：人民出版社，2014。
12. 習近平主編：《科學與愛國——嚴復思想新探》，北京：清華大學出版社，2001。
13. 莊馳原：《重寫孟德斯鳩：嚴復翻譯〈法意〉研究》，香港：香港中文大學翻譯系博士論文，2018。
14. 劉瑾玉：《翻譯、概念與經濟：嚴復譯〈國富論〉研究》，北京：社會科學文獻出版社，2021。
15. 劉曉琴：〈嚴復與天津水師學堂再探〉，《近代史研究》，2024 年第 6 期，頁 40－59。

16. 歐陽哲生：《嚴復評傳》，南昌：百花洲文藝出版社，2015。
17. 蕭高彥：《探索政治現代性：從馬基維利到嚴復》，台北：聯經出版公司，2021。
18. 賴建誠：《亞當史密斯與嚴復——〈國富論〉與中國》，台北：三民書局，2002。
19. 韓承樺：《審重諮學：嚴復翻譯〈羣學肄言〉之研究》，台北：五南出版社，2013。
20. 嚴孝潛：《嚴復的一生》，福州：中國文史出版社，2014。
21. 嚴培庸編著：《嚴復與陽岐》，福州：作者自印，2006。
22. 蘇中立：《百年天演：〈天演論〉研究經緯》，福州：福建人民出版社，2014。
23. 蘇中立、涂光久：《百年嚴復：嚴復研究資料精選》，福州：福建人民出版社，2011。